U0852488

阅

阅读成就思想……

Read to Achieve

世界金融简史

（经典珍藏版）

Panic, Prosperity, and Progress

Five Centuries of History and the Markets

关于金融市场的繁荣、恐慌与进程

[美] 蒂姆·奈特 ◎ 著
（Timothy Knight）

廖伟年 董玲燕 ◎ 译

中国人民大学出版社

· 北京 ·

图书在版编目（CIP）数据

世界金融简史 ：关于金融市场的繁荣、恐慌与进程 ：经典珍藏版 /（美）蒂姆·奈特（Timothy Knight）著 ；廖伟年，董玲燕译 . -- 北京 ：中国人民大学出版社，2025. 8. -- ISBN 978-7-300-34173-6

Ⅰ . F831.5

中国国家版本馆 CIP 数据核字第 20255LY148 号

世界金融简史：关于金融市场的繁荣、恐慌与进程（经典珍藏版）

［美］蒂姆·奈特（Timothy Knight） 著

廖伟年 董玲燕 译

SHIJIE JINRONG JIANSHI：GUANYU JINRONG SHICHANG DE FANRONG、KONGHUANG YU JINCHENG（JINGDIAN ZHENCANGBAN）

出版发行	中国人民大学出版社		
社　址	北京中关村大街 31 号	**邮政编码**	100080
电　话	010-62511242（总编室）		010-62511770（质管部）
	010-82501766（邮购部）		010-62514148（门市部）
	010-62511173（发行公司）		010-62515275（盗版举报）
网　址	http：//www.crup.com.cn		
经　销	新华书店		
印　刷	北京联兴盛业印刷股份有限公司		
开　本	720 mm×1000 mm　1/16	**版　次**	2025 年 8 月第 1 版
印　张	23.75　插页 2	**印　次**	2025 年 8 月第 1 次印刷
字　数	328 000	**定　价**	119.90 元

前 言

金融市场的历史轮回

我对历史的兴趣是在我离开学校多年之后才显露出来的，我猜很多人也是这样。学校的历史课介绍的都是年代、地点，还有众多早已被遗忘的名字，孩子们很难对这样的东西产生兴趣，更别提激发他们去主动探究历史故事的意愿了，而往往正是这些故事可以让我们获得智慧和洞察，并发现不曾注意到的联系。

长大之后，我执着地爱着两个相关的领域——历史和金融市场。二者看似毫不相关，可实际上它们彼此之间如影随形，时刻相互影响着。历史事件影响着货币、股票、债券以及其他金融工具的发展；而另一方面，金融市场的变化，尤其是过度变化又会影响决策的制定，进而塑造着现实世界的历史。

在第一次给这本书列出大纲时，我试图收集那些我认为在现代社会中最有趣且对市场影响最大的事件。让我吃惊的是，有些我认为的重大事件（比如 1963 年肯尼迪遇刺和 2005 年伦敦地铁爆炸案）对金融市场的影响却是微乎其微的，仿佛它们从来没发生过。而另外一些最初被我排除在外的话题，比如 1998 年的俄罗斯债务危机，却具有里程碑式的重要意义。

你正在读的这本书一共有 24 章，讲述了我认为在过去五个世纪中深刻影响了金融市场思维和行为的最有趣也是最重要的 24 个片段，其中有狂热、恐慌、与通胀的对抗、战争的痛苦以及财富的得失。这些故事最早可以追溯到 17 世纪的荷兰，一直写到 21 世纪的美国。

通过阅读这些故事，我希望你能有所收获，特别希望你了解到人类的行为在这漫长的几个世纪中是多么地一致。无论科技、政治、法律如何变革，但人类在面对机遇和恐惧时的表现形式是如此惊人地相似。

毫无疑问，在你有生之年，这类左右市场和情绪的重大事件还会不断出现。归根结底，我希望这本书所提供的知识和观点，能够帮助你更好地去理解周围世界复杂和多变的本质。

目 录

01 郁金香狂热

如果想找出一件极端诡异的金融历史事件，恐怕没有比 17 世纪席卷荷兰的郁金香狂热更为人们所耳熟能详的了。如今，每当有金融泡沫泛起，“郁金香狂热”（Tulipmania）这个词就会被提起。然而，多数把这个词挂在嘴边的人，其实并不了解当时发生了什么。

这实在是一个非常引人入胜的故事，也许它是杜撰出来的，但绝对具有娱乐价值。在这本简明金融史的所有章节中，它是唯一一章讲述了由两个重要的生物疾病因素所构成的故事——导致鲜花变异的病毒和致人死亡的瘟疫。

· 郁金香小传 ·

如果你种过郁金香，相信你就会知道，这种植物“脾气”古怪、体质虚弱。它的花期很短，而且就算开了花，下一年会不会再开花也很难说。

16 世纪，绝大多数欧洲人对郁金香还很陌生。直到 1554 年，一位被教皇派往土耳其访问苏丹（Sultan）[①]的使者在当地对郁金香一见钟情，所以他带回了不少种子和球茎并分给了身边的朋友［有人说郁金香的英文单词“tulip”就是由土耳其语的“头巾”（turban）而来，因为郁金香花朵的形状

① 土耳其的苏丹就是奥斯曼帝国的最高统治者，相当于皇帝。——译者注

看起来很像头巾]。

随着郁金香球茎被带到维也纳、安特卫普和阿姆斯特丹，它逐渐在今天的荷兰所在的地区被广泛种植。它似乎更能忍受低纬度地区的严酷气候，因此深受种植者的喜爱。

郁金香的球茎有三种：单色、多色和“怪色”，最后这一种因为稀有，所以备受欢迎。之所以出现“怪色”，是因为一种病毒，它会影响植物生成不同颜色花瓣的能力。现在，我们把这种病毒称为碎色病毒。虽然它无法杀死植物，却可以破坏植物生成单色花瓣的能力。每一片花瓣都会有各种颜色，十分美丽。

哪怕是一般的、单色的郁金香，要从种子种起也相当不易，从种子培养出球茎通常需要 7 ~ 12 年。当球茎最终稳定成型，每年最多也就生出一两个旁枝，而球茎的寿命也仅能维持几年而已。普通的郁金香已经很难种了，那些奇特品种的培养难度可想而知。因为病毒削弱了植物的生命力，它们通常长不出旁枝，并且还无法嫁接。也就是说，每一个奇特的品种都只能从种子开始培养。成长需要如此长的时间，决定了那些最引人注目的变异郁金香也是最稀有的。

随着郁金香知识的普及，有些球茎收藏者开始给个别奇怪的品种取各种新奇的名字，比如“爱慕”“将军”等，用这些名字来显示花朵的与众不同。后来有人为了增加噱头又想出了“爱慕中的爱慕”“将军里的将军”等一类的名字。有相当长的一段时期，郁金香球茎的种植和买卖都仅是一些园艺工匠和有钱人的小众爱好。

·冉冉上升的郁金香市场·

时间进入 17 世纪，荷兰的国力逐渐强大，这片曾被称为“西属尼德兰”（Spanish Netherlands）的土地获得了独立，荷兰首都阿姆斯特丹逐渐成为商贸之都。新发现的财富和繁荣热情地拥抱了这里的人们，一趟贸易航行就能给支持他们的投资人带来四倍的回报。

于是一个新的商人阶级出现了，他们急需一种方式来炫耀自己的财富。阿姆斯特丹周边兴建起一片片的豪宅。豪宅需要装饰，最好的装饰自然是那些环绕在四周的美丽的花园。而谈到花园里种植的花卉，再没有比郁金香更高贵、更惹眼、更适合用来炫富的了。

郁金香的名声日渐显赫。到了 1634 年，一个有钱却没有郁金香的人会被视为没有品位。郁金香球茎原本是论磅卖的，可日益高涨的人气和价格让它们变得愈发金贵起来，于是人们开始用更小的计量单位进行交易。而后一群法国投机者的加入，把价格抬得更高了。

球茎交易受花朵种植季节限制。郁金香只在春季开放几周，6 ~ 9 月就进入休眠期，它们只有在休眠期内才能被安全地从土里挖出并移走，所以真正的实物交易只可以在几个月里进行。

那些投机者当然不希望交易只被限制在这几个月中，于是他们建立起一个“期货市场”，交易双方在公证人的见证下签订合约，承诺在季节末以一定的价格购买一定数量、一定品种和一定品质的球茎。很快，这些合约建立起了自己的二级市场。从此，人们开始买卖一纸合约而不是真实的球茎。

·癫狂的市场·

1636 年，郁金香球茎在荷兰的出口产品中名列第四（前三名分别是金酒、鲱鱼和奶酪）。郁金香期货交易的保证金要求很低，因此期货合约迅速就被炒到很高的价格。有历史学家指出，当时在欧洲出现的黑死病也起到了推波助澜的作用，有些人因此厌世绝望，其中一些投机者表现出一副不计后果的架势参与到炒卖交易中。

眼睁睁看着投机狂潮蔓延全国，阿姆斯特丹的加尔文主义者（The Calvinist）非常痛心。仿佛一夜之间，那些谦虚、谨慎、勤奋的美德被人们通通抛在脑后，取而代之的是一夜暴富的贪婪。到了 1637 年，一个郁金香球茎的价格相当于一名熟练工匠 10 年的工资，一个“怪色”球茎甚至可以置换 12 英亩的土地。价格蹿升得如此之高，也难怪人们蠢蠢欲动。

有一种名为“永远的奥古斯都”（Semper Augustus）的“怪色”郁金香尤其受人追捧（见图 1–1）。1636 年，整个荷兰只有两株该种类的球茎，虽然交易在全国全面展开，但是不可能人人都到阿姆斯特丹来。于是，在一些小镇的小酒馆里出现了小型的交易所，它们采用的交易规则都与阿姆斯特丹的类似。为了营造繁荣和纸醉金迷的氛围，这些小酒馆常常用一些装满盛开的郁金香的大花瓶作为装饰，并提供佳肴美味供交易者享用。

图 1–1　“永远的奥古斯都”

图注：它是价值不菲的郁金香品种。

1637 年 2 月，荷兰园艺自律行会发布了一条新规定，为狂热的郁金香交易添了最后一把火。该行会决定，自 1636 年 11 月 30 日起，所有郁金香期货合同都被视为期权合约。当然，这种金融工具当时并不存在，不过效用与期货合同是一样的。

期货合同和期权合约的区别可谓差之毫厘、失之千里：订立了期货合同就表示买家同意在一定期限以一定价格购买一定数量的产品，买方义务是确定的；而订立期权合约后，买方有权利（而不是义务）基于相同条款进行购买行为。

举个例子。如果一个人购买了一份期权合约，标的资产当时价值为 500，当合约到期时，这些资产的价值上升至 800；这时，买家通常会欣然履约，以 500 买下产品（因为市场价格已经升值了 60%）。可是反过来，如果到期时价格跌至 250，买方则可以任由合约过期而仅损失很少一部分赔偿金（大约为合约价格的 3.5%）。

荷兰议会批准了这个决定。在新规下，买方在交易中所承受的风险大幅降低了（足足比以前低了 96.5%）。因为毁约的代价极小，所以当合约到期时，如果对价格不满意，他们可以轻易放弃；如果价格上涨了很多，他们就可以大赚一笔。这简直就是一本万利的买卖。

郁金香交易的数量和价格也在此时达到了顶峰，有些球茎合同甚至一天之内就可以易手 10 次。

在荷兰哈勒姆举行的一场很普通的球茎拍卖会期间，市场崩溃了。当天卖家们蜂拥而入，却发现一个买家也没有。有人说，买家是因为黑死病的缘故不来了（可卖家却好像没受到什么影响）。不管怎样，事实就是正常的交易突然变成了一边倒——有卖无买自然成不了市场。

几天之内，恐惧席卷全国。人们很快就意识到，他们所谓的巨额交易利润的合同成了一张废纸。

·花儿凋谢了·

郁金香价格的暴跌比之前的急涨还要迅速。1637 年 2 月，一个价格已经翻了 26 倍的球茎，在一周之内就下跌了 95%。全国上下的投机者们损失惨重，有些人甚至倾家荡产。

老百姓要求政府出手救助，于是事件被交由海牙省议会处理。经过三个月的讨论，议会发出通知称他们需要更多信息，尚无法做出任何决议。可以想象，对痛苦不堪的众人而言，这无疑是当头浇下的一盆冷水。

议会随后做出的建议也如同隔靴搔痒。他们建议卖方在有见证人的情况下与买方会面，并要求买方按照之前约定的价格成交。如果买家拒绝完成交易，这些郁金香就会被拿去公开拍卖，而且差价由买方承担。

对于一个在高位几乎完全崩溃的市场来说，这一建议无疑对买卖双方都不是什么好消息，对于卖方尤其不利，因为这些人手中的球茎已经一文不值。

另外，该建议并不具有法律效力，在荷兰法官们的眼里，所有跟郁金香狂热有关的金融合同都与赌博相差无几，赌债可不属于法律的管辖范围。就算大家公认买方应该按照事先约定的价格支付，可没有法律强制其执行，因此欠钱的人也有恃无恐。

作为收拾残局的最后一招，政府提出只要愿意作废合同，就给予合同价格的 10% 作为补偿。可事实是市价已经下跌超过 90% 了，所以这种帮助也只是杯水车薪。最后，郁金香狂热的绝大多数参与者损失惨重，而该事件对荷兰这一国家造成的创伤则需要几十年才可以恢复。

· 一地鸡毛 ·

荷兰郁金香狂热的一系列事件如今已经成了富有传奇色彩的故事，但是有些当代历史学家猜测事件的影响也许并没有传说中那么大。尽管在 1636 年左右的确出现过火热的郁金香贸易，可参与者仅限于个别商人和工匠，这些人也只不过是想模仿贵族阶层的生活方式而已。

另外，跟这一时期有关的某些故事好像也没那么可信。最常被提起的是一位水手的故事。据说，此人去朋友家做客，因为饥肠辘辘，他顺手拿走了桌上的一个郁金香球茎（误当作洋葱），回家后煮着吃了。后来事情败露，可怜的水手被抓进了监狱，因为那个被他误认为是洋葱的球茎价值不菲，足以买下他所在船只上所有船员一年的食物。

且不说郁金香球茎跟洋葱长得一点儿都不像，就算把它吃到嘴里也是很难下咽的，况且如果他真的咽下去了，其结果也很可能是中毒身亡。所以，类似的故事只是一种宣传手段而已。

当年荷兰人的狂热也蔓延到了其他国家，在伦敦和法国也引发了小规模的郁金香风潮。中间商试图把价格推高到与阿姆斯特丹持平，可惜市场反应平淡。虽然几百年前发生在荷兰的郁金香投机故事多是杜撰出来的（见图 1–2），但这些故事也完美地解释了新产品（例如一朵花）的新奇性是如何抓住公众眼球的，哪怕只有短短几个月。

图 1–2 扬 · 布勒盖尔（Jan Breughel）的名画《荒唐的郁金香狂热》（*The Folly of Tulip Mania*）

图注：这幅画创作于 1640 年，现收藏于荷兰哈勒姆的弗兰斯 · 哈尔斯（Frans Hals）博物馆。

02 密西西比骗局

如果我说一位 350 多年前出生的苏格兰人直到今天还在深刻地影响着金融界，很多人可能会觉得不可思议，但这是真的。这个人名叫约翰·劳（John Law）。18 世纪，围绕着他所发生的事件充满了传奇色彩。很多经济学家把他奉为最早的凯恩斯主义者——他们认为拯救疲软经济的最有效方法就是用政府支出刺激经济，就连“百万富翁”（millionaire）这个词也是在他及他所谓的“密西西比计划”时期被创造出来的。本章会研究密西西比计划从构建到形成直至最终失败的来龙去脉。

·约翰·劳的早年生活·

1671 年，约翰·劳出生于苏格兰爱丁堡，他是银行家的长子。按照当时的风俗，劳从 14 岁起就开始跟着父亲学习经营。他在父亲的会计室工作了三年，其间学习了有关银行业务的基本知识。

虽然家里的长辈不是银行家就是金匠，但劳偏偏对商业情有独钟。1688 年，父亲去世后，劳就借机离开了家族企业，投身于另一项更吸引他的行当——赌博。他前往伦敦，打算利用自己统计学和概率论的知识做一个成功的职业赌徒。

在相当长的一段时间里，劳表现得不错，赌博挣来的钱让他生活得非常舒服；可九年之后，幸运之神不再眷顾他，他很快变得资不抵债。

劳的困境还不止于赌债，他还痴迷于一位名叫伊丽莎白的女子。谁知伊丽莎白还有另外一个名叫爱德华·威尔逊（Edward Wilson）的爱慕者。威尔逊提出要和劳决斗。在决斗中，劳一枪就把威尔逊打死了。

虽然在 18 世纪，决斗是很常见的行为，但它并不被社会所提倡，所以劳被警察以谋杀罪逮捕。而在伦敦中央刑事法院，劳即将面对的竟然是一位因对犯人心狠手辣而闻名的法官。不出所料，法官判定，劳的行为属于谋杀并判处死刑。

劳自然不会死，否则故事就讲不下去了。之后，福大命大的他被改判为过失杀人，死刑也减成了罚款。威尔逊的兄弟们对改判极为不满，趁劳还在监狱之时，他们打算害死他。然而，劳设法逃出了监狱，远走欧洲，就此远离了英国的法官和那些愤怒的仇家。

在欧洲，劳重操旧业，又开始赌博。他花了三年时间在各国游走，既要维持生计，又要研习各国的货币金融知识。18 世纪中叶的欧洲一派生机勃勃，有关科学、经济和社会实验的新思想不断涌现。劳对数字有着天生的敏感，再加上他的银行知识背景，帮助他将这些新事物迅速吸收并消化。

·法兰西金融·

古代法兰西的货币叫里弗尔（livre tournois）。里弗尔产生于查理曼帝国时期，1 里弗尔相当于 1 磅白银。1 单位里弗尔均分 20 份到下一级单位索尔（sous），索尔可以再分为 12 份，称为丹尼尔（Deniers）。为了方便读者阅读和理解，在本章随后部分我将对与这一事件有关的货币一律用“元”为单位进行描述，当然这样的写法并不符合历史细节。

18 世纪初的法国经济一团糟。路易十四国王发动了数场劳民伤财的战争，全国经济陷于崩溃的边缘。当时，全法负债约合今天的 30 亿美元，而财富资源（主要集中于贵金属）则所剩无几。贵金属的短缺也意味着商业流通所需的货币远远不足。

打个比方，如果法国经济是一个人的身体，那此时这个身体里面流动的血液（促进流通的黄金、白银）已经所剩无几，无休无止的战争就是出血不止的伤口。身体里没有足够的血液循环，健康状况自然堪忧。

需要强调的是，劳在周游列国的过程中结识了奥尔良公爵（Duke of Orléans），此人恰恰是国王路易十四的亲侄子。劳当时并没有意识到这份友谊未来将会为他带来怎样的价值，跟王室成员关系密切总归不是坏事。

同时，尽管法国的经济摇摇欲坠，它此时仍然拥有北美洲密西西比河周围的一大片土地——路易斯安那。这片土地可比今天人们熟知的路易斯安那州大多了，它北起加拿大，南到墨西哥湾。法国是占领此地的第一个欧洲国家，这片土地的面积甚至比法国本土还要大。

路易斯安那虽然面积广大，但作为占领者的法国在这片土地上却基本什么也没做，而且大家对它知之甚少。人们以讹传讹，竟然使它在人们的心目中变成了一片传奇之地，渐渐地开始有传言说此地盛产贵金属。在绘声绘色的描述中，路易斯安那简直就是天堂：那里居住着一群漂亮又蒙昧的原住民，欧洲人随便拿出一些不值钱的小物件（如匕首、磁铁杯等），这些原住民就会开心不已，并欣然捧出大把的黄金、白银做交换。

这一类传言愈演愈烈，演变到后来，阿肯色河上甚至出现了一座翡翠山。更有甚者，有传言称路易斯安那不仅富藏黄金、白银等贵金属，而且还盛产毛皮，其价值甚至可以跟加拿大猎人交易的皮货相媲美。现在大家看到这些都只会当作笑话，任何皮毛动物如果不幸出生在气候炎热的南方地区，肯定早就灭绝了。

在这一系列民间传说的背后，几乎没有什么欧洲人愿意到路易斯安那去殖民，而个别有胆量尝试的人也过得非常辛苦。曾经有人试图招募工人到北美开垦耕地，开发农业，可金贵的法国人却没有几个愿意到人生地不熟的异乡去挨苦日子。法国政府也极度热衷于提升路易斯安那的公众形象，它们花钱请来了连巴黎都不曾离开过的画家们绘制北美风景画，画中的路易斯安那草木丰美，仿佛成了又一个里维艾拉（Riviera，法国著名度假胜地）。

·纸币·

从家族的会计室，到欧洲各地的赌场，再到王室和平民的各色沙龙，这一系列的经历已经帮助劳成长为一名经济哲学家。他十分清楚贵金属的短缺对欧洲经济发展的阻碍，而他认定相应的解决办法就是以其他更方便使用的价值介质来代替贵金属。

在劳看来，黄金、白银作为交易工具已经过时了，在经济中流通的货币只是起到交换中介的作用，不一定具有价值。国家财富归根到底取决于境内外的贸易，而一个经济体当中流通的货币越多，它的流通就越方便，同时就越有利于国民财富的积累。

图 2–1　约翰·劳的现代石版画

劳（见图 2–1）在自己的老家苏格兰提出了一项他称之为“土地银行”的建议。该建议的思路很简单：国家（在这里指苏格兰）将其所有的土地资源按价值“储蓄”到国有银行，银行随后可以依此发行债券，唯一的限制条件就是债券总金额不能超过被“储蓄”土地的总价值。这些债券分别代表了该国土地资源价值的一小部分，在劳看来，它们就是更便于流通的纸币，如此一来就可以将一国所拥有却未能充分释放的资产（在此为土地资产）货币化，并将其投入到国民经济中发挥作用。

劳的提议响应者寥寥，苏格兰政府对此毫无兴趣。极度失望的劳放弃了在祖国推行纸币的梦想，重回赌场。只不过，这个想法已经在他脑海里深深扎了根，用他自己的话说：“当血液不再循环流动，身体也就玩完了。金钱不再流动的结果也是一样的。”

劳在随后的十年中于法国和荷兰两地游走，在此期间，他再度跟奥尔良公爵过从甚密。通过交谈，劳在金融方面的独特见解深得奥尔良公爵赏识，奥尔良公爵很愿意倾听劳对当前法国金融困局的看法。毕竟路易十四毫无节制的支出已然把法国带进了一个死胡同，时下也没有任何人能够提供切实可行的解决办法。

同苏格兰一样，纸币在法国人的眼里也纯属异数，人们心目中的“货币”只可能是黄金、白银。

·天降大运·

也许是冥冥之中的安排，法国路易十四国王于1715年离世，他的儿子当时尚未成年，根本不可能执掌政权。治国的重担因此落在了劳的好朋友奥尔良公爵（见图2–2）身上。

图2–2　奥尔良公爵

奥尔良公爵并没有被加冕为国王，他只是代为处理政务，直到年幼的路易十五长大成人。劳看准机会，当即向王室毛遂自荐。这一次，他得到的是法国王室的热烈欢迎。

劳向王室成员提出，像法国这样伟大的国家不应该被金属货币的短缺所羁绊，何况法国还有很好的前车之鉴——大英帝国和荷兰都已经流通了纸币并且获得了成功。劳建议法国设立国家银行，该银行专责管理王室收入并依据土地财政发行债券，这其实跟之前被苏格兰拒绝的建议大同小异。

与苏格兰不同，法国人热情地接受了劳的建议。不过话说回来，依照当时的情况，恐怕法国人也只能孤注一掷了。于是，在1716年5月5日，法国发布王室公告，授权劳组建银行。

全国四分之一的贵金属货币外加四分之三的政府债券被用以注资银行。这些资本总值600万元，被分成12 000股，即每股500元。银行同时还承国全国禁止使用金币交易。只有王室银行印制的钞票才是唯一允许的交易支付工具。同时，对于像珠宝首饰一类可以保值的资产的交易也被全面禁止。国王还发动群众相互监督，一个人如果告发自己的朋友、邻居或家庭成员有违反以上法令的行为，就可以得到丰厚奖赏。

于是，近邻变成了仇敌。警察的调查完全不需要证据，只要有一点点怀疑，就可以上门调查是否存在政府规定限额之外的贵金属。

王室银行也想方设法减慢硬通货从自己地窖流出的速度。如果一个人想拿纸币兑换黄金，银行出纳会故意用极其缓慢的速度清点零钱，让排在后面的客人等得不耐烦，这样每天工作时间可以处理的金币总量就比正常数量要小很多。

还有一个花样就是让银行职员假扮客人排队兑换黄金，换完之后立即再把黄金放回银行地窖里，如此循环不停，那些真正需要兑换的客人就不得不排长队等运气了。

所谓病急乱投医，劳又下令将一批银行钞票烧毁，以为如此一来人们就会相信纸币才是短缺的。其实稍微动脑筋想想，印钞票的纸和墨水到处都是，纸币怎么可能短缺？想来劳实在是压力太大了，犯了糊涂才出此昏招。

密西西比公司的股票价格变成了自由落体，在几周内从 10 000 元跌到了 4000 元。

为了让公众相信路易斯安那的土地遍布商机，劳还干了一件令人捧腹的事：他安排 6000 名犯人穿上工作服，并给每人配备铁锹和十字镐，然后让这些人假装是要出发去路易斯安那，列队穿过巴黎的大街小巷。

日复一日，几千名前往路易斯安那的“工人”在街头进行表演。表演任务一完成，他们就奔赴郊区，把手里的工具低价卖给当地人，然后一哄而散。

议会主席被眼前发生的一切彻底激怒了，他当着国王的面抱怨说自己宁愿要 10 万元的金币也不要 500 万元的钞票。对国王如此言辞不敬通常都会招致杀身之祸，也可想而知事态的严重程度。

担着收税的责任。这一设计虽然同劳最初的设想有差距，不过也算是好的开始。奥尔良公爵还表示，只要劳和银行能干出成绩证明自己，将来还会给予他们更多的特权。

广大民众倒是很乐意接受纸币这一新型、便捷的支付方式。原因之一是纸币有国债和贵金属支持，并有永久固定面值。而在以前，政府对金属货币贬值从不手软，往往是一觉醒来，一个人的袋子里虽然金币一枚不少，可一纸王室公告就可以让这些金币大幅贬值。这种情形在纸币身上不会出现，人们觉得纸币让他们感觉更稳定可靠。

劳的银行叫作“通用银行”（Banque Generale），这也是法国有史以来的第一家相当于中央银行的银行。银行发行的纸币可以用作现金支付，因为有政府保证的固定面值，在人们眼里这些纸币很快变得比银币更值钱。事实也的确如此，以购买力衡量，纸币的价值在短短一年内上升了 15%。大众对纸币迅速而广泛的接受程度大大超出了所有人的想象。纸币不仅仅跟金属货币同样值钱——实际上，人们认为它更安全、更值钱。

· 膨胀的权力 ·

法国王室对劳心悦诚服，于是授予他一个新头衔——全国财政总长。伴随着新头衔而来的是更大的权力。劳开始着手取消那些在他看来有碍经济发展的东西，比如运河收费和过大的土地持有。他鼓励在全国修建道路，并以低息贷款等方式对新兴产业给予奖励。

作为法国金融财政的实际掌权人，劳也将注意力放到重振海外贸易上。这些重商措施帮助法国在两年内将工业产出提高了 60%。还有一项数据可以说明劳的政策卓有成效，那就是法国从事出口的商船数量从过去的 16 艘猛增至 300 艘。

凭借着通用银行的成功，劳又向法国王室提出了一个重大建议：成立一家对路易斯安那拥有独家贸易权的新公司。路易斯安那的土地从密西西比三角洲至加拿大的冰冻山脉绵延 3000 英里（约 4828 千米），自然资源丰富。劳认为这是法国未开发的巨大宝藏。

跟国家银行相似，新公司的资金来源和运营方式很简单：劳建议初始资本由国债和路易斯安那独家贸易权组成；公司股票对大众公开发行，出售获得的资金可以用来抵消作为初始投资的国债（政府于是可以节省下国债未来应付的利息费用）。

王室同意了劳的建议。1717 年 8 月，西方公司（Compagnie d’Occident）正式开张了。公司资产被平分为 200 000 股，每股股票价值 500 元。依照劳的要求，公司拥有对路易斯安那 25 年的独家贸易权。

新公司的包装虽然美丽诱人，股价表现却并不理想。尽管路易斯安那充满着神秘色彩，可人们都知道那里基本是一片空白——至少那时还没有什么法国人曾经移民过去，耕田、打猎或开采传说中的翡翠山。后来公司的股票价格从 500 元跌到 300 元，劳煞费苦心经营起来的好名声也开始动摇。

此时聪明的劳又心生一计，他对外宣称公司在未来 6 个月将以每股 500 元的价格购买自己的股票，这相当于现代社会的股票回购，其效果可以说是立竿见影。人们听说现在价值 300 元的股票在半年内就有 66% 的利润率，于是纷纷抢购，股票价格迅速重新回到 500 元。

更重要的是，市场开始猜测，既然西方公司这么有信心地溢价回购，或许当中有人所不知的利好消息。投资大众相信公司高层享有更多关于公司前景的内部消息，市场开始推断西方公司对于未来的重大发展也许在保守着什么秘密。

·吞噬上升·

通用银行的职能在 1718 年发生了戏剧性的变化，它成了法国的王室银行。如此一来，它印制的钞票不仅代表一家私有企业，更有着王室在后台撑腰。这些钞票有国王路易十五做担保，高可信度立刻把其他竞争对手抛在身后。

好事还不止于此，王室银行还取得了铸造新币的特权。事实上它开始对法国的财政和所有新币铸造全面负责，加之它还拥有大部分的政府税收权。在劳的一手策划下，原本最初的一个试验项目，如今摇身一变，成为法国名副其实的中央银行。

王室银行很快发展成为一个大集团，它吞并了西方公司以及一些其他类似的公司。短短两年间，劳氏打造了全欧洲最成功的集团企业。该集团拥有税收权、铸币权、对外贸易的垄断权，同时还帮助政府抵消债务。它甚至还独家垄断了烟草销售。

法国的国债大概有 15 亿元，在当时绝对是个天文数字。王室银行购买了大量的国债。这些国债原本利息为 4%，而银行只收取 3%。对国王来说这当然是好事：国家消除了 4% 的利息负担，而转为支付 3% 的利息给自己创立的公司。王室银行也不吃亏，它由此得到稳定政府分红的保证来支持未来的投资项目。

·热潮启动·

劳和他的王室银行前景一片大好。他拥有对东印度、中国、南海[①]当然还有路易斯安那的独家贸易权。作为他乐观情绪的一个表现，银行承诺每年每股派发 200 元的红利。要知道当时的股价也只有 500 元，投资者们都因此大赚了一笔。

投资大众对王室银行也越来越着迷，逐渐形成了一个良性循环：由黄金和债券牢牢支持的钞票被源源不断地印出；公众对这些钞票趋之若鹜，并用它从王室银行购买密西西比公司的股票；投资者们开始彼此炒卖这些数量有限的股票。最初 500 元的发行股价很快成为历史。

在 1719 年的 5 月至 8 月间，股价从 500 元涨到了 1000 元。股价翻了一番，然后很快又翻了一番。造成价格一路飙升的部分原因是股票数量有限，每隔两个月新股发行时，巴黎的男男女女们就会一拥而上、争抢一空。

① 18 世纪初西班牙在南美洲的殖民地开展对外贸易的区域的俗称。

保证金的使用也无异于火上浇油。买家可以有一年的时间方才履行支付义务已经成为司空见惯的做法。这样一来，一个人就可以采用分期付款的方式购买股票了。股价飞涨的速度惊人，对每个人来讲都仿佛天降横财。劳自己对此也有记述："财富之门如今已向全世界打开，这就是新秩序和旧秩序的最大区别。"①

曾经专属于一小群上层社会的新财富，如今也落入寻常百姓手中。社会最底层人士一夜暴富的故事让人们对股票愈发疯狂，各种各样的新奇故事层出不穷。比如一个清理烟囱的人获利 3000 万元，还有一个开小店的大赚 1.27 亿元。

甚至连劳自己的马车夫也不例外。有一天这名车夫把另外两名车夫带到主人面前替换自己。"可我只需要一名车夫呀！"劳说。车夫回答："是的，我知道。另一个是我给自己请的。"

当时的巴黎并没有提供股票交易的专用场地，所有交易都是在一条名叫坎康瓦普的小巷子里进行（见图 2–3）。这条巷子变得天天乌烟瘴气。巷子两头各开一扇门：一个供有钱人出入，另一个供给平民大众。在早晨的

图 2–3 当代石版画《坎康瓦普街》（*The Rue de Quincampoix*）

① 引自查尔斯·麦基（Charles Mackay）1841 年著作《大癫狂：非常的大众幻觉和群体疯狂》（*Extraordinary Popular Delusions and the Madness of Crowds*）。

固定时间，两扇门同时打开。人们从街道两头鱼贯而入，开始一天疯狂的交易。

当然，那些有幸在这条曾经名不见经传的小街拥有物业的人们也沾光了。平常每年租金 1000 元的房子如今涨了 16 倍。一个鞋匠把他的小摊位以每天 200 元的价格出租给一个需要可靠舒适空间交易的家伙。听说还有一个驼背也用身体创业，物尽其用地把后背借给那些着急上火的投机者们当书桌。

1719 年的秋天，王室银行股价一路上升到 7000 元，然后是 8000 元、9000 元。金融狂欢节正全面而盛大地展开，节日的中心就在坎康瓦普街。

· 新场地和停滞 ·

劳意识到有必要给每天炒卖他公司股票的人们提供一个体面的场地，因为人群太过拥挤已经导致过好几次事故了。于是他与一位法国王子达成协议，租用王子名下的苏瓦松酒店。这里有大片的花园，可以给交易者们提供大量空间，花园里还有漂亮的雕塑和喷泉点缀其间，比起现在大家交易的陋巷简直是天壤之别。

劳和王子的协议一经达成，政府立即发布公告，规定苏瓦松酒店才是股票交易的唯一合法场所。在花园的树荫间，至少搭建了 500 顶小帐篷供人们进行交易。每顶帐篷的月租是 500 元。王子本来就不缺钱，这一下更是坐在了金山上，随随便便把自家后院租出去每个月就有 25 万元进账。

股价上升到 10 000 元（不到一年时间达到发行价的 20 倍）时，价格的波动忽然变得异常剧烈，往往在几个小时内就会出现 10% ~ 20% 的震荡。很可能一个人早晨出门时还是个一文不名的穷人，晚上回到家就已经腰缠万贯了。

这一批崛起的新贵虽然有钱了，可行为举止却免不了露出一副暴发户的嘴脸，上流社会的贵族对这些人不屑一顾。

应该记住的是，所有这些新生财富都不是由真金白银而来的。国家的贵金属依然安全地被保管在王室银行的地窖里。而法国老百姓已经全然接受这些放在钱包里的轻巧、方便、可折叠的货币是“跟黄金一样好”。无论如何，至少人们随时都可以拿着纸币去银行兑换相应数量的“真”钱。

不过人们并不知道，这股席卷巴黎的纸币风潮，其总量早已超过了国家现有黄金储备，就连法国的宫廷也深深沉醉在国家金融环境陡然好转的喜讯中。

国债被抵销，经济被源源不断的纸币浪潮推动向前。几年前还让国王头痛不已的经济困局仿佛一下子烟消云散。创造财富原来只需要不断印发纸币这么简单！如此巨大的诱惑力让当权者实在欲罢不能。

人们挣到钱当然不会只是为了把它存进银行以生利息。在乡村处处可见大兴土木的工地。伴随着股价暴涨而产生的“财富效应”带给人们一派繁荣的感觉。那些以前只有上层贵族才能享用的奢侈品也“飞入寻常百姓家”，比如雕塑、绘画、麻布、挂毯等，各式各样的高档手工制品开始出现在中产阶级的家居里。好像只要愿意参与到疯狂的市场当中，任何人都有机会捞取财富。有了财富，出身贫寒的人们也能够享用曾经只有贵族才能享受到的待遇。

· 密西西比泡沫的破裂 ·

当时的法国议会并没有对发生在身边的金融乱局掉以轻心。议会最初对纸币的引入基本持反对态度，后来即便目睹这一新生事物给巴黎带来的繁荣盛景，议会也还是满腹怀疑。

个别精明的投机者已经预感到离狂欢散场的时候不远了。于是这些老谋深算的人士开始一趟一趟地去王室银行将钞票兑换成金币。更有甚者，为防备将来有一天政府对金币的兑换和使用政策发生变化，有些人在兑换以后还把金币运到相邻国家隐藏起来。这其中英国和荷兰是最受欢迎的去处。

据说有个头脑灵活的家伙将用 100 万元换来的金币全部装载在马车上，

再在上面覆盖牛粪，然后神不知鬼不觉地运出远离城外的安全地点。为了不引起别人注意，他不惜换上一身破烂衣衫，把自己打扮成脏兮兮的农民模样。

从 1720 年初开始，密西西比公司的股票价格跌势显现。由于当时许多人是借钱投资，价格下降让大家变得异常紧张。

劳故技重施，对外宣布公司会以 10 000 元的价格回购股票，市场于是又在这个价格水平上稳定了几个月。股价虽然没有下跌，但有心人同时也注意到股价不再上涨了。价格之所以可以维持在 10 000 元水平的唯一原因就是劳的公司对外发布的保证。

与此同时，那些在法国遍地流通的大量纸币也终于显现出它们应有的经济效果：通货膨胀。房屋、日常消费品、食品以及所有其他可以拿钞票购买的商品价格纷纷上涨。1720 年初，法国的通货膨胀率已经高达每月 23%。同样的钞票可以买到的东西却越来越少，使得人们对纸币的信心开始动摇。而与之相对应，金币又变得吃香起来。

劳警觉到事态在向不利形势发展，他试图压抑大众对黄金再度产生的偏好，于是请求国王发布公告，严禁使用金币或者银币支付任何价值超过 100 元的商品，同时个人若拥有多于 500 元的黄金即视为犯法。这就相当于美国的金融机构颁布规定不允许使用信用卡支付超过 20 美元的消费，同时个人的信用额度最多只能有 250 美元。法案一出，经济活动的脖子立刻被掐得死死的。

· 经济独裁 ·

那些有头脑又谨慎的人早已抢先一步把纸币换成贵金属，并大量运至境外。那时法国境内的金币数量其实已经少得可怜，因为短缺，为数不多的金币也开始被人们囤积起来。商人们也越来越不愿意接受纸币付款，商业活动变得一片死寂。

国王继续颁布公告，其经济独裁的手段也愈发严厉。1720 年 2 月，法

·风潮和踩踏·

平民百姓越来越担心手里日渐贬值的股票和日益衰退的经济，去银行将钞票兑现成金币形成风潮，甚至变成事关生死的大事。这可不是开玩笑，因为来挤兑的人实在太多，银行门口经常有因为拥挤造成的踩踏死伤事件。

曾经发生过一天当中就有 15 个人在挤兑时被踩死的事件。愤怒的群众将 3 具尸体放在担架上，然后成群结队到王宫的花园抗议游行。他们扯着嗓子向国王高喊，让他来看看所谓的金融改革给老百姓带来了什么。

通货膨胀继续肆虐，已然方寸大乱的劳要求国王将货币贬值以对抗通货膨胀。于是，又有新的公告出炉了。这一次，大众被告知在随后的几个月中本国货币将逐步贬值，贬值幅度为一半。

当然，一旦宣布货币贬值，是立即执行还是逐步实行已经不重要了，因为结果都是一样的：该货币价值即刻下跌 50%。法令公布不久，议会就急忙将其撤销，这进一步加剧了市场的混乱。从市民到商人，人人怨声载道。

劳所属公司的股价进一步下跌，1720 年 9 月降至 2000 元，12 月时只有 1000 元，也就是说从年初的历史最高点暴跌了 90%。人们对劳的反对之声沸反盈天，已经让劳开始担心自己的人身安全问题了。

当时有一群有钱人决定合伙将钞票一起拿到王室银行兑换金币，一举清空王室银行的黄金储备。他们找到那些所有权有问题的股票所有人（主要是那些借钱买股票的人），将他们的股票悉数收购。这样市面上的股票总量顿时减少了 2/3。如此一来，劳的对手居然变成了公司的大股东。

公众并不仅仅通过这种商业策划来发泄对劳的愤怒。正如查尔斯·麦基在其 1841 年的著作《大癫狂：非常的大众幻觉和群体疯狂》中所描述的那样：

> 约翰·劳因为他苦心策划的改革政策以失败告终而为大众所唾弃。当时法国的大街小巷到处可以听到讽刺他还有国王的市井

歌曲，这些歌的歌词大多下流粗俗。

宫廷也开始取消王室银行的一系列特权，比如银行的收税权在 1720 年 11 月被撤销。在年底之前，它跟各地的独家贸易权也被收回。事实上，公司曾经拥有的所有特权（包括王室的背书）基本上都被取消，剩下的只是一个毫无意义的空壳。

1720 年年底，劳从公司主管的位置上被赶下台。他最终要假扮成妇人才得以逃到国外（实在难以想象劳穿着女装逃出法国时的心情）。他身无分文，被迫搬回布鲁塞尔，随后几年在罗马、哥本哈根、威尼斯四处赌博，辉煌的日子一去不复返。

1723 年，奥尔良公爵去世。听到这个消息，劳意识到自己再也不可能回法国了。幸运的是，他得到特赦后可以重回伦敦，在伦敦又住了四年，最后搬到威尼斯。在那里他感染肺炎，于 1729 年在贫病交加中离世。

· 后续影响 ·

围绕密西西比公司所形成、发展、破灭的泡沫经历了人类历史当中诸多金融灾难共有的一贯模式。该模式基本是以下套路。

- 发生了某种（政治、技术或其他方面的）转移。这种转移打开了全新而巨大的利益机会，“早鸟”们先行得益。
- 获利的消息一经传开，更多的来自方方面面的人前来参与。因此获利的机会变窄，人们不得不更多地使用杠杆，同时过度交易甚至欺诈纷纷出现。
- 一旦最初的挣钱模式无法维持下去，或者在体系中出现重大漏洞，人们就会闻风撤退，当大多数参与者赔了钱损失惨重时，大家就会呼吁严惩罪魁祸首。此时再想想，这些参与者中的大多数其实当初根本就不知道自己在干什么。

恐惧一旦代替贪婪，泡沫就会迅速破裂，于是投机的狂欢节也就戛然而止。同时，无论人们如何信誓旦旦地保证这样的蠢事绝对不会再发生，它肯定还是会再次出现的，也许只是经过一两代人的时间而已。金融狂热和战争一样，注定会反复出现人性不光彩的一面。

市场最终是有效的。任何表面上看似可以轻松发财的事，充其量是市场暂时的极度错配。这种机会也会随着大家纷纷来争抢暴富机会而不复存在。

一朝被蛇咬，十年怕井绳。法国人在之后的 80 年里都不敢再碰钞票。而那片美丽缥缈的路易斯安那领地，也在 1763 年经过为时七年的英法大战之后落到了英国人手里。

03 南海泡沫

差不多就在约翰·劳和奥尔良公爵凭着密西西比公司把法国搅得天翻地覆的同时，另一班“演员”也在大英帝国上演了一幕类似的剧情。大家会看到，发生于英法两地闹剧的时机之契合，有着异曲同工之妙。

·国债和一个思路·

1701 年到 1714 年发生了西班牙王位继承战争，英国积极参与了这场战争，也因此负债累累。内部审计的结果是英国政府发行了 900 万英镑的债券，却没有任何偿还这些债务的公开计划。市场对政府的偿债能力深表怀疑，因此这些债券在公开市场的价格只有其面值的一半。

1711 年，有人策划成立一家私人组织来接管这些国债。该组织的资本构成相对简单，政府批准给予其垄断贸易权，更准确地说，它将被准许与西班牙在南美的殖民地开展贸易。当时人们把那一片地区统称为南海，因此新公司就取名为南海公司。

现有国债的持有者可以拿债券交换新公司的股票，英国政府也会给债券持有者支付利息。如此一来，新公司就拥有了两项资金来源：一是来自英国政府的稳定现金流，另一个是表面上从南美贸易中赚得的可观利润。

如此安排的内在问题马上就显现出来了：这家英国公司赖以生存的主

要业务居然是和英国敌对国的殖民地开展贸易。不过人们对此似乎并不在意，因为公司的股票表现不错；而随着 1713 年《乌特勒支条约》（*Treaty of Utrecht*）的签订，战争宣告结束，更没人担心什么敌对交战国的问题了。

如路易斯安那之于法国，英国人对存在于南美的财富也备感神秘（当然完全是出于无知），人们普遍相信，那些生活在墨西哥和南美的原始、天真的土著会欢天喜地拿出自己的金子和珠宝来交换产自大英帝国的羊毛和羊绒制品。

当然，根本就没有什么土著在南美洲的东海岸眼巴巴地等着英国人来拿羊毛交换黄金。事实上，第一艘商船出发到南美已经是南海公司成立七年之后的事了。而且那些商船运载交易的也不是什么羊毛，而是奴隶。因此，至少南海公司生意计划的一个重要组成部分，由一条单一贸易线路垄断而来的利润是完全虚幻的。

公司生意的另外一个构成部分，即从政府获取国债利息，其表现也不尽如人意。政府根本就没钱支付，累计欠下的利息超过百万英镑。政府也好，私企也罢，面对这种困境都有一个惯用伎俩，那就是开动印刷机。南海公司增发的股票金额已经相当于政府拖欠的利息，而投资人之所以愿意买它们的股票，也正是期望政府的利息支付可以带来收益，他们的期望自然是落空了（见图 3–1）。

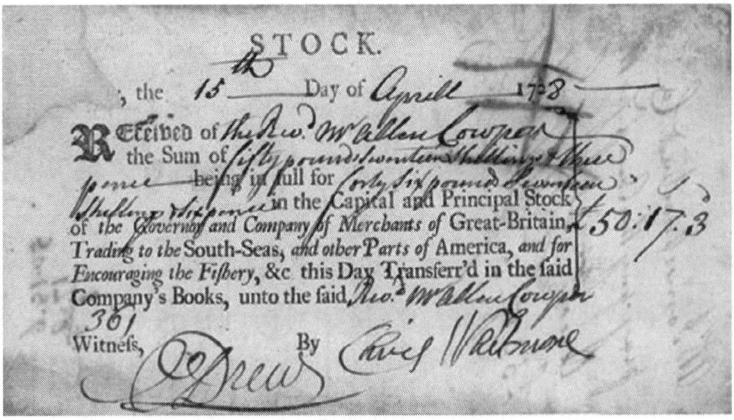

STOCK.

, the 15th Day of Aprill 17[illegible]8

Received of the Rev. Mr Allen Cowper the Sum of fifty pounds seventeen shillings & three pence being in full for forty six pounds seventeen shillings sixpence in the Capital and Principal Stock of the Governor and Company of Merchants of Great-Britain, Trading to the South-Seas, and other Parts of America, and for Encouraging the Fishery, &c. this Day Transferr'd in the said Company's Books, unto the said Rev. Mr Allen Cowper

£50:17:3

361

Witness, By

图 3–1　一纸证书就被用来代替现金支付

跟约翰·劳在法国的所作所为相比，南海事件牵涉的贪腐行为要多得多，上至议会，下至民间，无一例外。有一种号称“领跑”的行为，居然发生在受人尊敬的财政大臣身上。此人得知南海公司即将购买政府国债，就立即飞奔到公开市场，趁消息尚未传出抢先购买低价折扣的政府债券。这些债券的市场价格可能只有面值的 45%，但很快这些债券就会被南海公司以全额面值回购。对知情者而言，这可是稳赚的暴利买卖。

·毫无用处的垄断·

诚然，南海公司最吸引投资者的地方还在于南海本身，就是那条西班牙大方开放给英国的宝贵航线。至少从表面上看，现在是万事俱备，只欠东风了。公司唯一需要做的就是找几艘货轮装满羊毛和服装，再把它们运往南美，英国人就可以坐等满舱的贵金属和珠宝回来了。

可惜的是，英国和西班牙之间真实的合约条款细节是绝对不允许这种挣钱的机会存在的。两国的公约允许英国在 30 年间每年向西班牙殖民地输出 4800 名奴隶。至于其他商品，合约则异常苛刻：规定每年只允许英国运送一船商品，且货物重量不得超过 500 吨。

另外，如果这一条船进行的贸易得以获利，则利润中的 25%（外加余额的 5%）要直接上缴西班牙国王。不论垄断的权力如何吸引人，任何人在如此严苛的贸易条款下都是很难赚到钱的，当然西班牙国王除外。

不过后来就连这些无甚吸引力的条款也很快作废了，因为英国和西班牙之间很快又打了起来。南海公司好不容易在南美积累的资产于是通通被没收，直接损失达 30 万英镑。南海公司沦为名副其实的“皮包公司”，只不过在伦敦还有个办公室，同时手里握着一堆政府根本不付利息的国债。

即便如此，有关约翰·劳在法国的成功故事还是点燃了英国人依靠新金融、新企业发财的美梦。劳的王室银行股票价格一飞冲天，英国人也开始幻想同样的奇迹在本土发生。1720 年新年刚过，人们对公开市场交易的公司股票的热情陡然高涨。这情形跟 275 年后美国人民对科技股的狂热如出一辙。

·泡沫公司·

围绕 1720 年事件，最不可思议的一点就是当时人们对新公司股票的热情。如果市场的热情是被新型公司里的个别成功事例所引发的，倒也情有可原，但不论南海或者其他任何公司的表现其实都乏善可陈。

打个比方，如果南海公司的船队满载着成堆的金条从南美归来，让公司赚得盆满钵满，那么投资者由此对海外贸易产生狂热是可以理解的。问题是根本就没有这样的船队，更别说金条了。

不论出于什么理由，公众似乎对于那些有着异想天开又难以衡量的商业计划的公司突然胃口大开。这些新公司多数会含糊地表示出要到新世界掘金的规划。当然还有个别人炮制出一些让人匪夷所思的商业设想，比如头发交易、马匹保险、提高肥皂生产量、创造永动轮、把水银转化为黄金，还有史上最强的“进行一项谁也不知道是什么的伟大创新”。

20 世纪 90 年代末的互联网泡沫，包括那些公司开出来的空头支票，跟以上商业设想比较起来其实也是大同小异。那些人的所作所为通通可以归结为上面提到的最后一条。

证券交易对大环境毫无规范可言，自然会滋生大批居心叵测的股票骗子。他们很乐意编造出各种稀奇古怪的商业计划，然后欣然拿股票交换投资者的钞票。至于那些上当受骗的人，更多的则是要怪自己的无知和贪婪。

南海公司的主管们对遍地泛起的“泡沫”公司不以为意。他们当然希望公众都来买自家公司的股票。可是这些跟风而动的家伙分明是抢走了自己的生意，把本该为南海公司独享的利润摊薄了。

于是主管们通过公司对国会以现金为基础的（当然是客气的说法）影响力，于 1720 年 6 月通过了《泡沫法案》（*Bubble Act*）。该法案要求所有股票交易的公司都必须经过王室特许，如不经特许擅自交易，一经发现公司将会被立即解散。如此一来，那些跟风出现的公司如风一样消失不见了，投资者损失惨重。而不出意外的是，南海公司在第一时间获得了王室特许。公司股票本来已经价格不菲，如今更是被炒到 1050 英镑，是六个月前的 10 倍。

·犯傻的牛顿·

南海公司股票价格的上升也吸引了一位当时最杰出人物的注意，那就是艾萨克·牛顿爵士。在 1720 年初，牛顿就购买了该公司的股票。过了几个月，眼看着股价飞涨，牛顿开始有点担心了，决定把手里的股票出售。他是以 150 英镑买入而后以 350 英镑卖出的，因此大赚了 7000 英镑。

可是股价还在继续上涨。牛顿的一些朋友以比他卖出价更高的价格买进，然后眼看着它又上升到 600、700，甚至 800 英镑。牛顿又坐不住了，之前赚的钱此刻再来看已经变得不值一提。为了弥补错失的机会，他倾尽所有，甚至不惜借钱购进股票。

在这位伟大的科学家买进之后，南海公司的股票经历了终极一升，突破了 1000 英镑。可是这次他没有卖，而是目瞪口呆地眼睁睁地看着股价如他自己提出的万有引力定律一般从高位一路下行。1720 年下半年，牛顿不得不卖出股票时，损失已达到 20 000 英镑。之后，他在南海公司投资的失败经历更成为长期困扰他的噩梦。牛顿自己曾这样说："我能够计算沉重人体的移动，却无法计算出人心的疯狂。"

·南海漩涡·

股价一旦跌破四位数的历史高位，恐慌立刻在人群中蔓延。原因之一是自 1720 年初以来，面对飞速上涨的股价，很多人开始借钱买入，南海公司也允许投资人分期付款购买股票。到 1720 年 8 月，这些分期付款中的第一批到期了。人们开始担心应不应该再拿现金去交换已经开始贬值的股票。

与此同时，从阿姆斯特丹和巴黎传来坏消息，投机性企业的资产价值在那里纷纷下跌。曾经推动南海公司股票节节上升的“动物精神”骤然消失了，而且消失得远比来时更快。股价在 9 月底就回到 150 英镑，上千名投资者的钱打了水漂。连带着那些接受南海公司股票作为贷款抵押的银行和金匠们也傻了眼（见图 3–2）。

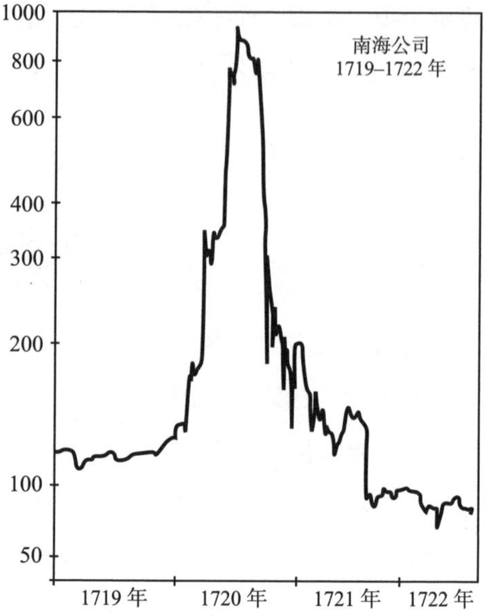

图 3–2　南海公司股价下跌时远比上涨的时候要快

为应对这一乱局，国会不得不在 1720 年 12 月召开紧急会议。到了第二年，南海公司的主管们被明确认定为这一切的始作俑者。政治腐败、行贿受贿，还有广泛存在于公司管理层的欺诈行为，使得各级政府部门官员都受到牵连。那些还没有来得及逃离的罪人要么被处以巨额罚款，要么锒铛入狱。

英国政府还没收了公司主管们的豪宅，以成立基金赔偿那些因公司垮台而蒙受损失的人。议会中甚至有人开玩笑地提议要仿照古罗马的做法，将公司主管们绑进装满蛇的袋子里丢入泰晤士河淹死。当年有个宣传单是这样写的：

> 许多可怜的家庭被毁了，或变得一贫如洗，不得不沿街乞讨。伦敦本是一座拥有世界最优质贸易的城市，在南海公司的操纵之下变得百业凋敝，造不出几艘船，更别提航行出海了。

为预防泡沫再起，英国叫停了所有股票发行。国内经济元气大伤，用了将近一个世纪才恢复过来。罗伯特·沃波尔（Robert Walpole）爵士自始至终都极力反对南海公司，他被推举去收拾这个烂摊子，并在后来成为英国第一任首相。公开股票发行的禁令直到 1825 年才被解除。

04 美利坚殖民地的独立

如果被问起独立战争，大部分美国人的脑海里呈现的是这样一幅画面：一群热爱自由的人奋力地从远在英国宗主国的铁腕里挣脱出来。在美国人民心目中，1776 年代表着一场伟大政治斗争的开始，并最终给他们带来了全新的宪法和土地。

这样的理解当然是正确的，不过美国独立战争不单是关乎政治理念，它同样关乎商业和税收。年轻的美利坚在这一期间所经历的货币问题在很大程度上塑造了国家的未来。同样地，当初建国的先驱们跟大英帝国奋起抗争背后的动机也并非像老师在课堂上教授得那么单纯。

·繁荣的殖民地·

北美大陆土地广袤、人烟稀少，自 15 世纪末被发现以来，它在几百年里为来自欧洲的占领者们带来了巨大的收益。这里的土地很肥沃，遍布野生动植物，河道繁密，自然资源丰富。北美大陆张开怀抱，用自己未经发掘的宝藏等待着新居民的开发。

在 17 世纪末和 18 世纪初，北美 13 个殖民地的居民耕作狩猎，经济发展相当稳定和迅猛。在 1650 年至 1770 年间，美国殖民地的经济增长了 20 倍。这一段殖民地的历史虽然简短，不过多数历史学家认同，北美的生活水平跟当时世界上任何一个地方相比都是高水准的。

丰富的自然资源再加上源源不断的殖民者来到新大陆讨生活，让北美这片土地一度创造出富裕的经济。殖民者出口大米、原木、烟草，以及其他经济作物，而这一切商业活动几乎没有任何税收的限制。除了对欧洲出口，殖民者们相互之间也有着大量的贸易往来。

这些经济活动的繁荣，一部分受益于来自英国的信贷。英国也愿意借钱给那些富有的殖民者以支持他们日益奢华的生活方式。比如弗吉尼亚殖民地的人均借贷额从 17 世纪中期到 18 世纪中期就翻了一番。大家都渴望“向邻居看齐”（或者更确切地说是向华盛顿和杰斐逊看齐），有钱的人或比较有钱的人都需要通过购买奢侈品来证明自己的财力。

渴求“独立解放”的不仅仅是平头百姓，也包括那些上流绅士。这些有钱的殖民土地拥有者们要操心满身的负债，而当时英国政府昏庸的法案以及奴隶问题为他们的行动提供了经济动机。

来看看当时奴隶拥有不均的现实吧：1775 年，弗吉尼亚 40% 的人口是奴隶。当地白人中的一半至少拥有一名奴隶，不过最富有的 10% 掌握了大多数。白人中最富有的 10% 拥有当地一半的土地。也就是说弗吉尼亚白人中的绝大多数没什么不动产。一旦出现贸易禁运或政治动荡，这些人的生活基本没什么保障。

基于这种脆弱的社会构成，弗吉尼亚的有钱人并未将多数自由的公民视为自己在政治上的同盟，因为大家各自的诉求差别太大了。阶级之间的战争危机在当时其实是相当大的。英国人在战争爆发之后就充分利用了奴隶主和奴隶之间的矛盾。不过仔细想想，要寻找对付奴隶主的战士，还有什么比刚刚挣脱枷锁的奴隶更合适的呢？

·难以容忍的变化·

英国于 17 世纪末 18 世纪初参与了一系列战争，由此大幅扩大了自己的殖民地范围和在全球的财富。这其中包括九年战争、西班牙王位继承战争、奥地利王位继承战争，还有就是和随后美国独立战争关系密切的七年英法战争（1756—1763 年）。

在取得英法七年战争的胜利之后，英国从法国手中夺得北美位于密西西比河以东的所有地区，再加上加拿大（从法国取得）和佛罗里达（从西班牙取得），北美殖民地不再局限于最初的 13 个，而是包含了北美大陆整个东部。

直到 1763 年战争结束，北美殖民者还是安于在大英帝国的管理和庇护之下生活的。不管怎么说，他们和英国之间的贸易蒸蒸日上，基本没有税收负担；一旦遇到外来侵略，还有日不落帝国这顶保护伞。跟英国在一起，他们不需要付出什么就能得到很多。

宗主国对殖民者提出的少数的几项要求之一是所谓的《航行法案》（*Navigation Acts*）。该法案要求所有装载殖民地交易商品的船舶都必须由英国生产和所有，船上的人员也要由英国指派。本来殖民地跟欧洲特别是英国的贸易发展就很迅猛，因此对这项规定从一开始就鲜有反对意见。

但在七年战争结束之后，大家的看法发生了改变。引起争议的主要是夹在密西西比河和阿巴拉契亚山脉之间的区域。1763 年以前，这一大片土地归法国所有。英国王室自然不介意甚至鼓励殖民者们去开发并占领这些土地。实际上，来自英国的殖民者大肆侵占属于法国的土地也是引发战争的原因之一。

可是随着战争结束和法国对这片土地的放弃，英国政府的态度也来了个 180 度大转弯。英国政府对这一地区利润可观的皮毛生意垂涎已久，于是他们出台新规定，殖民者们不再被允许拥有甚至进入这一区域的任何土地。英国人要求所有占领者们重新返回东部的殖民地，完全无视自己直到 1763 年还一直鼓励人们前往占领的行为。这一新规定于 1763 年以公告的形式正式出台。

而之后出台的另一份公告更是在众人的伤口上再撒了一把盐。公告提出这片区域将由 7500 名英国士兵负责巡逻看守，而这些士兵的所有费用将由殖民者负担。换句话说，英国原本鼓励殖民者们去开发土地，而当他们照做之后却被要求滚蛋。在他们不得不流离失所，迁回东部的同时还得给那些扛着枪防止他们回来的士兵付钱。

殖民者们自然对这些变化恨得咬牙切齿。在英国人看来，是时候让殖民者履行交税的义务了，因为英国本土人民的税务负担是殖民者的 50 多倍。英国政府在经历了七年战争之后债台高筑，因此需要尽可能多地创收，不管是通过皮毛生意还是适当提高税收。

增加税收的开源行动并没有随着 1763 年的公告而结束。在 1764 年通过了《食糖法案》（*Sugar Act*）；而在 1765 年，又通过了《印花税法案》（*Stamp Act*）。这两个法案都试图从商品贸易中抽取收入。在 1765 年还通过了驻营法案，规定殖民者必须为英国士兵提供住房、食品、交通以及其他必需品。这样殖民者不仅要供养阻止他们西进的士兵，还得腾出自己的家来招待英国士兵。

·抗议·

这些来自英国议会的新法案遭到殖民者的强烈抗议。1765 年，13 个殖民地中有 9 个派代表参加在纽约的印花税大会，商讨并实施对英国商品的抵制。抵制行为很奏效（殖民地可以自给自足是成功的重要因素之一），英国的生产商们恳求国会取消这一危害商业的法案。于是国会废除了这两个法案。殖民者最初的一仗打得又快又漂亮。

匪夷所思的是，国会于 1767 年随即又通过了一系列覆盖面更广泛的新税种，统称《唐森德条例》（*Townshend Acts*）。殖民者被之前抵制行动的成功所鼓舞，决定再次如法炮制。他们又成功了，英国国会在 1770 年废除了《唐森德条例》，只保留了一个税种——茶叶税。出于保护自身利益的考虑，国会是不愿意废止法案的。不过它同时也在向殖民者传递明确的信息，自己不会放弃对他们征税的权利，虽然只是保留了一项很小的税项，但却意义重大。

1773 年，英国通过《茶叶法案》（*Tea Act*）进一步扩大对茶叶贸易的控制。法案规定只有它自己的东印度公司才有权将茶叶运往北美。当年的 12 月，一群殖民者装扮成印第安人上了船，将几百箱茶叶倒进了海里，这就是历史上著名的“波士顿倾茶事件”（见图 4–1）。

图 4–1　内森尼尔 · 库里尔（Nathaniel Currier）于 1864 年所画的《波士顿倾茶事件》（*The Destruction of Tea at Boston Harbor*）

英国政府对此事大发雷霆，国会随后迅速出台一系列法案试图让殖民者就范，包括《波士顿港法案》（*Boston Port Act*）、《马萨诸塞政府法案》（*Massachusetts Government Act*）、《驻军法案》（*Quartering Act*）和《公正法案》（*Justice Act*），以关闭波士顿港口、改变马萨诸塞管制宪章，并再一次规定殖民者必须无偿为士兵提供住宿。

英国和美利坚日益恶化的关系促使殖民者们再次召集大陆会议。1774 年 9 月 5 日召开的费城会议被视为北美大陆的第一次正式会议。基于之前抵制行动的成功，殖民者决议通过在全部殖民地范围内对所有英国商品进行抵制，并要求英国国会废除全部 13 项被称为“难以容忍的法案”。大陆会议向英国表明，他们对直到 1763 年为止同英国的关系表示满意；如果国会能够废止新法案，使得相互关系恢复到原有状态，所有的对立行动就会停止。

英国不但没有寻求和平解决的方案，也没有要和解的态度，而是决定对殖民者施以更严厉的镇压，派遣军队驻扎波士顿。美国独立战争的第一枪终于在 1775 年春于马萨诸塞的莱克星顿和康科德打响了。一个月之后，大陆会议召开第二次会议，大家共同商议的结果是认为和平妥协的时机已经错过，此时要做的就是战争准备。既然要打仗，那就需要钱。

· 大陆钞票 ·

殖民地虽然富有，但当地政府却没有多少资产可供使用。有了和英国政府的前车之鉴，公众都不希望看到一个太过强势的政府。况且大家现在一听税收就头大，所以殖民地的领导者们认为战争筹款的最佳办法不是收税，而是发行纸币。

新的货币被称为大陆元。它经过精心设计，很难伪造。一开始的发行很谨慎，总共只有 600 万大陆元（见图 4–2）。一大陆元对应一元金币。只是随着时间的推移，战争的花费越来越高，殖民地政府也无法抗拒诱惑，发行的大陆元越来越多。

图 4–2　一张大陆元钞票（图中所示为 1/3 元的纸币，上面印有“管好你自己的事”字样）

华盛顿将军的意图是打持久战，他认为战争时间拉得越长，英国人就会越厌倦。按照这种策略，和平显然不是一两年内可以达成的，也就是说将会有许多年的战争费用需要支付。印更多的钞票来负担士兵和供给的诱惑实在是难以抗拒的。

通货膨胀不出意外地开始慢慢攀升。殖民地的领袖们开始担心不断贬值的货币会成为获胜的障碍，于是他们通过法案，宣布任何拒收或拒绝依照面值使用大陆货币的人都将被视为国家公敌。战争初期，大家都认为接受大陆货币是一种爱国行为，否则就是在帮助敌人。

不信任强大中央政府的另一面，就是对每个州各自独立的尊重。于是每个州自己也开始印制钞票解决财政问题。市场上开始流通五花八门的货币，其价值也无可避免地下跌。下面是新大陆货币在 5 年间的发行量：

1775 年：600 万元；

1776 年：1900 万元；

1777 年：1300 万元；

1778 年：6300 万元；

1779 年：1.4 亿元。

这还不包括每个州各自发行的 2.09 亿元纸币。如此一来，原本一大陆元可以兑换一元金币，可到了 1781 年 4 月，兑换一元金币则需要 167.5 大陆元。

纸币越来越不值钱，大陆会议采取的对策是“征用”：士兵获准可以随意拿取任何所需的东西，然后打个白条。如果英国人赢了战争，这些白条就是废纸一张。这样的做法其实就是变相地偷窃。

当然，所有参与到对英战争的殖民者都冒着很大的风险。英国拥有当时世界顶尖的军事力量，军队训练有素，而且经过多年的欧洲战争的洗礼。大英帝国财力雄厚，也有本事借钱来维持这个庞大的战争机器。相较而言，那些有钱的殖民者潜在的损失更大，所以冒的风险也更大。

风险最大的就是签署《独立宣言》的 56 位代表（见图 4–3）。他们当中的绝大多数很富有，少数例外的也是大名鼎鼎，比如塞缪尔·亚当斯（Samuel Adams）。他们中有 9 位大地主、11 位有钱的生意人，还有 24 位是成功的律师。一旦英国获胜，他们的律师执照肯定要被撤销。这些人站出来签署《独立宣言》（*Declaration of Independence* ），显然是把身家性命都搭上了。

图 4–3　约翰·庄柏（John Trumbull）1816 年的名画《独立宣言》，
画中是 5 位宣言起草委员会成员向参会者展示他们的成果

·和平解决·

英国在跟殖民者的战争中占尽优势：善战的士兵、卓越的指挥、充足而精良的武器以及雄厚的财力。无奈他们却面对一个无解的难题——北美殖民地幅员辽阔。英国人没有什么有效的办法去控制如此广阔的土地和众多的人口。于是他们只能选取重点，把主要精力放在沿海的港口上。

战争打了两年，局势还是毫无进展。英国人决定封锁新英格兰。他们试图将大陆军包围起来，在一片相对有限的区域内将其歼灭。可惜的是，伯戈因（Burgoyne）将军在萨拉托加战役中失利，他本人也向大陆军投降。

英国人随即改变了策略，展开金融战。他们伪造大陆货币并偷偷投放市场流通，企图加速通货膨胀，制造混乱。

萨拉托加一役的胜利极大提高了公众对大陆军的信心，而此时法国也决定与大陆军联手，并和大陆会议签署条约。英国人当时还背负着英法战争欠下的巨额债务，眼见法国人的所作所为，心中五味杂陈。

尽管英国军队在 1780 年取得了一些胜利，但战争局势还是在 1781 年发生彻底改变。法国和美利坚联手在弗吉尼亚的约克镇打败了康华利斯（Cornwallis）的部队，迫使英国不得不放弃战争中的进攻策略。经过六年的艰苦努力，殖民者们终于取得胜利。

·经济宪法·

及至独立战争尾声，参战各方都已经负债累累。美国一共花了 4 亿美元（不无巧合的是，这也差不多是战争期间发行纸币的总和），法国花了 13 亿里弗尔，英国更是背上了高达 2.5 亿英镑的债务。英国不仅输掉了战争，还丢掉了殖民地和同北美良好的贸易关系，英国不得不提高长期税率以偿付巨额债务。

尽管长期受到战火洗礼，美国反而成了此次战争最大的受益者。它不仅赢得了独立，土地面积也扩大了，西部的殖民地也归其管辖，国土区域一直拓展至密西西比河。不过，战争中纸币发行实验的惨痛经历对后来美国宪法的形成产生了重大影响。

最值得一提的是，联邦政府意识到允许各州印发货币的政策是严重错误的。因此在宪法中明确提出严禁任何州以任何形式发行法定货币，金币和银币的铸造被严格规定为国家专有的职能。战争期间伪造货币曾被敌方用作攻击手段，宪法里也明确将其列为犯罪行为。

在对英作战的早期，殖民地各州在从其公民手上收缴财富用于国家事业（如战争）方面束手束脚。因此，宪法规定对公民的征税权专属于中央政府。更关键的是，宪法还创造了州与州之间的公共市场，所有跨州商业法律的制定权也归中央政府所有。很显然，这种“无疆界”经济的形成是美国未来经济成功的重要原因。

从一个普通殖民者的角度来看，美利坚也好，英国也罢，他仍然只需要负担、支持一个国民政府，而实际上，美国独立以后国民肩上的财政负担比以前重多了。当然不同之处就在于，北美土地上的人们如今已是自己国家的公民，而不再听命于什么远在海外的国会。

不久之后的 1792 年，24 位代理人在纽约一条繁忙小路的梧桐树下开始进行公司股票的常规交易，这条小路就是华尔街。虽然当时可以买卖的股票不过 5 只（当时的金融交易主要围绕有关债券、商品以及其他可交易的设备），这就是后人称作的《梧桐树协议》（*Buttonwood Agreement*），也是在宪法框架下肥沃的经济土壤里播下的一粒种子。这粒种子茁壮成长，如今已成长为全世界最重要的金融交易所。

05 1837 年的恐慌

美国建国之初，存在着对于银行业有截然不同看法的两派：一派是以托马斯·杰斐逊为代表的农业派，他们珍视个人生产、自给自足，对银行以及那些被称为“公司”的组织极度不信任；另一派则为工业主义者，他们心目中的世界注定会由农场走向以工厂为基础的生产，所以银行在他们眼里是经济赖以生存的保障。

两派人士在中央银行这个问题上的分歧尤为激烈。每个欧洲国家都有一个政府资助、作为国家主体分管金融事务的银行，这些银行通常会管理税收、关税、货币供应，以及其他所有与公众利益相关的金融事务。早期的美国政府也决定成立自己的中央银行，名字都取好了，就叫美国银行。但谁也想不到，有关这间银行的争吵以及要求将其解散的行动将给这个年轻的国家带来一场重大的灾难。

·美国中央银行·

第一家美国银行在美国建国不久就成立了，经营许可期限只有 20 年。到了 1811 年，眼看银行的经营许可要到期了，众议院却以一票之差否决了银行许可延期的动议。到了参议院，正反双方的票数持平。根据宪法规定，这种情况下参议院最后的决定权在副总统手里。当时的副总统乔治·克林顿（George Clinton）投了反对票，美国中央银行就这样夭折了。

第二年，也就是 1812 年，美国和英国之间又打了一仗[①]。战争的劳民伤财可想而知。对一个年轻国家来说，此时正是最需要中央银行的时候，可偏偏美国银行被关了门，于是整个国家的金融和借贷能力大打折扣。作为补救措施，第二家美国银行在 1816 年成立，经营许可期限依然是 20 年。

随着国家从战争中恢复元气并走向扩张，对土地的投机也变得火热起来。这一时期的经济繁荣规模之广泛，以至于历史学家将这一时期称为“善意时代”（Era of Good Feelings）。第二家美国银行就诞生于这个年代。

此时的美国并没有统一的货币，不同的银行都被授权各自发行纸币，以至于整个国家有上千种纸币在流通。这些钞票颜色各异，设计也千奇百怪。不同纸币的安全系数也参差不齐。

多数情况下，纸币背后都有有形资产的支撑，其中最主要的就是金币和银币。黄金和白银被视为“钱”更真实的代表，而纸币的使用只不过是为了方便交易和流通。跟金银相比，纸币当然更轻便、更易携带。

·杰克逊不相信纸币·

有一个人将会从贵金属和钞票的差异中尝到苦头，此人就是如图 5–1 所示的美国第七任总统安德鲁·杰克逊（Andrew Jackson）。在 1795 年，杰克逊想去做贸易行，于是他将自己的 68 000 英亩（约合 275 平方千米）的土地卖掉，换回了由一个叫大卫·埃里森（David Allison）的人开出的本票。随后拿这些本票作抵押购买了开贸易行所需的物资。

图 5–1　年轻的安德鲁·杰克逊吃了一连串钞票的苦头，以至于他一生都厌恶除贵金属以外的一切货币

可是后来大卫·埃里森宣布破产，杰克逊手里的本票顷刻间变成一堆废纸。他欠下供应

① 即 1812 年战争，也称美国第二次独立战争，发生时间为 1812 年至 1815 年。——译者注

商一屁股的债，花了整整 15 年才还清。

不难想象这一遭遇对杰克逊造成了何等的创伤。他从此对一切以纸张形式出现的资产代表，不论是本票、信用证、债券，还是钞票都极度抗拒。杰克逊此时活跃于土地投机买卖，买家支付的票据经常作废令他损失惨重。这一系列不幸事件让杰克逊一生都对银行家和钞票恨之入骨。

·比德尔对阵杰克逊·

美国银行从 1817 年成立直到 1822 年都有些步履维艰。1823 年，它任命了第三任总裁尼古拉斯·比德尔（Nicholas Biddle），从此银行的卓越领导作用日益凸显（见图 5–2）。

图 5–2 尼古拉斯·比德尔是位机智能干的银行家，他的帮扶让杰克逊在任期间少犯了许多错误

比德尔是一位睿智、风度翩翩且行事严谨的绅士。他年仅 37 岁就被任命为美国中央银行的最高主管。在他的领导下，美国的货币币值稳定、经济发展平稳、信用扩张适度，这一时期被广泛认为是美国中央银行有史以来表现最好的时期。比德尔的工作异常称职，他的优秀指导对于国家繁荣贡献良多。

可是，当安德鲁·杰克逊于 1829 年当选总统之后，他甚至在不了解比德尔本人以及他对中央银行卓越管理的情况下就武断地对其采取敌视态度。杰克逊痴迷于消除国家债务。在他看来，这些债务是银行家们为自己敛财的阴谋。

杰克逊公开表示债务是“国家的诅咒”，同时立下誓言：“本人立志清除国家债务，以防止金钱贵族在我们的管制中成长壮大。这些势力只会让我们屈从他们的想法，最终颠覆我们国家的自由。”

非常不幸也令人费解的是，杰克逊竟然会如此敌视自己政府的中央银行。第二家美国银行提供了一种健康、稳定、受欢迎的货币，对国家建设可以说是劳苦功高。

杰克逊不但对中央银行百般诋毁，甚至认为它的出现是违宪的（尽管美国最高法院在几年前就已经否定了这一看法）。杰克逊在上任的第一年就促使议会对中央银行及其合法性进行审查。不过，参众两院交回来的报告均对银行的工作表现和合法性给予充分肯定。如果放在当今社会，杰克逊这种对银行毫无根据的深仇大恨简直令人难以想象。

杰克逊对银行的仇视程度，在他自己的文字中就体现得很清楚。下面是他在1832年7月10日写给参议院的一篇否决信中的节选：

> 很遗憾，有钱有势的人总可以令政府屈从于他们自私的目的。每一个公正的政府之下都会存在社会差异。人类自身的机制不可能产生才能、教育或者财富上的平等……每个人都有权平等地受到法律保护。可是当法律在执行过程中附加了这些人为的自然差异优势，给某些人独有的特权，官官相护，法外留情，使得富者更富，有权者的权力更大，那么社会中的弱势群体，如那些无钱无势的农民、技工和苦力，就有权对他们的政府不公表示抗议。

杰克逊的世界观很简单：一边是普通百姓，代表美德、勤奋、努力和高尚；另一边是银行家，代表腐败、贪欲、沆瀣一气。

杰克逊把自己当成替大众清除这些社会败类的代表。他多次在公开场合大声谴责金钱的利害关系以及代表金钱在交易中使用的票据。他在给参议院的同一封否决信里继续写道：

> 我们至少可以明确反对任何新的垄断和特权，反对强奸政府并以大众利益为代价讨好极少数，同时做出妥协，并逐步改造我们的法律制度和政治经济体系。

他的话深得民心，杰克逊也坚信自己说出了每一个正派美国人的心声。在清偿债务之余，他还有一项神圣使命：向美国最大的银行——中央银行发起攻击。

·第二家中央银行的终结·

杰克逊对银行的敌视被比德尔看在眼里，二人之间的敌意随着时间的推移日益加深。在他们难得的一次一对一面谈中，比德尔回忆总统时是这样说的："我对中央银行并没有什么偏见。只是自从读过有关南海泡沫的历史（详见第 3 章），我对银行就感到十分恐惧。"看起来杰克逊对金融历史的知识左右了他的政治决定。

今天的美国人可能无法想象，杰克逊说到做到，在其总统的第二个任期真的将国家债务清除为零（截至目前，美国的负债可是高达 16 万亿美元，这个数字在读者看到这段话时只会更高）。他成功完成了消灭债务的第一项任务。接下来就轮到第二项任务了：消灭中央银行。用杰克逊自己的话说，银行家们是"金钱的贵族"，而他认为任何以金银以外形式出现的金钱都是欺骗。

杰克逊的所作所为当然跟他年轻时在商业票据上栽的跟头有关，不过同时也因为他骨子里的阴谋论，倾向于将一些原本无辜的事件加以曲解。美国银行作为半政府机构，本来是帮助国家处理金融事务的得力干将，杰克逊却把它视为积累资金以攻击他本人和政府的政治对手的工具。在他超常活跃的想象力中，银行将慷慨的贷款、超低的利息以及高薪厚职源源不断地赠予总统的政治对手们。

好在议会对银行有着比较清醒的看法，因此当银行的经营许可到期时，有关续约的动议在两院都轻松获得通过。在参议院是 28 比 20 的多数，在众议院的优势更明显，167 票赞成、85 票反对。自美国建国以来，总统否决权只在极少的场合被使用过。可这一次，杰克逊不惜动用此项特权将动议推翻。

政府法律部门顿时乱了方寸，他们质疑杰克逊这么做是否违宪。总统也毫不含糊，在回信中大大方方地给这些法律人士上了一堂宪法课："议会、行政、司法部门对宪法必须有各自独立的指导，就算一个智力平庸的人也看得明白，这就是允许这三个部门对宪法的含义及其在国家行为中的应用拥有不同表述的原因。”

·口水战·

杰克逊对其否决做出了书面解释。比德尔认为总统的决定将会引发一场政治灾难，于是他跟总统的政敌亨利·克雷（Henry Clay）走到了一起。1832 年 8 月 1 日，比德尔在写给克雷的信中交代了自己对于总统决定的立场：

> 总统必须为他的草率行为负责。至于否决一事，我倒觉得未尝不是件好事，因为这让大家看清了总统无政府主义政治倾向的真面目。他就像一只困兽在咆哮……希望通过这件事，我们的国家终于可以从这个无可救药的人手中解脱。你注定要成为促使这一切发生的重要一环。你的生命里从没有哪一刻如今天这般对国家肩负着如此重大的使命。我衷心期待你的成功。

如今再回头看当时发生的一切，铲除中央银行明摆着是个严重错误。可在当时，这个决定在政治上其实是异常精明的。杰克逊成功地说服大家，银行就是万恶之源。在 19 世纪初，一个总统与其花时间研究和理解中央银行的种种好处，倒不如向民众诉说有钱人和银行的罪大恶极来得更容易。杰克逊代表民心所向，所以行动起来毫不犹豫。

当时的报纸毫不避讳对某个政党的公开支持，所以他们把这些情绪也充分体现出来。《华盛顿环球报》（*Washington Globe*）用这些反银行口号向读者呼吁：“让他们的哭声传遍各处，打倒贿赂，打倒贪污，打倒银行……让我们在每个镇子都成立委员会，起诉那些行贿的银行代表。”

美国银行并没有因为杰克逊的否决而关门，它只不过不再是中央银行，但依然拥有存款、分行和工作人员。杰克逊又使出凌厉的一招，他试图将美国银行里所有的政府存款转存到各州银行。他觉得州银行更靠近平民百姓，因此罪恶较轻。

他把这一计划交代给财政部长，谁知对方严词拒绝。杰克逊又惊又怒，随即撤了财政部长的职，又临时任命司法部长代任财政部长，执行以上决定。

新任的财政部长照做了，这一下，美国银行跟美国政府一丁点儿关系都没有了。这也表明它再也无法发挥自己最主要的一项职能，即为国家提供稳定有序的货币。它现在的名称是宾夕法尼亚美国银行，跟其他大大小小遍布全国的几百家银行毫无区别。为进一步给自己的古怪想法做出解释，杰克逊指出他这么做是因为美国银行“企图左右政府官员的选举”，显然这是他的主观臆断而已。

·购买土地的纸币大潮·

杰克逊将政府存款从美国银行提取重新分配到各个州银行的本意是，将这些钱交到诚实本分的普通人手里，可是没想到效果却适得其反。

那些州立银行对于印刷纸币相对应的资产要求（即黄金和白银的储备量）并没有严格的标准（即使有也没有严格执行），所以银行极有可能无节制地以放贷的形式增加货币供应。

当时还有一个特殊的大环境就是国家在发展，国民们都纷纷从美国政府这个世界最大的房地产中介手中购买土地。美国政府手里的土地多不胜数，同时为了加快垦荒和开发，它也愿意以极具吸引力的价格把土地出售给那些乐意承担风险的人。

于是，在 19 世纪上半叶，从普通农民到有钱的富豪，各种各样的投资人都被吸引到热火朝天的土地投机买卖之中，而州立银行超级宽松的贷款行为又极大助长了这一风气。

为了进一步带动增长，国家对诸如铁路、运河、新公路等一类雄心勃勃的基建项目如饥似渴。商业在发展，并且变得更加复杂化。美国的工业化需要成千上万的投资者和企业家的共同努力。政府正是通过低价售卖土地的方式为这一切铺平道路。

在 1836 年，土地买卖达到了整个 19 世纪的最高水平。仅西北地区就成交了 1800 万英亩（约合 72 843 平方千米）的土地。这也得益于农业市场的健康发展，大麦和棉花的生产者们都需要提高产量以满足来自世界各地的需求。1883 年发表的一篇名为《南方生活和性格之古怪》（*Oddities in Southern Life and Character*）的文章对这一情形有精准描述：

> 国家百业待兴。人们对大片肥沃的处女地趋之若鹜，而这些土地对奴隶劳工的产出回报也是前所未有的。成群的移民蜂拥而至，尤其是那些拥有奴隶的地区的人们。新国家就像个大水库，每一条通向它的道路都是生机勃勃的生意和产业。唯一不值钱的就是钱，或者可以被当作钱来使用的东西。只要你有心尝试，机会几乎遍地都是。信贷是理所当然的事。那些州立银行沿街发放钞票……任何人只要证明自己的确急需用钱就可以得到贷款。

如果上述文字让读者联想到 2002 年到 2007 年的房地产泡沫其实一点也不奇怪。银行都在纷纷不计客户的信用度拼命放贷给那些投机的人，历史是如此地相似。

二者之间最大的不同之处就在于联邦政府的资产负债表。在当今社会，美国政府负债累累，毫无偿还债务的清晰计划；反之在 19 世纪 30 年代，政府不但零负债，还因为大量的土地买卖而有不断增长的盈余。因为土地当初是不花一分钱得来的，所以就算贱卖，每一笔都是净收入。

·危机四伏的《硬通货法案》·

1835 年的土地出售量是一年前的三倍。杰克逊眼见日益庞大的土地买卖量，不禁忧心忡忡。于是他又求助于他一向尊崇的“硬通货”，发布了广为人知的《正币通告》(*Specie Circular*)。总统大笔一挥，要求所有未来的土地买卖都必须用金银交割。

这对于土地买卖市场的群魔乱舞足以形成致命打击。“硬通货”为王，那些拥有硬通货的人（银行或个人）便开始囤积。

通过滥发纸币而发展起来的银行纷纷倒闭，而贷款购买高价土地的农户也受到致命的打击：第一，因为信贷紧缩，他们出高价购买的土地急速贬值；第二，经济减速对农产品价格造成负面影响，他们的产出收入，尤其是棉花的产出收入大幅减少。

安德鲁·杰克逊在思想上的伙伴马丁·范布伦（Martin Van Buren），在 1836 年当选为下一任总统，并于 1837 年 3 月正式就职。此时也正好是全国经济开始崩盘的时候。就在范布伦就职前两周，纽约银行因为自己的金银储备所剩无几，开始拒绝接受纸币兑换正币。这无疑是对经济的一大新的打击。

全国范围内，几百家银行永久性地关门停业；成千的经济新贵们发现手中的钞票一文不值，财富瞬间缩水；几乎所有的经济数据都显示情况不妙：股市下跌、破产增多、失业率升高，还有急剧下降的商品价格。这是美国经历过最险恶的经济衰退之一，而它恰恰发生在新总统上任的前夜。

前总统杰克逊对新总统范布伦谆谆教诲，并鼓励他坚持彼此共同的原则：不批准中央银行的经营许可，不撤回《正币通告》。按照他一贯的做法，杰克逊的信心纯粹来自他多疑的个性想象而不是事实。杰克逊还从他的居所给范布伦写了封信，信中写道：“你放心，二十个人里面有十九个是支持这些政策的，例外的只有那些投机者和他们的同伙。”范布伦对此深表赞同，完全无视来自商界和银行的恳求。国家经济继续恶化，直到五年后才得以恢复。

银行在随后的数年间继续关门倒闭，就连比德尔的宾夕法尼亚美国银行也难逃厄运，这个曾经兴旺的国家银行于 1841 年宣告破产（见图 5–3）。

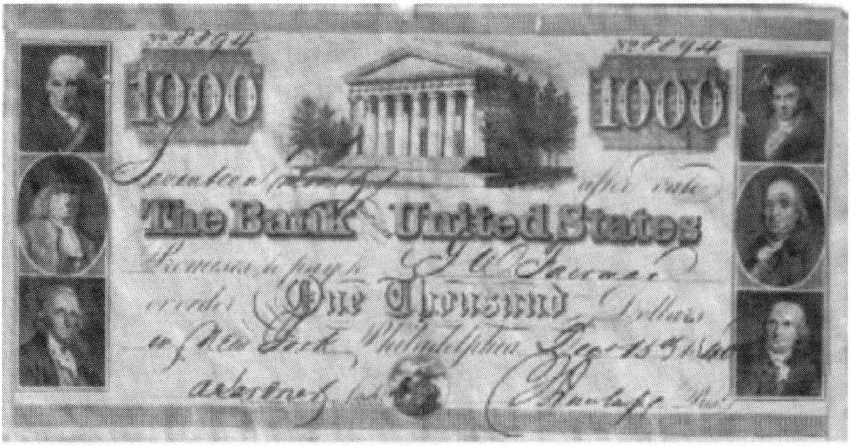

图 5–3　第二家中央银行倒闭前发行的一张面值千元的纸币

到最后，一切都清楚了。不论杰克逊有什么样的世界观和政策，国家都会照样扩张和发展。可当土地泡沫及其随后的贬值带来金融损失时，杰克逊的政策却盲目干扰了国家的金融结构，严重加剧了经济衰退并拖延了恢复的时间。美国历史上，只有发生在一个世纪后的大萧条在影响的时间和广度上超过了这一次的衰退。最令人遗憾的是，后人回头再看，这场灾难其实在很大程度上是完全可以避免的。

06 加利福尼亚淘金热

加利福尼亚淘金热为世人所熟知，不过很多人对这段历史存在着许多误解。显而易见，它改变了加州的命运（如今的加利福尼亚已经成为全球最重要的技术和商业重地之一）。自从在萨特木材厂首次发现黄金起，在往后的数十年，淘金热也同时改变了整个国家的历史。

·荒无人烟的加州·

说起来可能难以置信，如今有3800万居民的加州，曾经荒无人烟。1848年，加利福尼亚还是墨西哥的领土，在34 000名左右的居民中，有12 000名墨西哥人、20 000名印第安土著，另外还有2000名左右的白人士兵和占领者。

在这些占领者当中有一位名叫山姆·布偌南（Sam Brannan）的年轻人。他在位于如今旧金山的一小片占领区创办了《加利福尼亚星报》（*California Star*）。布偌南后来又在一家木材厂旁边开了间商店。这家木材厂的主人名叫约翰·萨特（John Sutter），也是个新来的商人。布偌南信奉摩门教，他和其他信徒远涉西部，还一度提议教会领袖将教会总部设在加利福尼亚（而不是犹他州）。布偌南是个勤奋的创业者，他的报纸和商店都经营得不错（见图6–1）。

图6–1　山姆·布偌南是众多来到加利福尼亚的创业者之一，并一度成为美国首富

约翰·萨特跟当地的印第安人交上了朋友。他有一个差不多 50 000 英亩（约合 202 平方千米）的农场（他给农场取名叫新瑞士），并且在土著居民的帮助下建起了一座城堡。约翰·萨特雄心勃勃，梦想成为当地的农业巨头。他为此开展了不少基建工程，包括兴建一个木材厂。布偌南和萨特这两个踏足广袤、荒凉新世界的商人，携手并肩为他们各自的商业抱负努力着。

1848 年 1 月 24 日，萨特木材厂一名叫詹姆斯·马歇尔（James Marshell）的工头在亚美利加河里发现了好几块亮闪闪、沉甸甸的金属。萨特和马歇尔连忙查阅了手头的百科全书，从中学习了几个鉴定黄金的简单检验方法。结果是肯定的。

在自己的领地发现黄金，大家可能以为萨特一定高兴极了。不过萨特很冷静，他知道消息一旦传出去，他的农场一定会被人挤爆。于是他决定秘而不宣，同时交代马歇尔要保守秘密（见图 6–2）。

图 6–2　约翰·萨特决定对发现黄金一事保密，以便自己可以在农场里安静地从事生产

可是萨特的几个员工在布偌南的商店买东西并拿出黄金来付款，还是走漏了消息。尽管萨特想保持低调，布偌南却不以为然。他凭着商人的直觉意识到，如果大家都来附近淘金，对于他的商店（也是这一片唯一的商店）来说可是件大好事。于是他自作主张，回到旧金山，手里拿着黄金走在占领区的街道上，高声大喊："黄金！亚美利加河里的黄金！"消息立刻传遍大街小巷。

布偌南还打算在自家报纸上发布新闻，让消息传播得更广，可他自己的员工都走光了。事实上，大部分的旧金山人都出动了，去亚美利加河寻找他们的黄金梦。巧的是，正在此时墨西哥因为对美战争失败而把加利福尼亚割让给了美国。天时、地利、人和，一场翻天覆地的变革开始了。

·艰难的道路·

最先闻讯而来的是住在加州附近的人，比如墨西哥人。到 1848 年 8 月，消息终于传到美国东海岸。淘金暴富的故事被夸大得神乎其神，举国震动。

当时从东岸到加利福尼亚有三条路：第一，乘船绕道南美南端再北上，整个航程需要至少四个月；第二，乘船到巴拿马，然后冒着各种瘟疫风险穿过中美地峡再坐船北上；第三，走陆路，其中也是危险四伏。三条路没有一条是快速和安全的。

在淘金热初期，因为感觉遍地有挖不完的宝藏，淘金者们之间还比较互助友爱。当时的记录这样写道："大家都坚信，金山就是一座银行，而且每个人都有账户。如果谁缺钱了，他只需要拿起工具去河里取款就是了。"

最早的淘金者们可以很轻易地从河里淘出金子，那些在 1848 年抢先一步到达的幸运儿都发了大财（见图 6–3）。

图 6–3 早期的淘金者只需要使用简单工具就可以轻易淘到金子。随着成千上万的人涌入，想淘到黄金变得越来越困难

当然，天下没有免费的午餐。当年的加利福尼亚是真正的"狂野西部"，那里没有道路和基础设施，没有法律和法官、没有警察，也没有下水道，食物也很短缺。美国才刚刚从墨西哥手里接管这片领地，想主持正义往往只能靠私刑（也就是几条绳索外加一堆暴怒的匪徒），疾病和困苦是家常便饭。那些早期的淘金者中高达 30% 的人死于疾病、暴力或者意外。

正所谓不入虎穴，焉得虎子。这些人随便拿个沙盘就可以一天挣到平时十天半个月才能挣到的钱，不需要受教育，不需要执照，也不需要才能和力气，只需要打起精神拎起沙盘走到河里。你找到的就是你的，连税都不必交。这样的挣钱机会可是千载难逢的，所以一点也不奇怪，那些容易淘的金子不到一年就被采光了。

· 失望的后来者 ·

那些来自东部绕道南美不远万里历险的人们很快就失望了。淘金热期间，成千上万人带着发财梦来到西部，可他们除了帮助山姆 · 布偌南们赚得盆满钵满之外，自己什么也没得到！

布偌南以加利福尼亚第一位百万富翁的身份被记入史册。他迅速在旧金山、夏威夷和南加州购置土地（令人难以置信的是，尽管这些土地的价值最终以亿计，但布偌南自己临终时却一贫如洗，连葬礼费用都支付不起）。

加利福尼亚的财富广为人知，联邦政府也迅速行动将其建州，把传统上要首先成为联邦领土的步骤都省了。涌来加州淘金的人越来越多，种族主义和仇视情绪也开始抬头。美国的采金者瞧不起墨西哥人、印第安土著以及华人劳工。加州的司法部门也助长了这股种族主义风气，通过了《外国矿工许可证法》（*Foreign Miners License Law*），要求每个外籍淘金者每月要上缴 20 美元（这在当时可是天文数字）。

这一时期留给美国的另一项历史遗产就是大批华人劳工的涌入。淘金热以前，整个美国几乎没有华人。而到了 1852 年，近两万名华人劳工来到加利福尼亚。如今美国西海岸大量的华人，就是当年大量华人淘金者的证明（见图 6–4）。

既有来自身体上的威胁，又有惩罚性的法律，因而华人劳工纷纷被赶出金矿区，他们最终在修建铁路上找到了活计。在 19 世纪 60 年代，华人劳工在当地树立起了自己可靠、勇敢、勤劳的形象。中太平洋公司一度雇用了 1 万名华工。到 1870 年，全美国大约有 7 万名华人，他们几乎全部生活在加州。

图 6–4 美国西部开发需要修建铁路，很多华人在被赶出金矿区后在铁路上找到了稳定的工作

· 扭曲的经济 ·

淘金热期间的需求暴涨（人口数量激增），而供应则相对稳定，经济学的供求理论得到了充分体现。无论如何，加州原本人烟稀少，它所能提供的商品和食物总是有限的。

以下是当时一些日用品经通货膨胀调整后的价格，这清楚地显示了在淘金热期间高昂的生活成本：

牛肉，每磅 280 美元；

黄油，每磅 570 美元；

奶酪，每磅 700 美元；

鸡蛋，每枚 84 美元；

大米，每磅 230 美元；

铁锨，每把 1000 美元。

矿工的时间非常宝贵，于是有些商店还高价提供个人服务。矿工们背井离乡，十分挂念家人。他们的亲人从东部寄一封信到加州的费用是 40 美分，可矿工请商店主人帮忙去镇上邮局取信的要价竟然是邮费的三倍。矿工写好回信，商店主人帮忙拿到镇上寄出的价钱也一样。

当地的服务费用实在太贵了，换洗的衣物拿到夏威夷去清洗居然更便宜。于是一船船换下来的脏衣服被运到太平洋对岸清洗。旧金山的地价也让那些抢先买到地的人大赚特赚。淘金热前卖 16 美元的邮包当时翻了 1000 倍。难怪美国作家亨利·大卫·梭罗（Henry David Thoreau）在他的日记里打趣道："去加利福尼亚……只不过让人离地狱近了三千英里。"

当时变态思想的另一个代表就是加州新立法机关颁布的名不副实的政府和印第安保护法案。该法案不仅完全没有保护印第安土著，反而公开允许白人占领者将他们抓去做奴隶。

加州一方面道貌岸然地反对南方奴隶制，另一方面却纵容奴役印第安人，尤其是妇女和儿童。淘金热期间，4500 名土著死在白人占领者手里。印第安总人口从 1845 年的 15 万锐减到 1870 年的不足 3 万。

· 在农场 ·

在淘金热期间，加州的绝大多数人口是矿工。早在 1850 年，全州三分之二的人口从事黄金开采。大家都不干正事，那些选择留下来干正经活儿的人们变得稀罕起来，他们的工资也因此涨了六倍。

加州的黄金开采大大地提高了美国的黄金供应。随着时间的推移，容易采挖的金子都挖得差不多了，一般人干不了的活儿，财力雄厚的大公司会取而代之。这些大公司拥有大型采矿设备，它们的加入进一步提高了黄金的开采量（当然也对环境造成了严重破坏）。加利福尼亚在 1848 年的黄金开采量还不到 25 万美元，而到了 1852 年，居然产出了价值 8200 万美元的黄金。这一年也是黄金产量的最高峰。随后几年产量逐年下降（见图 6–5）。

图 6–5　个人凭借简单的方法已经无法采得黄金，有钱有势的大公司都在用大型设备采金

还有一个值得强调的事实就是：早在 1848 年，当淘金热还远远没有达到它的顶峰时，加州的黄金产量就已经超过之前 60 年整个美国黄金产量的总和。美国当时的货币系统是以黄金为基础的，如此大量的贵金属进入流通，也相应地造成了通货膨胀（就和滥发纸币一个道理）。金价从 1850 年到 1855 年增长了 30%。

淘金热使得加州总人口从最初的 14 000 人整整翻了 20 倍，没有比这更有效的人口增加方法了。就算最初的矿工们放下了手中的锹镐，他们中的大多数仍然留在了加州继续工作。农业是最普遍的选择，因为对食品的需求日增，而加州又有大片的耕地。

所有由加州而兴起的商业活动中，对美国影响最为深远的恐怕就是铁路了。四位如山姆·布偌南一样从新占领者身上发家的商人组成联盟，成立并管理中太平洋公司。

这“四巨头”分别是马克·霍普金斯（Mark Hopkins）、柯林斯·亨廷顿（Collis Huntington）、查尔斯·克鲁克尔（Charles Crocker）和利兰·斯坦福（Leland Stanford，著名的斯坦福大学就是以他的儿子命名的），他们可以说是在正确的时间出现在了正确的地方。跨州铁路一直是美国的梦想，只是南北双方对于有关路线的争吵使得这一计划一直无法付诸实施。

美国内战打响以后，南方在美国政府彻底失势，铁路计划于是立刻得到批准（当然铁路线的设计偏向北方）。国家通过太平洋铁路法案对项目提供资金支持。如果是平原地带，每英里①资助 16 000 美元，丘陵是每英里 32 000 美元，至于难度更大的山区则是每英里 48 000 美元。整条铁路至完工花了将近十年时间。1869 年 5 月，东西方向的建设终于在犹他州接轨，美国东西海岸的连接被彻底打通了（见图 6–6）。

图 6–6　东西向铁路的接轨是美国历史上具有象征意义的时刻，美国终于有了贯通东西海岸的交通系统

对于加利福尼亚来说，这表示着它的农产品可以销往更广泛的市场（而不仅仅是本州）。东岸的港口联系着大西洋彼岸的欧洲国家，加州的农产品自此可以远销全球。到 19 世纪末，黄金已经成为久远的过去，农业摇身一变成为加州最丰富并且最赚钱的生意。

如此看来，那令人激动的一夜暴富的淘金热持续了远不止一年。早期热情的梦想家们依靠着土地和水源继续收获财富。当然，由淘金热带来的人口大迁徙对国家真正的影响，是一个至关重要的跨大陆连接、日益壮大的国家货币供应和一个巨型而多民族的新加州。这一变化对整个加州乃至美国的个性塑造都有着深远且恒久的影响。

① 1 英里 ≈ 1.6 千米。——译者注

07 美国内战

一个多世纪以来，美国的学生们在学校学习有关本国内战（州与州之间的战争）的知识。教材的重点通常放在南方奴隶制和北方自由制度的对立上，而对内战相关的经济层面很少提及。实际上发生在 1861 到 1865 年之间的资本转型给美国带来深刻的变化，其影响直到今天依然存在。

· 战前的国家 ·

埃利·惠特尼（Eli Whitney）发明的轧棉机看似十分简单，可是它带给世界经济的影响是深远的，人们自此终于可以大规模地将棉花同那些细碎恼人的棉籽分离开来。轧棉机的出现极大提高了棉纤维生产的盈利能力和效率（见图 7–1）。

图 7–1　轧棉机将原本烦琐冗长的棉纤维和棉籽分离工作变得轻松简单，为美国内战前的南方经济带来巨大改观

截至 1815 年，美国南方最值钱的出口产品就是棉花。25 年后，棉花出口超过所有其他产品出口的总和。理想的土壤和气候使得美国南方的棉花产量占到全球的三分之二。美国北方、南方和英国之间形成了

一个经济“铁三角”：英国从南方购买棉花，作为原料用于其先进的纺织业，然后将成品销往美国人口日益增加的北方。

美国南北方在气候和风俗上迥然不同。南方崇尚高贵优雅，热爱土地，一副欧洲绅士的做派。他们珍惜土地的丰饶，对浓烟滚滚的工厂和机器所代表的工业化避之犹恐不及。北方则正相反，变身工业巨头是他们的奋斗目标。他们充分利用源源不断的移民人口，努力减少自己对大洋彼岸生产者的依赖。

在南方心满意足于自己在农业上的发展的同时，北方却大举投入资本兴建基础设施。到 1860 年，全国 90% 的加工生产位于北方。南方继续包揽着大部分的种植农业（南方 84% 的人口从事农业生产，北方只有 40%），北方则迅速建立起对原料创造附加价值，进行深加工的垄断体系。

虽然棉花产自南方，但北方的纺织品产量却是南方的 17 倍、铁产量是 20 倍、皮革产量是 30 倍，还有对未来战争至关重要的武器产量，北方的是南方的 32 倍。如今回顾历史，单就南北两方而言，北方的长枪大炮对南方的棉桃和落后的生产方式岂有不胜之理。

内战前的 1857 年，金融恐慌席卷世界。尽管时间很短，但这实际上也是第一次全球性的金融恐慌。相对而言，南方受影响不大，而北方则受到冲击，要复苏幸亏有南方源源不断的经济作物供应。这进一步加深了南方长久以来对北方的看法，即北方离开了联邦的善心和农业产出就活不下去。

这场恐慌之后，南北之间的对立气氛由于对奴隶制无法调和的矛盾而变得紧张起来。当亚伯拉罕·林肯赢得 1860 年的总统选举时，面对分裂的国家对商业利益可能的影响，纽约那原本已经有些紧张的金融市场变得异常敏感起来。1860 年 11 月的《哈珀周刊》（*Harper's Weekly*）这样写道：

> 过去两周的华尔街充满恐慌气氛。所有的股票都经历了 10% ~ 15% 的下跌。这一切发生在农产品大获丰收和全国物质财富极大进步的同时，十分令人费解，也引起诸多惊讶和猜疑。

已经有人发起倡议建立一个全新的独立国家——美利坚联盟国（邦

联），甚至连宪法都已开始起草了。美国建国历史尚不足 100 年，它能否作为一个完整共和国存在下去都成了问题。

南方分裂的经济后果显而易见：原材料的供应将减少甚至完全停止；欠债有可能被一笔勾销；商业的自由流动被代之以敌对的边界。北方银行家们手里握着 2 亿的南方债券。一旦双方交恶，南方承认并偿付债务的可能性将变得微乎其微。基于以上理由，华尔街的金钱利益集团坚决反对林肯担任总统。无奈他们试图选取另一位候选人的努力失败了。

从某种程度上讲，南方要对自己在即将爆发的战争中的弱势负责。首先，它们过分集中于经济作物（如棉花和烟草）的生产。和平年代里这样做当然有利可图。可在战争年代，这些品种无法提供人们急需的粮食。其次，在宪法的制定过程中，美利坚联盟国试图采取弱势中央政府模式，有意识地使自己丧失收税的权力。

南方的政治领袖们深信他们最强有力的同盟，是不会说话的棉花。南方的棉花生产对全世界尤其是英国和法国的纺织业至关重要。这使得南方有信心认为，一旦南北分裂，那些贸易伙伴都会成为自己强大的盟友。

英国和法国都需要棉花，而美国南方正是棉花的主要供应地。如此一来，两国都应该努力保证南方的经济稳定。它们一定会尽己所能为南方的稳定提供保障。这个如意算盘似乎打得不错。不过我们很快就会看到，南方的想法太天真了。

·现代化的北方·

美国北方在内战中获胜取决于两项最核心的力量：第一，远胜于对手的工业基础设施；第二，对资金的使用。第二点在战争初期基本是做不到的，不过联邦政府的努力扭转了局面。

南方对奴隶的依赖使其对外部世界的变化反应迟缓。北方没有这些奢侈的无偿劳力，只能转而依靠现代化的农业工具和技术。即便在战争之前，机械化农业的优势也是显而易见的，比如一台谷物脱粒机的生产效率相当于 6 名壮劳力的 12 倍。越来越多的青壮年劳力都去参了军，那些留下来务农的农夫就必须适应那些新的技术和手段，对北方来讲，这最终帮了它们的大忙。

北方在交通设施上的优势也是巨大的。不光铁路线比南方多，优越的加工能力也使得北方能以更快的速度扩展铁路网络，即便在战争期间也是如此。实际上，当时的美国陆军部还特别成立了一个叫美国军事铁路的部门，专门设计和建造战争中运送军队和给养的铁路。到了 1865 年，北方已经拥有全球最大的铁路网络。

当然，19 世纪中叶的战争更多讲究的不是武器的精良，而是士兵的多寡。北方在这方面同样占据优势，它们有全国 75% 的自由人口。虽然从相对人口比例上讲，充满热情并参与战斗的南方人更多，可绝对的参战人数北方超过南方。

南北战争开始前，美国根本不存在所得税，人们挣的钱通通装进自己的腰包。联邦政府（规模也比今天小得多）的主要收入来源是进口关税。

偏偏进口关税又是双方的一处死结。南方主张降低关税，因为这样就可以有更多美国人买得起进口的（以南方棉花为原料的）商品。而北方正好相反，因为他们想保护自己的加工业，高关税让美国本土的加工产品跟英法相比更有竞争力。

· 邦联 ·

林肯当选总统后，从联邦分裂的呼声在南方日益高涨。邦联的政治领袖们被所谓“棉花外交”的威力冲昏头脑，不顾北方对南方二比一的绝对人口优势，反而普遍认为邦联各州可以迅速取得决定性胜利。

分裂之际，邦联的国库仅有不足 100 万美元的黄金。但是它们相信棉花的丰产可以给经济带来有效支持。而联邦一方也正是深知棉花对南方经济的重要性，于是一开始就封锁所有主要港口，这就如同切断了南方的经济动脉。

一开始，南方想出个花样来应对北方的封锁，那就是出售以棉花为抵押的债券。无奈北方的封锁很彻底，南方的主要经济来源被生生阻断，经济饥荒开始了。棉花在当时的世界商业活动中的地位举足轻重，因此这也对世界经济造成了巨大冲击。事实上，如果按照一个独立国家计算，南方当时的经济总量已达全世界第四。

南方农业经济还有一个严重问题——人力的缺乏。因为所有壮劳力都参军去了，农场的生产大受影响。南方不像北方那样有现代化机器，仅靠奴隶是远远不足以应付整个地区的生产的。

很多人通常有个误解，以为南方所有白人农场主都拥有奴隶，其实事实不是这样。在南方 160 万户家庭中仅有 38.4 万户拥有奴隶。也就是说四分之三的南方家庭在南北战争期间没有劳动力可用。可以想象，大片的田地因此变得荒芜，不计其数的农作物被废弃。

这也不可避免地在南方造成大面积饥荒。尤其到战争后期，士兵们收到家里妻子伤心欲绝的来信后他们往往变得士气低落，甚至想当逃兵。南方专注生产高利润农作物的做法让他们在和平时期获利丰厚，一旦战争爆发、口岸封锁、壮劳力们血战沙场，他们连养活自己的办法都没有。

· 灰背的邦联货币 ·

19 世纪中叶的美国还没有统一货币。大家对纸币的普遍理解就是用它作为黄金的收据，可以拿到发行的银行去兑换黄金。

于是全国几百家联邦和州立银行都纷纷发行纸币，以至于全国流通的钞票有几千种之多（以今天的情况看其实也是一样的。人们使用几千种设计各不相同的支票及信用卡，它们都可以作为支付工具，因为它们背后都有一个标准的价值衡量单位——美元）。

内战初期，南方试图发行自己的货币。不过它们没有多少硬资产支持，于是就创造性地以一个战后支付的保证为基础，印制出一系列面值不等的美国邦联货币（见图 7–2）。也就是说，这些钞票的基础竟然是一个不确定的未来，而且就连在那个不确定的未来用什么资产来保证都不清楚。

图 7–2　20 元邦联钞票

邦联的纸币尽管很不靠谱，但一经发行居然很受欢迎，并被视为差不多等同黄金。南方没有太多机械设备，纸币（因为背面是灰色的而被简称为“灰背”）的印刷也相当简陋，印刷工艺不佳，而且往往连裁纸都是手工拿剪刀完成，再由银行职员代替主管在上面签字。

纸币的上方有一段标识，保证“在美国邦联和联邦签署和平协议之后的两年，邦联会对该钞票的持有者支付一元”（或者钞票代表的其他面值）。

灰背的制作和发行实在太业余了，因此极易伪造。随着战争的展开，伪造之风愈演愈烈。这当中不仅有那些缺钱的南方人，也有恶意伪造从而扰乱市场造成货币贬值的北方人。邦联的财政部长曾经在 1862 年 6 月严词斥责：“有人有组织地利用罪犯和叛徒大量生产伪钞！”

支持灰背的只不过是一个虚无缥缈的承诺，再加上合法和不合法的钞票在南方大量涌现，它的价值迅速下跌。发行之初，一元灰背可以兑换一元黄金；6 个月后，要 1.05 元灰背才可以兑换一元黄金；再过 6 个月，兑换率变成 1.25；而到了 1863 年 2 月，3 元灰背才可以兑换一元黄金。

灰背也从一个侧面显示出公众对南方获胜的信心。胜利的希望越来越渺茫，灰背也就越来越不值钱。通货膨胀使得商品价格飙升，一项用来衡量商品价格的指标在 1861 年 1 月和 1865 年 4 月间从 100 元直蹿到 9000

元（也就是说，战争之初价格为 100 元的一篮子商品到战争后期价格翻了 90 倍）。

南方一直指望着欧洲会给它们提供经济援助，可惜到最后什么也没盼到。英国和法国对于向一个奴隶制社会借钱都有些畏首畏尾。巴龙·罗斯柴尔德（Baron Rothschild）就这么说："所有德国人都反对这种借钱帮助奴隶制政府的行为。民意是如此强烈，埃朗热和他的同僚们绝对不敢把德国的钱借出去。"

同时代的威廉·特库姆塞·舍曼将军（General William Tecumseh Sherman）对于经济弱势是南方失败的致命要害这一点理解得很透彻。他在给南方一位朋友的信中写道："北方可以生产蒸汽机、火车机车或者车厢。可你们连一尺布、一双鞋都造不出来。你们仓促开战，殊不知面对的是地球上最有威力的机器和信念最坚定的对手，而他们就在你家门口。你们输定了。"这封信写于 1863 年，将军精确地预见了随后两年即将发生的一切。

·先炸弹后债券·

1860 年的银行和金融产业跟今天相比还是很原始的。联邦政府从来就没有什么动力来对金融行业的行为提出严格要求。银行业更是一个由 1600 家州立银行和 7000 多种货币组成的大杂烩。这些钞票良莠不齐，有的堪比黄金，有的废纸一张。

在联邦政府进进出出的钱都是看得见摸得着的，因为政府只接受黄金作为交易中介，于是，成吨的黄金被马车从财政部的仓库拉进拉出，以保证跟政府账本上的数字分毫不差。不过这样的做法既原始又笨拙，只是政府交易只能使用贵金属是长久以来的传统。

问题是打起仗来，美国根本没有足够的黄金来支付所需的武器和军费。现代人可能无法理解，可美国政府在当时的确没有什么借钱应急的机制。债券市场虽然存在，可规模太小，而且那些为数不多愿意购买国债的投资人往往还会要求高达 12% 的利息回报。简而言之，就是政府事实上已经破产了，却仍然需要钱打仗。

1861 年 3 月 4 日是林肯总统的就职日。到这一天，政府不仅没钱归还到期的债务，还停发了议员的工资，甚至连买办公用品的钱都没有了。内战还没开始，政府的保险箱就已经空了。同时，因为财政收入的 90% 依靠关税，现在对南方禁运而导致贸易萎缩，财政的窘迫可想而知。

总统任命赛门·切斯（Salmon P. Chase）为财政部长。切斯是拘谨又高傲的虔诚教徒——四年后还在政府任职期间想竞选总统。切斯是律师出身，当过参议员和俄亥俄的总督，在金融方面有丰富的经验。即便如此，他在任期间很好地带领财政部门成为政府的左膀右臂。

切斯采取双管齐下的方法解决政府的资金困境：首先，他试图利用北方联盟群众的爱国情绪。北方的民众其实并不认为即将展开的是联邦和邦联之间的战争，而不过是针对美国真正合法政府的一次大范围闹事。对他们来讲，邦联根本不算国家，仅仅是他们南方兄弟姐妹的一时糊涂罢了。切斯就是要利用这种爱国情绪通过发行债券尽可能多地筹集资金。

其次，切斯再度尝试利用发行纸币来扩张国家的货币供应。支持这些上亿张纸币的黄金根本就不存在，所以政府只能逐步改变公众的观念——支持纸币就是大家对美国政府绝对的信任，而不是什么存在地窖里的“硬通货”。

切斯先向国会提出发行总量为 1 亿美元的小额面值国库券的请求，购买国库券可以在五个月内分十次分期付款。如果这听起来就像当今社会分期付款买电视或者其他大件商品，那是因为二者的本质是一样的：帮助大家以自己感觉舒服的付款方式获取想要的东西。发行国库券的请求被国会批准，投放市场后大获成功。

切斯深知通货膨胀的厉害。不过他已经下定决心。他对一众银行家们说：“先生们，哪怕我们不得不比南方印更多的钞票，以至于花 1000 块才够吃顿早餐，我们也必须坚持把仗打下去，直到打败他们。”

在和银行家的交谈中，切斯认识了杰·库克（Jay Cooke）。库克是位知名的银行家，也很有抱负。他后来成为美国国债向公众的主要推销者。库

图 7–3 杰·库克凭借一己之力改变了政府向公众推销国债的方法

克既是个金融才子也是个营销天才，将国债的面值划分为较小单位同时允许人们分期付款的做法就是他想出来的点子。

库克在报纸上做广告，同时印制传单。他对国债的营销和包装改革做出很大贡献：一则有切斯说服国会发行国债，二则有库克将国债卖给普通老百姓。二人的联手可谓天衣无缝，成功地为战争提供了资金支持（见图 7–3）。

下面是当时一张传单里的文字，很好地展示了库克如何有效抓住民众的心声和热情，以及库克的传单受众之广泛：

> 农民们，技工们，还有资本家们！你有责任拿出行动来对你的政府和后人们负责！我们英勇的陆军和海军需要各位的支持！无论多少，只要是你力所能及。美国政府给我们的国家带来繁荣，使我们的人民安居乐业。现在这个政府需要你们的支持，不是募捐和赠予（当然如果你愿意这么做也欢迎），而是借钱给它。这笔借款有全世界最好的保障，那就是我们这片辽阔大陆的无尽资源。我们原本进步可喜，无奈暴动开始了。现在政府借钱就是为了建立防御，好让发展持续下去。这也是你们可以留给后人的无价遗产！

随着证券买卖越来越普遍，金融市场也终于成熟起来并变得更尖端、更复杂。华尔街在国际金融世界原本寂寂无名，但纽约不久便成长为仅次于伦敦的世界第二大金融中心。

股票市场最初因为恐慌而下跌到甚至比 1875 年大恐慌时还低的水平。有了切斯和库克的指导，市场即便在战争的阴影下仍然可以重拾信心和繁荣。到了 1864 年，库克卖出的国库券的速度比作战部门花钱的速度还快。

最终，国债对战争起到了与武器和士兵同样举足轻重的作用。

· 法定货币 ·

美国市场上有几千种不同的纸币在流通，这势必会影响民众对纸币的看法，也会令政府的金融计划大打折扣。财政部长切斯深知统一货币的迫切性，而这种统一的货币必须赢得大众的信任，不管它是否有黄金或者其他什么东西在背后支持。

纸币的反对者众多，而且声音也很大。自从安德鲁·杰克逊在 1833 年解散了第二美国银行以来，美国人已经习惯了没有中央银行、没有标准货币、政府极少介入金融事务的生活。可战争的需要改变了一切，因此切斯有关发行联邦储备纸币（美元）的提议变得很有说服力。1862 年初，议会终于批准了切斯的要求。

而此时林肯总统正沉浸在失去爱子威利的哀伤当中，他委托切斯全权负责法定货币的立法工作，并于 1862 年 2 月 25 日亲笔签署同意。跟灰背法币以南方的胜利为卖点一样，新近发行的美元代表着美国政府的联邦名义库存。

到 1862 年春天，北方打的一场又一场胜仗让人们对联邦最终取得胜利充满信心。美国的公民们于是更倾向于将法定货币法案作为战时的必要手段而接受。

法定货币（美元也被称为“绿背”）最初的发行金额为 1.5 亿美元。这些钱很快悉数用于战争中日益累积的军队和供应商费用。议会法案的重要作用就在于明文规定美元为法定货币。尽管没有黄金或其他硬通货作保证，无论公营还是私营的债主都必须无条件地接受它作为支付手段（见图 7–4）。

当然议会也没有授予财政部无限的印钞权，于是当政府再缺钱时，1862 年又出台了第二个法定货币法案。然后次年春天又有了第三个，并将政府允许发行纸币的上限从 1.5 亿提高到了 4.5 亿。

图 7–4　1 美元钞票上的人像即为赛门 · 切斯

要想更清楚地理解这一时期货币供应的增量，就需要前后对比着来看：因为必须有财政部地窖里的黄金作为基础，1861 年 7 月时流通中的联邦证券仅仅为 100 万。而法定货币法案的通过，使得流通中的纸币总量增加了 450 倍。

为抵消一部分由此引发的过度流动性，同时也为了战争融资，议会还通过了另一项法案，即美国的第一个所得税法，并于 1862 年 7 月 1 日正式立法，跟第一个法定货币法案差不多同一时间。

所得税的征收对象包括了各行各业的加工业者和雇员。该法案之所以这么容易就获得通过，是因为人们普遍相信战争要不了几个月就会结束，然后所得税就可以施加于南方人身上，作为对他们叛乱的惩罚。因此，那些通过法案的人根本没有想过自己要承担什么代价。

以今天的标准来看，当时的税收是很少的，800 美元以上的年收入（当时绝对的高薪）才收取 3%。往后几年税收改为累进制，税率也有所提高。到 1864 年，所得税分为三级：年收入 10 000 美元以上的收取 10%，5000 美元 ~ 10 000 美元的收取 7.5%，600 美元 ~ 5000 美元的收取 5%。美国人在独立战争前为了几分钱的茶叶税就对英国发起暴动，如今却如此轻易就欣然接受了对个人收入前所未有的被压榨。这一点也颇有意味。

发行国家新货币还有一个目的，就是取代遍布全国各式各样的其他货币。总统当然不能一刀切地悉数禁止地方货币，不过他可以逐渐施加压力，让那些州银行发行和维持货币的行为变得不大方便。

林肯首先对所有流通中的州银行纸币征收 2% 的税，然后再在 1865 年又把税率提高到 10%。到 1865 年 3 月，议会进一步加强对这些货币的打击，又把税率翻了一番达到 20%。这对于州银行的货币发行不啻为致命一击。于是所有的地方银行，不论是州立银行还是联邦注册银行，都开始采用美元作为交易中介。

北方也逃不脱通货膨胀的命运，只不过程度比南方轻得多。迅速扩张的货币供应对物价造成很大冲击，在有些年份通胀率甚至达到了 80%。相比较而言，联邦的金融管理比南方邦联做得好得多。要知道南方的物价在同期可是翻了 90 倍。

·黄金骗局·

灰背纸币的表现反映了南方在战争中的劣势，北方联邦的军事胜利则是通过黄金的价值反映出来的。人类社会有一条真理——需求乃发明之母，所以尽管当时的金融市场很原始，还是创生出了所谓的“金室”。在这里，人们展开激烈竞价。詹姆士·K. 迈德波里（James K. Medbery）于 1870 年出版的《华尔街的人和谜》（*Men and Mysteries of Wall Street*）一书中有一段对金室的描写，其间的紧张气氛不亚于今天的商品交易所：

> 由军队的胜败带来的欢喜和忧伤与个人的情绪交织在一起。男人们踩到椅子上，或挥舞双手或握紧拳头。多头们呼喊“迪克西”（Dixie, 美国南部的俗称），空头们则高唱“约翰·布朗”（北军的著名领袖）。人潮从一道门涌向下一道门。随着气氛渐趋白热化，黄金的潮流上下波动得愈发剧烈，那些经纪人就像魔鬼上身，彼此之间开始上演空手道，而那些旁观者们透过层层烟雾望过去，感觉就像在看一群疯子在狂欢。

林肯总统深知黄金对于联邦资产，以及它用来衡量公众对战争态势看法的重要性。他一方面小心跟踪黄金走势，一方面又极其憎恶有人居心不良地大发战争财的行为。

据说一次林肯在晚餐时问："今天早晨的黄金价格怎样？是升了还是跌了？"助手回答："林肯先生，上涨了，市场都疯狂了。"总统回应道："好吧，看来他们也不全明白。我要是华尔街的空头，就会继续做空。现在是卖出黄金的最佳时刻。"林肯说话的腔调竟然像个经验老到的投机者，让人难以置信。不过故事就是这样写的。

美国迫切需要任何它可以得到的黄金库存。十年前从加利福尼亚开始的淘金热此时成了救命稻草。尤利西斯·格兰特（Ulysses Grant）将军自己就说过："要不是加利福尼亚盛产黄金，我真不知道这场国家危机会变成什么样。"

对于那些胆大妄为、不择手段的人来说，金价的剧烈波动正是赚钱的好机会。1864 年的一则故事恰好说明了这一点。当年 5 月，经过 4 年奋战，联邦军队觉得胜利就在眼前了。

但谁知 5 月 18 日，《纽约世界日报》（*New York World*）和《商业日报》（*Journal of Commerce*）两份早报各自发表了令人震惊的消息：总统下令征召 40 万新兵入伍，还说这么做是出于考虑"弗吉尼亚的战局、红河的灾难、查尔斯顿的延误，还有国家的总体局势"。

这份报告令人丧气。再加上听说需要招募这么多的新兵，显然战事的情况并不如想象中那么好。金融界被深深震动了。股价暴跌，黄金一类的硬资产却暴涨。不过，有些人不禁满腹疑惑，因为在其他报纸上根本找不到相关的报道。

当天上午晚些时候，人群在这两家报社门口聚集。报纸主编向人们保证消息是真实的，同时出示了美联社的相关新闻通稿。可美联社迅速发表声明说从来没有发出过相关信息。紧接着华盛顿国务院也发表声明，国务卿威廉·苏厄德（William Seward）将这一新闻称为"彻头彻尾的伪造"。

后来人们才发现，编造消息的原来是《布鲁克林鹰报》（*Brooklyn Eagle*）的主编约瑟夫·霍华德（Joseph Howard）。霍华德对城市报业的运作非常熟悉，他知道有关战争的坏消息会令金价上升，他也清楚欺骗的办法，那就是趁凌晨报纸工作人员最疏于防范的时刻提供消息（因为没有人会验证消息准确与否）。

于是，他和一名同伙伪造了一篇仿真的美联社新闻通稿，然后通过他的报社记者弗兰西斯·马里森将新闻稿于凌晨三点半散布给城市的各大报社。绝大多数报社都不敢贸然发布如此重大的新闻内容，除了前面提到的两家。

当然，霍华德先生在此之前已经倾尽所有买进黄金，然后在坏消息推动金价暴涨时悉数出手套现。完全没有料到自己的行迹有一天会败露。

林肯总统亲自下令关闭两家发表新闻的报纸。不过这个决定后来又被取消了。林肯对报纸新闻的暴怒不幸成为他任职期间的污点。因为即便有关人员的行为不妥，总统的决定也是对宪法核心价值之一——新闻自由的粗暴干涉。

也许这并不是霍华德先生第一次欺骗大众。早在 1861 年，他就曾经写过一篇故事，称林肯总统乔装打扮穿过巴尔的摩。总统的伪装居然是“一顶苏格兰帽和一身长军斗篷”。霍华德因此曾被关进拉菲特城堡监狱，不过几个月后就被放出来了。

整个黄金骗局中最让人大跌眼镜的是，仅仅两个月后，林肯总统真的下令为联邦军队招募新兵。不过，新兵招募的数量不是霍华德臆想中的 40 万，而是整整 50 万。看来霍华德编造的故事也不是空穴来风。

·改头换面的国家·

内战结束了，美国再次在政治上得到统一。不过在其他方面却发生了大变：北方有稳固的金融底子、飞跃进步的交通体系和现代化的农业基础。而南方则一败涂地、百废待兴。几十亿美元的商业成果化为乌有，原本生机勃勃的田地如今只见一片片焦土。

这一次，北方金融财力资助下的强力机械所造成的全美阵亡人数比之前或者之后任何一次战争都多（哪怕现代战争拥有更先进的杀人武器）。南方的大城市，比如新奥尔良、莫比尔、查尔斯顿、亚特兰大等，在长期的战火中几乎成为废墟。几个世纪以来，数百万奴隶在南方的土地上无偿劳作，如今他们都自由了，自然谁也不愿意再继续给邦联的农场主们干活。

约翰·麦克玛斯特（John McMaster）在1927年出版的《林肯执政期间的美国人历史》（*A History of the People of the United States During Lincoln's Administration*）一书中描绘了一幅荒凉的景象："从温切斯特到哈里森堡，视线所及看不到什么农作物、篱笆、鸡、牛、马、猪……山谷里处处都是荒凉。年轻力壮的黑人都走了，剩下的净是些老弱病残。从华盛顿到列治文的一大片地区，看起来就像荒漠。"

虽然南北方都发行了纸币，但北方的钞票相对而言更稳定，接受程度也更高。而南方的灰背已沦为一张废纸。不光是纸币，连同所有南方的股票、债券也都一文不值。不计其数的南方大户人家在战后变得一贫如洗，有的甚至要靠乞讨为生。

好在北方并没有虐待战败的对手。毕竟国家要统一，大家都还是一家人。战争一结束，北方就展开各种救济活动，为南方灾民提供食物和临时避难所。战俘也都被释放了，还能得到定量口粮。

在《1865年的一年重要大事记》（*Annual Cyclopedia of Important Events*）中记录了一位邦联战俘的一段话："当看到不久前还与我们兵戎相见的政府如今慷慨救济我们这些饥寒交迫的人，的确感到既惊讶又感动，曾经的仇恨也开始慢慢化解了。"

今天来看，尽管战争很残酷，并造成上百万的人员伤亡，但它却将美国带进有史以来最富足强盛的阶段。在林肯、切斯和其他内阁成员的领导下，统一后的国家在以下五个方面为后人留下了宝贵遗产。

- **联邦税。**1861年第一次对美国公民征收所得税，同时国内税务法建立起一套对公民征税的体系，这也成为联邦政府最主要的收入来源，大大不同于战前华盛顿仅靠微薄的进口关税维持财政的拮据状况。
- **法定货币。**战后统一的国家也有了统一的货币，对单一联邦货币的全面接受大大提高了商业效率，人们对纸币的信赖程度也日渐稳定。伴随着统一货币而来的是更强大的银行体系，并通过国家银行法创建了全国性的银行系统。

- **覆盖全国的铁路网络。**随着铁路线延伸至全国各地，美国国会一直试图建立一条全国性的线路。战前，南方想建南北铁路线，而北方则想建东西铁路线。南方宣布分裂后，东西铁路线得以贯通。虽然没有南方的合作，路线的设计还是稍稍偏南了一些，贯穿了奥马哈和萨克拉门托。而由于热火朝天的西部大开发，这条铁路在 19 世纪 60 年代剩余的几年里成为全国商业和日常交通举足轻重的大动脉。
- **宅地法。**对于这项法律长期存在分歧，特别是议会里的南方议员们纷纷采取抵制行为。战争开始时，南方人不再参与立法活动，议会终于得以通过该法案，并提交出原 13 个殖民地区以外总共 160 英亩（约合 647 497 平方米）未开垦的土地，任何人只要愿意在上面生活耕作就可以将土地划归到自己名下。在 19 世纪后半叶，成百上千的人在政府的这一奖励政策鼓动下移居到西部，开发那里的大片荒地。
- **工业学院。**北方人必须依赖较少的人口进行农业生产，因此他们深知机械化的重要性。大家都认同国家的未来发展急需大量的机械知识。《莫里尔法案》（*Morrill Act*）因此获得通过。该法案批准每个州划拨土地建立农业和机械学院（英文字母的缩写为 A&M，得克萨斯州以该名称命名的学院非常有名）。成立这些新学校的主要目的是教授有关“农业和机械艺术”的知识。因为国家的领土扩大了，农业生产的发展机会呈现几何级增长。这些对新知识和新人才的投入也给国家未来带来了巨大收益。

总统在战争期间从来没有忘记经济学的重要性，或者说为那些参战人员提供保障的重要性。1865 年 4 月 14 日，林肯总统对他的新任财政部长说：“我们必须靠你来付钱给战士们，财长先生。”这也算是他生前所说的最后几句话之一，因为当天林肯总统就被刺杀了。

Panic, Prosperity, and Progress
Five Centuries of History and the Markets

08 1893 年的恐慌

内战之后的美国焕然一新。19 世纪上半叶，多数美国人在小镇上生活并从事农业生产，他们的生活方式自给自足，还时不时在温饱线上挣扎。而到了战后，国家从农业经济转向了工业化经济。随着工业突飞猛进地发展，美国进入镀金年代，并逐渐形成美国商业独有的特点。直到今天仍为人们津津乐道。

·强盗大亨·

如果可以选择一个时代来成为一名野心勃勃的美国资本家，内战之后的这段时期无疑是最佳选择。那时没有所得税，没有反托拉斯法，没什么有效的规章制度，更没有工会和最低工资。有的只是大量未开发的自然资源、拓荒的机会和新兴的工业。美国历史上最有钱的资本家大多是在这一时期产生的，包括杰·古尔德（Jay Gould）、马克·霍普金斯（Mark Hopkins）、安德鲁·梅隆（Andrew Mellon）、J.P. 摩根（J.P.Morgan）、康内留斯·范德比尔特（Cornelius Vanderbilt）、利兰·斯坦福、亨利·克雷·弗里克（Henry Clay Frick）、詹姆斯·费什（James Fish）、查尔斯·克劳克尔（Charles Crocker）、约翰·杰克布·埃斯托（John Jacob Astor）、安德鲁·卡内基（Andrew Carnegie）和约翰·洛克菲勒（John D.Rockefeller）等。

这些人发迹靠的可不是温情脉脉的谈判。那是个你死我活的商业时代，今天这些贵族们，在当年会毫不掩饰地去贿赂政客、用下三烂的手段打压对手、欺骗投资人、组成垄断联盟、对工人尽可能地无情剥削，为达目的不择手段。

不可否认，这些商业领袖们把美国经济带向新高度，可他们的成就是以放弃公平竞争和对劳工的合理待遇换来的。

商业发展是如此地迅速，对劳工的需求是如此地源源不断，以至于美国引进的移民数量在最高峰时达到每年一百万人。虽然工人们的收入很低，但他们的生活质量还是在逐渐提高的。从 1870 年到 1900 年，工人的实际工资翻了一倍。这也是个充满创造发明的时期，其间授予的专利数量是之前 90 年总数的 10 倍，发明数量则增加了 30 倍。

19 世纪初，74% 的美国人口从事农业生产。由于机械化的进步和其他产业的发展，到 1880 年，这一比例下降到 40%。而到 1890 年，美国的工业人口第一次超过了农业人口。当然农业在国民经济中的作用仍然是巨大且至关重要的。

不过所有这些农业方面的进步和发展的一个代价就是价格低迷。小麦、棉花和玉米的产量从 1870 年到 1890 年的 20 年间翻了两番。但是人口增长速度远远没有跟上，由此引发了农产品的产量过剩。

因为农业生产效率越来越高、规模越来越大，再加上全球市场上如印度等其他国家也增加了本国经济作物（棉花、小麦等）的生产，这些农产品的价格急剧下跌。到 1889 年，堪萨斯的农民种植玉米的成本居然比玉米的售价还要贵两倍。这些农民大多背负着沉重的债务，他们被压得喘不过气来。于是，有人试图解决眼前的金融难题。

·白银和黄金·

有人建议通过改变贵金属在美国的处理方式来人为制造通货膨胀。在 1890 年的美国，货币以官方的黄金作为保证，任何人拿着黄金到造币局走一趟，就可以换回同样数量的金币（只扣除极少的一点费用）。

当时市场流通的还有银币。可是拿着白银的人却没有得到持有黄金的人那样的待遇。人们不仅不能随便把白银换成银币，银币的价值也低于等量的白银。也就是说，银币的部分价值纯粹靠政府的法案支撑。

那时人们的普遍看法是，黄金是有钱人的玩意儿，是属于资本家、英国人的金钱利益。而白银则是“穷人的黄金”，是属于普通大众日常使用的范畴。两种贵金属之间的兑换官价为 16 盎司白银兑换 1 盎司黄金，但在黑市上每盎司黄金可以换到 32 盎司白银。在诸如内华达州的康斯塔克矿里发现了很多新的银矿，白银的供应加大，导致其市价急剧下跌（见图 8–1）。

图 8–1　19 世纪 80 年代内华达州康斯塔克矿的矿工

让白银在流通中发挥更大作用的呼声日益高涨，后来甚至引发了一场大型的政治运动。一批“白银主义者”强烈呼吁政府采用复本位币制，即将黄金和白银共同作为货币的基础。

这一政治诉求终于得到满足。1890 年 7 月国会通过了《舒尔曼白银购买法案》（*Sherman Silver Purchase Act*），要求美国财政部每个月购买 450 万盎司的白银。很显然，这么做的结果会推高银价。西部的银矿主们高兴坏了，因为他们的矿石销售收入得以提升。农民们也很开心，因为膨胀的货币供应也成功扭转了商品价格的跌势。

不过这整个计划存在一个致命的漏洞：政府购买白银时要支付特别的国库券。因为是复本位币制，这些国库券反过来可以购买白银或黄金。

当黄金和白银的实际黑市价是 32∶1 时，如果一个人用 16∶1 的官价卖出白银，便会第一时间拿这笔钱购回黄金套利。这么简单的道理当然很多人都明白。于是美国政府眼睁睁看着自己的黄金库存锐减，国家货币的基础开始动摇。

这一现象加速了金银双方的分化：白银代表普通老百姓和工会，是大众的一方；而黄金则代表着例如 J.P. 摩根这些人。贵金属的短缺最终将迫使国家放弃金本位制，并严重危及国家的货币和信用。鉴于此，美国政府不得不发行一系列债券来支撑日益减少的黄金供应。

不仅如此，为了保护国内农业不受国际上经济作物价格下跌的冲击，麦金利总统和政府在同一年又通过了进口关税法，税率高达 48%。这不仅严重抑制了正常的国际贸易，也对即将到来的经济衰退起到了进一步恶化的作用。

·恐慌来袭·

后来发生了两起金融事件，进一步将“白银法案”引发的经济乱局扩大化了。第一件是费城雷丁铁路公司在 1893 年 2 月宣告破产。刚好在格罗佛·克利夫兰（Grover Cleveland）总统就职的十天前（克利夫兰已经是第二次当选总统，他也是美国历史上唯一一位非连续担任过两届总统的总统）。

第二件发生在 5 月，事关当时股票市场市值最大的美国绳索公司（National Cordage Company）。美国绳索公司尝试垄断大麻原料市场，但是没有成功，结果引发股民抛售该公司的股票。这一抛售的压力又连带着影响到其他方面，最终导致整个股市全面下跌。

金融传染病的传播速度飞快：雷丁铁路公司倒闭后的数月内，银行出现惊人的倒闭潮，从最初的 600 家，到年底整整 4000 家银行倒闭。与此同时，将近 14 000 家其他行业的公司也纷纷关张。美国进入了有史以来最严重的经济萧条时期，其规模仅次于 40 年后发生的大萧条。

企业关门，工人失业，失业率也迅速攀升，并在数年内长期保持在两位数的高位，1894 年更是达到了 20%。各大城市涌入大量无家可归、寻找工作机会的流浪汉，警察不得不在火车站布防，阻截那些新来的外地游民。

而那些有幸保住饭碗的人则发现自己的工资明显缩水了。普通人在生存线上挣扎，而那些强盗大亨却过着花天酒地的生活。贫富对比如此强烈，人们心中的怨气也日渐加深。罢工开始变得普遍，仅 1894 年就超过 1000 次，有 75 万工人参与。公司的管理层对这些罢工的工人也毫不客气，他们的做法就是残酷镇压。罢工工人受伤甚至被打死的惨剧时有发生。

发生在伊利诺伊州普尔曼公司的罢工是当时规模比较大的罢工行动之一。罢工工人提交的声明很好地表述了他们的痛苦挣扎和他们对富有的老板普尔曼先生的态度：

> 跟普尔曼的大宅相比，我们住的简直是鸡窝……我们当中的任何人从来没有，也永远别想拥有乔治·普尔曼（George M. Pullman）的一寸土地。为什么？因为连街道都是他的……普尔曼从市政府买 1000 加仑水只要 8 美分，卖给我们要上涨 5 倍之多，就这样他居然还声称自己每个月损失 400 美元。在离我们北边不远的海德公园，天然气每千立方尺才 0.75 美元，而他卖给我们的价格是 2.25 美元。当我们找他诉苦时，普尔曼说我们都是他的“孩子”，其实他自己和这个镇子才是国家的毒瘤。房屋是他的，校舍是他的，连教堂都是以他的名字命名的。

杰克布·科克西（Jacob Coxey）在俄亥俄州拥有一家炼钢厂，但他却组织并领导了一次大型的工人抗议活动。因为情况所迫，科克西解雇了 40 名工人。他内心很煎熬，并认为联邦政府应该站出来对国家每况愈下的就业环境有所行动。

他建议国家通过兴建铁路项目创造上万个就业机会，还建议国家发行 5 亿美元的新钞票。这些钞票可以用来给那些参与基建项目的失业工人支付工资，一方面工人有了工作，另一方面国家的基建也得到改善。大名鼎鼎的凯恩斯要到下个世纪才出生，不过如果他听到科克西的想法，一定会为他感到骄傲！

科克西把这些建议称为“善心铁路法”，他希望能有 10 万工人跟他一起从俄亥俄州游行到首都华盛顿。科克西带着 100 个工人在 1894 年的复活节出发了（当中包括他的儿子，他居然给儿子取名叫法币）。虽然在游行期间只有几百名新人加入，这支被称为“科克西的队伍”的队伍还是引起了广泛关注，并得到了正面的评价（见图 8–2）。

图 8–2　1894 年 4 月 30 日，科克西的队伍到达首都，可惜结果却令人失望

当科克西和他的跟随者们在 4 月 30 日到达华盛顿时，等待他们的不是格罗佛·克利夫兰总统的帮助。恰恰相反，根据首都游行禁令，总统已经准备好打压任何形式的游行示威。联邦政府不久就逮捕了科克西和他的两个同伴。当然那 5 亿的善心铁路援助计划也就无从谈起。

·克利夫兰和摩根·

J.P. 摩根是美国内战后成长起来的成功、富有的银行家。他虽然身家丰厚，但真正让他名留青史的是两件事，而这两件事都是由 1893 年的事件引起的。

第一件事就是已经让他赚到巨额财富的铁路的状况。当时美国的铁路基建过剩，财政入不敷出，以至于一条又一条铁路被迫纳入破产管理。摩根从这里发现了百年难遇的商机。

早在 1887 年，格罗佛·克利夫兰总统就成立了州际商业委员会（Interstate Commerce Commission，ICC）。ICC 成立的目的是作为独立于行政、立法、司法以外的政府的“第四个分支”，建立国家交通体系的合理发展机制。

图 8–3　在 *Puck* 杂志的这幅漫画里，J.P. 摩根手握聚宝盆，里面最显眼的就是他的铁路资产

有点讽刺的是，摩根把自己的亲信安插到 ICC 的重要岗位从而把控了 ICC，俨然使它成为自己低价收购破产铁路公司的渠道，这些公司被摩根重新整合后变成了美国最大的铁路卡特尔。

当时美国差不多三分之一的铁路公司都已经破产，摩根几乎掌握了密西西比河以东所有的铁路，总长度近 3 万英里（约合 48 280 千米）。美国经济走上正轨后，摩根精心构建的私人铁路卡特尔，其营业收入已经相当于美国政府年收入的一半（见图 8–3）。

当时绝大部分人因这场经济灾难而受苦。克利夫兰总统再度上任后不久就召集了议会特别会议，强烈要求废止《舒尔曼白银购买法案》，正是这个法案造成并持续加深着国家目前的经济困境。从下面这段节选资料中，大家可以看出当时形势的严峻性以及总统所要表达的紧迫性。

> 我之所以召集议会的特别会议，是因为眼前面临着一场既令人担忧又极不寻常的商业局面。这关系到我们民众的福利和繁荣。

希望能够通过大家享有的立法权利，做出合理和爱国的决定，以减轻眼前的罪孽并消除未来的潜在威胁。

如果真如许多白银的鼓吹者所言，白银理当通过国际合作和协议在本国及世界的货币体系中占据更大份额，那么很明显，仅凭美国一己之力是根本无法达到这一目标的。

美国人民需要一种良好、稳健的货币，而同时这一货币也需要被世界其他地区的人们接受。任何政府都不可能允许别国的金融试验损害到本国人民的利益。我们自己也没有权利允许由于对国家能力不现实的夸大和依赖导致危害货币的良性运作。

解决这一问题，需要大家超越党派政治分歧，因为它影响的范围几乎包括所有商业和每一户家庭。关于这个问题，有一点尤其不能忽视：面对眼前由于金融罪恶带来的威胁，少不了投机者会从别人的不幸中获益，而那些资本家可能会囤积居奇，或者从价格的波动中牟利。对于那些挣工资的人，货币贬值时他们最早受害，当价值回归时又最后得益，根本毫无还手之力。他们所依靠的是可靠又稳定的资金。要是我们不帮他们，他们的困境就无法得到改善，因为他们既不能占别人便宜，也无法囤积自己的劳力。

克利夫兰总统“无为”的政治理念贯穿他的整个执政时期。得克萨斯州的农民遭遇旱灾，他们以 1 万美元的价格向政府购买种子的救济款申请竟然被总统否决了。总统对议会的部分解释如下：

我从宪法当中找不到这么做的理由和依据。我也不认为政府的职责和权力需要延伸到对个体的不幸施以解救。这跟公共服务和福利完全无关……我们必须反复强调，虽然人民支持政府，政府却不能事事都听从于人民……诸如此类的联邦资助只会助长大众对政府家长式关怀的期待，从而削弱我们国家的坚固特性。

如此论调，竟然出自仅仅一个世纪以前的美国总统之口，实在让人大跌眼镜！

虽然总统成功说服议会废止了《舒尔曼白银购买法案》，国家的黄金储备还是遭受严重损失。到 1895 年 2 月，美国的黄金储备只剩下 6800 万美元。总统要求议会再度批准发债，却遭到议会拒绝。克利夫兰于是转向世界首富英国的罗斯柴尔德家族求助，但对方坚称必须通过 J.P. 摩根本人才能达成合作。

跟大部分美国人一样，克利夫兰对 J.P. 摩根之类的投机主义巨富大亨们很不以为然，所以他并没有去找他。而摩根此刻却意识到了又一个巨大商机，于是不请自来地造访白宫。克利夫兰并不想见他，但摩根毫不示弱，宣称："见不到总统，我就不走了。"

最后，总统极不情愿地同意和财政部长、司法部长一起见了他。会见期间摩根基本一言不发，直到了解到美国的黄金库存只剩下 900 万美元，摩根终于开口了。他开门见山，通知总统他有一张 1000 万美元黄金支付的本票，随时可以兑现。然后他告诉总统："到下午 3 点，一切就都结束了。"面对对方如此明目张胆的威胁，克利夫兰总统一脸无奈，他怯声问道："请问摩根先生有什么建议？"

于是摩根提出了自己精心设计的"建议"：由摩根和罗斯柴尔德家族拿出 350 万盎司的黄金交换美国财政部未来 30 年的政府债券。协议规定摩根和罗斯柴尔德家族以 104.5 美元的价格购入所有债券，然后以 112.5 美元的价格向公众发售。

这个交易已经足够让摩根大赚特赚，而市场上存在的另一些商机让他赚到了更多。因为投资界原本预料美国政府会破产，可如今摩根和政府的协议大大出乎他们的预料，几千个已经在反向押宝的投机分子损失惨重。市场对政府债券反响热烈，价格也从 112.5 美元上涨到了 119 美元，所有的债券在 22 分钟内被抢购一空。摩根于危难中拯救了美国政府，自己也赚得盆满钵满。

·躲在幕后的人·

那些早就对摩根嗤之以鼻的人们被彻底激怒了。银币派的领袖威廉·詹宁斯·布莱恩（William Jennings Bryan）宣布参与竞选总统，他的整个竞选主张都是基于民粹主义的亲白银、反黄金的论调。他在著名的演说《黄金十字架》（*Cross of Gold*）中这样说道：

> 在我们身后是来自全国、全世界从事生产的劳苦大众，支持我们的有商界、劳工界，还有各地的劳动者。对于那些要求以黄金为标准的人，我们的回答是：你们休想用带刺的皇冠压迫劳动者的眉头，你们也休想用黄金十字架钉死全人类！

布莱恩然后张开双臂，摆出形似耶稣受难的姿势站定。听众屏住呼吸，全神贯注，会场一片寂静。过了好一会儿，人们才回过神来，大家疯狂喝彩，激动的人群涌向他们由衷热爱的候选人。这场演讲也是美国政治历史上最著名的演讲之一（见图 8–4）。

图 8–4　威廉·詹宁斯·布莱恩有关反对黄金标准的充满戏剧性的演讲令听众着迷

如今的美国人对布莱恩几乎一无所知，不过同时期的一部艺术作品直到今天仍然为大众所熟知，那就是《绿野仙踪》（*The Wizard of Oz*），人们因为同名电影而对它的故事耳熟能详。这个极富想象力的奇妙故事告诉我们一个道理：家才是最好的地方。

最早《绿野仙踪》只是一部小说，而且当中充满政治隐喻。这本书写于 19 世纪 90 年代，正是黄金 / 白银政治纷争的阵痛时期。而书中的主要构成部分代表了作者鲍姆（Baum）周围发生的事件和人物：

- 黄砖大路代表了金本位货币制度；
- 银鞋则代表了白银货币制度（原书中的拖鞋是银色的，电影版中为追求视觉效果改为红宝石鞋）；
- 桃乐丝·盖尔（Dorothy Gale）代表了美国普通老百姓。他们被（比喻中的）一股突如其来的大风吹到一处完全不熟悉的环境；
- 翡翠城则代表了“绿背”（美元）以及被毫无支持的绿色钞票所迷惑的公众；
- 翡翠城的男巫代表了不诚实的政客，表面上拥有强大力量，实际上是一群蠢货，躲在幕后操纵被他们吓坏的平民百姓；
- 稻草人代表了美国农民；
- 胆小的狮子代表了威廉·詹宁斯·布莱恩（他当时被广泛批评做事优柔寡断）；
- 铁皮人代表了美国的工业化利益；
- 西方的女巫代表了美国西部；
- 飞猴代表了被取代的美国土著（在原小说中，飞猴的首领告诉桃乐丝：“我们曾经自由，生活无忧……这是很多年以前的事了，那时候奥兹还没有从云中跑出来统治这片土地。”）。

当然，桃乐丝最后还是要利用银鞋重返她渴望的简单、安全、稳定的生活，她本来是可以随时这么做的。

J.P. 摩根的帮助稳定了国家金融，再加上舒尔曼法案的废止也消除了银价人为导致的通货膨胀，美国终于改正了自己的错误。到 1897 年，经济走上良性轨道，失业率也重回个位数。国家带着这场深刻的教训进入了 20 世纪。谁知相对稳定、繁荣的好日子仅仅维持了 10 年，下一场金融灾难又悄然来袭。

09
1907 年的富人恐慌

在美国漫长的金融历史中，发生在 1907 年的熊市可谓微不足道，并不为人注目。但实际上，这次事件彻底改变了世界金融的格局。现在，让我们一起来看看在美国还没有永久性的中央银行之前，这段惊人的金融故事吧。

20 世纪初的美国并非不曾有过中央银行，中央银行很久以前就存在过，只不过 1836 年安德鲁 · 杰克逊总统任由第二美国银行的执照过期。在 19 世纪余下的时间里，美国的银行不得不完全依靠自己应对风风雨雨。不幸的是，这样一套金融系统并不牢靠，市场恐慌和银行破产以惊人的频率不断上演。在那个年代，银行储户的利益基本得不到什么保障。

· 简单的时代 ·

与今天的世界截然不同，20 世纪初的金融市场相对简单。只要你懂得供给和需求的基本概念，以及二者之间的互动对价格的影响，你就不难明白当年所发生的事。

刚迈入 20 世纪的纽约，虽是繁华的城市中心，但农业经济波动对它的影响还是很大的。一年当中的农业生产周期对利率、货币供给和信贷等都影响深远。每年秋天，货币就会流出城市，用以购买远道而来的农产品。

与此同时，银行面对货币短缺会提高利率吸收存款，以补充被提走的现金。这部分存款者主要是外国投资者。由此可见，纽约的金融节奏跟传统的季节周期息息相关。

从1903年10月到1906年1月，道琼斯工业平均指数从42.3点上升到103点，两年里就上涨了143%。只是1906年新年的欢乐气氛没有维持太长时间，因为出现了几个利空事件。

- 4月，旧金山遭受人类有史以来最严重的地震之一，大量货币由全国的货币中心流向受灾地区；
- 6月，纽约市的发债计划以失败告终；
- 7月，州际商务委员会由《赫本法案》（*Hepburn Act*）授权制定铁路价格，交通股受压。同月，铜交易市场崩盘；
- 8月，标准石油公司因违反托拉斯法被处以2900万美元的罚款。同时，全国各地充满对大公司的抵触情绪，老罗斯福总统成为他们的形象代表。

到8月，道琼斯指数已经下跌了三分之一。人们在今天回顾历史就会知道，市场最终暴跌了50%，在股票市场上已经显现出“恐慌”即将来临的迹象。

信托公司此时所扮演的角色也很重要。信托公司最早出现于19世纪。它们的业务相对保守，主要包括管理地产、接受存款（主要客户是有钱人）和持有证券。基本上它们是以富人银行的形式出现，又不需要受到州立或联邦银行那样的监管。

因为监管松散，信托的投资策略比起其他银行来说更加激进，比如信托公司可以做高利息的抵押贷款，而银行就不行。如此一来，信托的利润自然更高。高利润再加上少监管，使得信托成为颇受欢迎的创新行业。从1890年到1910年，信托公司的资产增长了244%，而同一时期联邦银行的资产只增长了97%，州立银行资产只增长了82%。也就是说，信托公司资产增长的速度是州立银行的三倍。

纽约州在 1906 年的确出台了更严厉的规定，要求信托公司保持 15% 的存款准备金，不过当中只有 5% 需要以银行现金的形式出现。如此微薄的保险措施自然不够，它使得信托公司非常容易遭受挤兑风险。所谓挤兑就是储户都跑来提现，从而耗尽银行的现金储备（更重要的是银行的声誉）。

还有一项政治因素不容忽视：老罗斯福总统虽然坚决反对托拉斯，但联邦政府对商业和金融事务的介入远没有今天多。实际上，总统内阁在 1906 年的整个夏天居然连一次会也没开过。当危机全面展开时，老罗斯福总统也很忙，只不过他是忙着在路易斯安那州猎熊（见图 9–1）。

图 9–1　现代政治漫画中，老罗斯福总统正在进行他最爱的娱乐活动——猎熊

·铜业巨头·

奥古斯都 · 海因策（Augustus Heinze，见图 9–2）出生于布鲁克林，长大后接受训练成为采矿工程师。他在蒙大拿做采矿推广时赚了钱，同时也成为颇有名气的商人，他甚至敢于和那些大型铜矿信托公司对簿公堂。

他在法庭上最有名的一次胜利是有关他自己的一处铜矿。这个铜矿紧邻联合矿业，海因策宣称他自己的铜矿矿脉一直延伸到联合矿业的地下。虽然地权属于对方，但他认为自己依然拥有铜矿的开采权。经过一场漫长的法庭交锋，案子最终庭外和解。海因策获得 2500 万美元（当年这绝对是一笔巨款！）的补偿。一半是现金，另一半是联合矿业的股票。

海因策怀揣这笔巨款回到纽约，雄心勃勃地要当银行大亨。1907 年初，他跟纽约市两位重量级的、心狠手辣的银行家成了铁哥们儿。这两人一个叫 E.R. 托马斯（E.R.Thomas），另一个叫 C.F. 摩斯（C.F.Morse）。在那个时代，有一种十分普遍的扩张自身银行帝国的做法，称为"银行链"，具体做法就是买入一家银行的股票，然后拿这些股票作抵押借钱，再拿借来的钱买另一家银行或者信托的股票。

图 9–2　奥古斯都·海因策是蒙大拿著名的铜业巨头，也是纽约野心勃勃的银行家

于是海因策通过这个办法控制了数家银行，成为 8 家银行和 2 家信托的董事会成员。如果你既有钱又有关系，那就可以在纽约的金融区呼风唤雨。摩斯自己就是 7 家纽约城市银行的董事会成员，其中 3 家基本被他完全控制。在当时的美国，尤其是政府对普通储户根本没什么保护，金融机构的表现往往和商人本人的品性（名声好坏）是紧密联系的。

·围剿联合铜业·

海因策和他的伙伴们又想出了一个发大财的妙计——围剿联合铜业的股票。摩斯是这方面的老手，他自己曾经成功地围剿了纽约的冰块市场（当年居然还有这样的市场）。因为海因策手头已经掌握了大量联合铜业的股票，如果能想办法把股价推高，他就赚大了。

围剿计划的关键是要“压榨空头”。如果大家对做空还不熟悉，我来简单解释下：在正常的股票投资里，一个人以指定价格买入股票，然后希望股价上升后卖出获利。也就是人们常说的“低买高卖”原则。

反过来，那些做空的人把这个原则颠倒过来，变成“高卖低买”。赚钱的目标都是一样的，但是选择的时间点正好相反：一个人在自认为的高价卖出一只股票，然后希望在将来以低价购回。

不过与正常股票买卖相比，做空是有特定风险的。如果一个人买进股票，理论上讲，他是可以永久持有的，只要他不卖，这些股票谁也拿不走，除非是公司被收购（股票收购价通常会有溢价优惠，这对于股票持有者也是件好事）。

但是如果一个人想做空卖出，他当然不能空手套白狼（投资术语称为“裸卖空”）。投资者必须首先找到一个持有该股票的经纪人，而且这个经纪人也愿意以他的名义卖出。一旦卖出完成，做空的投资者就面临股票被“召回”的风险。

产生这个风险的原因很好理解：假设有人（A 客户）与拥有 100 股 X 股票的经纪人合作（这些股票原本属于 B 客户所有）。经纪人答应将这些股票从 B 客户的账户卖出，条件是 A 客户承诺在以后的某个时间会购回这 100 股的股票。当然 B 客户对这一切一无所知。

再假设一个月后，B 客户打算卖出自己手里的 100 股 X 股票。此时很显然，经纪人那里 B 客户的账户里已经根本没有股票。于是经纪人只能强制 A 客户平仓（以市价购回股票），补齐 B 客户的缺口。这样才能让 B 客户的交易指令正常执行下去。无疑对 A 客户来讲这就是个潜在风险。

1907 年的时候根本就没有电子转账和记录，想要做空更加复杂。当时所谓持有股票指的是有凭证的股票证书。当时的股票市场规模也不大，无论交易人员还是股票数量都不能和今天的相提并论。

奥古斯都·海因策的兄弟奥托（Otto）是围剿计划的主谋。海因策家族已经持有大量联合铜业的股票，他们都希望把股价推高后卖出套现。奥托相信他们有能力把那些做空者逼到绝境：因为只要海因策在公开市场大笔买入就可以推高股价。

随着股价逐渐上升，做空者的损失就会加大，然后越来越多地放弃做空（即需要购回股票）。奥托相信那些做空者借入的绝大部分联合矿业的股票都是属于海因策的，因此这些人也只有通过向海因策购买才能完成平仓任务。

奥托还相信因为做空的人太多了，本地市场上已经剩不下多少股票。短期内，海因策家族会拥有对联合铜业股票的垄断。当那些做空的人为了平仓而不计代价地购回时，他们就正好狮子大开口，索要个好价钱。

尽管奥古斯都·海因策已经很富有，但想围剿一家上市公司还是有难度的。要想增加取胜的把握，他们还需要资金支持。奥托和奥古斯在臭名昭著的银行家查尔斯·摩斯（Charles Morse）的陪同下会见了尼克伯克尔信托公司（Knickerbocker Trust Company）的总裁查尔斯·巴尼（Charles Barney）。尼克伯克尔是纽约第三大信托公司，巴尼此前曾经成功资助过摩斯的类似行动。不过这一次需要的金额实在太大，巴尼不太放心，于是拒绝了他们。

这帮家伙最终还是决定自己干。在 1907 年 10 月 14 日（星期一），他们开始在公开市场买进联合铜业的股票，成功在一天之内把股价从 39 美元炒到了 52 美元，上涨了三分之一。第二天，奥托通过他的经纪公司格罗斯和克里伯格（Gross & Kleeberg）发出指令，所有借出的股票必须马上归还。

他们的设想是那些做空的人此刻跑遍全城也找不到股票可买，然后不得不回到格罗斯和克里伯格经纪公司面对近乎讹诈的高价。

出乎他们意料的是，原来在公开市场上居然还有很多股票，那些想撤退的空头很轻易就可以按市价购回股票。当然由于需求增多，股价被进一步推高到 60 美元。可是一旦市场发现海因策的行动远远不能把他们置于死地，股价就开始往下走了。

到星期二结束时，股价掉到了 30 美元，甚至比前一天展开围剿前还要低。海因策兄弟和他们的同伙们一下子遇到了麻烦。简而言之，大家都看透了他们只不过是在虚张声势，股票的卖盘蔚为壮观。

到了星期三，股价跌到了 10 美元，奥托・海因策破产了。他的经纪公司格罗斯和克里伯格也因为这次可怕的错误不得不关门大吉。

前面讲到的这一堆乌烟瘴气的交易，大部分发生在街边市场。所谓街边市场，真的是纽约股票交易所外的街边上（这个街边市场最终演变成美国股票交易所，在后来的几十年里依然被俗称为“街边市场”)。当天的《华尔街日报》(*The Wall Street Journal*）这样报道：“街边市场的交易老手都不禁感叹，这里从来没有见到过如此疯狂的场面。”

海因策灾难性的联合铜业围剿行动还有另外一个牺牲品：蒙大拿巴特州立储蓄银行。这家银行的所有者不是别人，正是奥古斯都・海因策。该银行持有大量联合铜业的股票作为部分贷款抵押。这些抵押品的价值骤降，银行也因此破产倒闭。

・挤兑开始・

到这一刻，任何跟摩斯和海因策有关联的金融机构都会立刻招来公众怀疑的目光。其中有一家全国商业银行，要求海因策辞职。海因策照办了。即便如此，受惊的储户们还是涌向全国商业银行抢着提款。其他像新阿姆斯特丹国家银行和北美国家银行，因为跟摩斯有关联，也都挤满了来提钱的人。

为平息这场骚动，纽约清算中心（由全市所有银行组成的联盟）要求摩斯和海因策从他们各自所在的银行的职位上退出。两人都照办了，可惜已经于事无补。因为到了周末，整个城市都被一片焦虑和恐慌情绪所淹没。

大名鼎鼎的银行大亨 J.P. 摩根此刻正置身事外。作为一名虔诚的圣公会教徒，他正在弗吉尼亚州的列治文参加一个教会静修活动。他特意租用了卢瑟福大宅宴请数位大主教。摩根此时已经 70 岁，基本上已经从金融行业退休了。不过通过来自纽约的报告，他对这团笼罩在华尔街上空的愁云依然有所了解。

到星期六晚上，摩根再也无法对新闻置若罔闻了。于是他乘私人火车北上（他还很贴心地把大主教们安排在第二节车厢，也让他们享受一段舒适的旅程），一到纽约，摩根就径直奔向他为自己在 36 号街和麦迪逊大道用大理石建造的豪华私人图书馆。此时图书馆里面已经挤满了城中的银行家们。他们都在热切期待得到摩根的指点，因为美国财政部曾经在他指导下成功走出 1893 年的恐慌。

这场讨论一直持续到星期天深夜。摩根和他的助手们仔细研究了被普遍认为最有风险的信托公司，也就是尼克伯克尔信托公司的账目。他们在研究之后认定该公司已经资不抵债。如果第二天挤兑的情况持续，谁也救不了它（见图 9–3）。

图 9–3　19 世纪的尼克伯克尔信托公司大楼，该公司最初被摩根认定无可救药

10 月 21 日，星期一。尼克伯克尔信托公司表面上一切正常。它们拥有 18 000 名储户和 6700 万美元的存款，可银行开门时门前并没有预料中的排队长龙。不过整整一天，柜台窗口前的客人就没有断过。这些客人一个接一个地来提款。到当天晚上，公司高层心里明白必须求援了。他们又找到了摩根。

摩根和公司高层的谈话一直持续到第二天凌晨。摩根意识到，尼克伯克尔作为纽约第三大信托公司，如果它关门了，会给已经十分脆弱的金融业造成多么坏的影响。于是他决定帮他们一把，不过是有附带条件的。最主要的是摩根不信任他们现任的管理层，所以他坚持要尼克伯克尔的总裁查尔斯·巴尼下台。摩根随即提供 1200 万美元帮助其补充所剩不多的现金储备。

10 月 22 日，星期二。尼克伯克尔信托的情形变得很糟糕。公众对摩根的救助并不知情，所有的储户都急于提现，等待的人群沿着第五大道排起长队。到下午，所有现金都被挤兑一空。尼克伯克尔宣告破产，当时尚余 5200 万美元的欠款。

金融恐慌的传染病到这一刻才开始扩散。《纽约时报》是这样报道尼克伯克尔信托的："……一个储户刚提款离开，马上又有十几个或更多人挤过来要提钱。警察不得不出动来帮忙维持秩序。"

这股恐慌情绪最直接的影响就是将短期贷款的利率（通常用于购买股票，又称短期拆借利率）如火箭般推升，从 6% 飙升至 60%。在目前的情形下没有几个银行愿意对外贷款，就算有几个愿意放贷，也必须要求有超高回报。

·摇摇欲坠的股市·

短期拆借利率又继续从 60% 升到 70%，再后来达到 100%。股票市场赖以生存的现金流被掐断了，股价跌得惨不忍睹。到 10 月 24 日（星期四）下午，纽约股票交易所的总裁兰森·托马斯（Ransom Thomas）跑到摩根那里提出想要提早收市。摩根的头脑依然清醒，他指出这样做的结果只会给乱局雪上加霜，同时恳请托马斯再给他一点时间想想办法（见图 9–4）。

摩根立刻召集城市里各家银行的总裁到他的办公室开会。几分钟不到大家就都来了。摩根直截了当地告诉他们，如果众人凑不齐 2500 万美元给交易所，那么 50 家经纪公司就会在当天倒闭。银行总裁们在几分钟内就差

图 9–4　道琼斯工业平均价格指数表显示出 1907 年恐慌前股市的攀升和随后的崩盘

不多凑足了这笔钱，并在收市前半小时送交交易所。为了重振信心，摩根自己也罕见地对媒体发布了一篇公告：“如果大家把钱留在银行里，一切都不会有问题的。”

第二天，纽约股票交易所的情形丝毫没有改善，甚至变得更差了。摩根不得不再次向银行总裁们借钱，这次的金额是 1000 万美元。银行家们也开始心里打鼓，这么做会不会竹篮打水一场空。摩根心知这不是长久之计，于是他在周五组织自己的队伍成立了两个委员会。他们的主要任务就是公关：一个是专门针对国家的神职人员，防止在周日的教会集会出乱子；另一个则是针对报纸，通过它们向大家解释摩根和他的同僚为支持金融市场做了哪些工作，以及为什么这些做法可以有效稳定局势。

对摩根来讲，这个周末和前一个一样残酷和焦灼。星期天，纽约市政府告知摩根的一个合伙人乔治·帕金斯（George Perkins）说如果在一周内得不到 2000 万美元的紧急资金，市政府也要关门了。当时的市长乔治·麦克莱伦（George McClellan）在随后两天又亲自向摩根求援。摩根不动声色地买进了3000 万美元的市政府债券。他没敢对公众宣布这一次的救济行动，因为他担心如果大家得知市政府如此摇摇欲坠，只会让情况变得更糟。

·老罗斯福被迫出手·

当这一切发生的时候，老罗斯福总统还在路易斯安那州开心地猎熊。他打猎结束，悠闲地回到华盛顿。在路途中，总统发表了一个演讲，对华尔街厉声斥责，同时对自己面对金融操纵和铁路兼并的强硬作风不乏溢美之词。这一系列的表态对纽约重拾信心毫无帮助！

老罗斯福和摩根当时分处在政治主张的两极，政见的分歧也让彼此都看不顺眼。尽管如此，鉴于问题的严重性，摩根还是主动接触了如图 9–5 所示的老罗斯福内阁的财政部长乔治·科特雷欧（George Cortelyou）。

图 9–5 乔治·科特雷欧在 1907 年金融危机期间担任老罗斯福内阁的财政部长这一要职

科特雷欧能当上财政部长，靠的并不是什么卓越的国际金融才能。他是经历数届政府从底层一步步爬上来的老官僚。起初他只是个速记员，因为速记本领高超而得到格罗佛·克利夫兰总统的赏识，得以到政府工作。

后来他担任麦金利总统的私人秘书。1903 年商业部成立，他当上了该部部长。下一任总统老罗斯福上任后又邀请他担任全国邮政署长。然后，令人费解的是，总统竟然把财政部长的位子交给了他。这就是科特雷欧在政府的升迁之路。

在摩根的要求下，科特雷欧登上了下午 4 点从华盛顿开往纽约的火车。在曼哈顿等待他的是摩根专门为他和一队银行家们准备的会议。这次会议的主要议题是有关田纳西煤炭、铁矿和铁路公司（简称 TC&I），该公司当时正面临着金融灾难，急需联邦政府资助。

摩尔斯莱（Moore & Schley）是全国最大的经纪公司之一。它在这次金融危机期间大笔举债，而借钱的抵押物就是公司手里大量的 TC&I 股票。如今眼看着股票价格越来越低，这就意味着贷款抵押物的价值流失，摩尔斯莱不禁担心债主们可能会因此收回贷款。

如果所担心的事真的发生了，不光摩尔斯莱必死无疑，还会引发更严重的后果。因为一旦债主要求收回贷款，摩尔斯莱就不得不尽快将手里的 TC&I 股票变现，那样的话股价崩盘几无悬念，连带着市场上大量其他股票也会遭殃。

J. P. 摩根想出了一个主意，不但能够帮助摆脱困局，还能令他自己的金融王国得益。他的办法就是由美国钢铁公司［本身就是摩根自己将安德鲁·卡内基和艾伯特·盖瑞（Elbert Gary）的钢铁王国合并而成的］以每股 90 美元的价格收购 TC&I，这对美国钢铁公司来讲是一次积极的收购，而同时也化解了摩尔斯莱潜在倒闭以及进一步恶化金融市场的风险。

这个计划的困难在于，在眼前的反托拉斯大环境下，法律不允许一家拥有 60% 市场占有率的公司（比如美国钢铁公司）再收购其他小公司。因此摩根需要得到来自美国总统的首肯，才能将这个计划进行下去。他需要总统给他这个特权。鉴于危机迫在眉睫，摩根显然很有把握。

与此同时，银行和信托公司的挤兑潮丝毫没有退却的迹象，即将倒下的下一张多米诺骨牌似乎非美国信托公司莫属。摩根又召集了 120 位银行家和商业领袖到他忙碌的图书馆听现状汇报。

摩根告诉与会者，他们需要想出一个解决问题的办法，然后就离开了图书馆。那些银行家稍后才发现，摩根已经把他们反锁在图书馆里面，而大门的钥匙也被摩根揣在口袋里——没有解决方案就不放他们出去。摩根这次是铁了心要一个结果。

当摩根再次回到图书馆时，众人还是没有达成共识。于是摩根提出他们筹集 2500 万美元以资助受影响的信托公司，否则恐慌会继续蔓延将无法收拾。经过反复讨价还价，摩根首先说服这群人中几个带头人签了转账协议，其他人也纷纷仿效。协议达成后，摩根才拿出钥匙放这些人回家。此时已是星期日快凌晨 5 点了。

科特雷欧也终于到达纽约，曼哈顿酒店的套房此时挤满了纽约市金融圈的顶级人物，比如洛克菲勒和弗里克。

财政部其实也提供不了什么资金支持，因为他们自己的保险箱里也就剩下 500 万美元而已。不过纽约的金融人士需要罗斯福政府对抑制危机作出明确表态，同时也需要政府批准 TC&I 的收购计划。

星期天傍晚，弗里克和盖瑞这两位银行家搭上夜班火车去紧急拜会老罗斯福总统。总统的秘书拦住了他们，不过通过内政部长，他们最终还是得以和总统会面。

弗里克和盖瑞告诉总统，尽管有《舒尔曼反托拉斯法案》(*Sherman Antitrust Act*)，总统还是应该批准美国钢铁对 TC&I 的收购计划，否则美国的金融市场就会自由落体般下滑。眼看还有一个钟头股市就开市了，他们恳求总统为全国的金融稳定着想破一次例。老罗斯福终于答应了。消息传回纽约，大家都松了口气。

· 杰基尔岛 ·

在整个灾难过程中起到中流砥柱作用的无疑是 J.P. 摩根，因为国家没有中央银行，金融业不得不仰仗摩根强大的资源、人脉、权威以及坚强的意志来带领大家共同度过这场金融风暴。

尽管纽约的金融界人士和公众都对摩根的仗义支持和领导能力充满感激，但很显然依靠某个个人来维护一个国家金融健康的做法是十分危险的。无论如何，只要摩根愿意，他完全可以借机谋取私利。

危机过后的第二年，也就是 1908 年的 5 月，美国国会通过了《奥德利奇 – 瑞兰法案》（*Aldrich-Vreeland Act*）以建立国家货币委员会，成立该委员会的目的就是要调查造成前一年金融恐慌的原因，同时探讨采取怎样的方法来避免未来再次发生类似的事件。委员会主席是参议员尼尔森·奥德利奇（Nelson Aldrich，法案的名称就由他的名字而来），他亲赴欧洲，在那片几乎每个国家都拥有中央银行的大陆花了将近两年时间学习它们的先进系统。

眼前所见的一切，已经清楚地告诉奥德利奇拥有中央银行的巨大好处。一年前所发生的一系列问题，在很大程度上都是因为缺乏信用，因为没有中央银行可以依靠，纽约的银行只能转而投靠摩根及其同僚。一次又一次地，摩根要么自掏腰包，要么督促他人该怎么做。当一个行业的健康与否直接影响到整个经济的健康状况，那么放任这个行业自生自灭无疑是短视和愚蠢的。

1910 年 11 月，奥德利奇回国后召集了一场会议。会议地点极其隐秘，安排在佐治亚海岸旁的杰基尔岛俱乐部。与会者包括财政部的高层，以及纽约国家城市银行、J.P. 摩根、纽约第一国家银行的高管和库恩雷波公司（Kuhn，Loeb & Company，美国 19 世纪末 20 世纪初最著名的投资银行之一）的代表。爱德华·格里芬（Edward Griffin）在其 1994 年的《杰基岛的产物》（*The Creature from Jekyll Island*）一书中这样写道：

> 想象一下，美国最有名的银行家们趁着夜色坐上私人火车溜出纽约。他们悄无声息地向南行进几百英里，又神不知鬼不觉地来到一座小岛上。小岛上除了几个仆人外什么人都没有。他们在

> 岛上住了整整一个星期。这一星期他们过得高度保密，全程中连一个人的名字都没有被提起，因为他们生怕仆人们得知自己的身份，会把这个美国金融历史上最荒诞、最诡秘的行动泄露出去。

这些人商议的结果是美国需要建立自己的中央银行，同时由这些银行各自在委员会占据关键职位。1911 年 1 月，国家货币委员会上交并发布了最后一份报告。对这份报告的建议所展开的讨论整整持续了两年之久。最终，在 1913 年 12 月 23 日，议会通过了《联邦储备法案》（*Federal Reserve Act*），伍德罗·威尔逊（Woodrow Wilson）总统当天签字并使之生效，美国的联邦储备系统正式启动（见图 9–6）。

图 9–6　1914 年美国联邦储备系统的成立很大程度上要归功于 1907 年的金融恐慌

有点讽刺意味的是，J.P. 摩根自己于同一年，即 1913 年 3 月 31 日去世。这标志着一个时代的结束：脆弱不堪的银行体系只能依赖非凡的个人魅力来主导，而另一个全新的、以联邦储备系统为核心的时代即将到来。

美国终于追随世界上大多数工业化国家的脚步加入了现代金融的行列。直至一个世纪以后，仍然会有很多人质疑中央银行的存在价值及目的。银行业和华盛顿之间通过联邦储备系统建立起异常紧密的联系，这种联系甚至常常被公众所诟病。不过有一点可以肯定，中央银行的存在的确在很大程度上减少了金融危机反复出现的概率。在 20 世纪，人们吃了不少金融危机频繁出现的苦头。

10 百万美元的面包——魏玛共和国恶性通货膨胀

德国在 20 世纪 20 年代早期遭受的恶性通货膨胀情况是相当复杂的，不过其中有两点十分引人注目：第一，受影响的不只是个别的投机分子，差不多覆盖了全国的民众；第二，一场人类历史上规模最大、灾难最为深重、影响最为深刻的战争由此埋下了种子。

许多对金融历史不大熟悉的人也听说过这一时期的恶性通货膨胀，不过要说到真正了解它的成因、它对普通人的影响，以及它的后续意义，恐怕知道的人就不多了。在本章中，我们就一起来探究一下这个世界金融历史上令人惊异的一页，看一看它是如何至今依然影响着德国人的精神世界的。

· 战争筹款 ·

德国在 1914 年加入第一次世界大战时做了一个错误的假设，这个假设跟美国南北战争时双方的设想一样，就是战争打不了几年。基于这样的想法，德国并没有提高税收取财于民，而是大举借债来资助战争费用。

1914 年 7 月 3 日，德国国家银行（德国的中央银行）发布了一条通告，宣布即刻停止任何将德国货币兑换成黄金的交易。8 月 4 日，也就是德国对俄国宣战后的第三天，德国国会通过了一项附加货币法令，允许国会印发“特别”数量的“无保障货币”——就是说除非国会另行通知，否则这些货币是无法兑换黄金的。

这场在当时被称为“伟大的战争”并没有如人们设想的一般很快结束，相反地，可怕的战事持续了四年之久。德国为士兵和武器装备花费了 1600 亿德国马克，最后却战败了。唯一值得安慰的是因为战争主要发生在欧洲其他地区，德国本土的基础设施没有受到什么损坏。

这一时期市场上德国马克的流通量暴增，从 1913 年的 130 亿马克发展到 1918 年的 600 亿马克。与此同时，伴随着政府对民众大量发债，国家债务也从 50 亿马克飙升到 1560 亿马克。

·昂贵的和平·

第一次世界大战结束后，战胜国想要好好教训一下德国，而教训的方法就是天文数字的战争赔款。在 1919 年的巴黎和会上，德国代表警告说，这种报复性赔款会“将德国人的创造力、工作的热情、企业家的精神通通打击得粉碎”。德国人并不是虚张声势，他们的预言惊人地准确。

战争初期，德国马克对美元的汇率是 4.2；等到战争结束时，马克的汇率已跌到 8.91。巴黎和会结束后，很多人都意识到德国人面临的是多么严重的惩罚（以及他们将会采取什么措施来应对），马克的汇率进一步跌到了 47。

印钞机继续开动，尽管印刷的速度没有那么快了。到 1921 年初，马克的汇率跌至 60 后开始稳定下来。德国的经济的确看起来相当强劲。马克在经济中的流通量和流通速度居然帮助国家的工业化再度焕发活力，失业率也保持在很低的水平。

贬值的马克使得德国的出口极具竞争力。1921 年一年间，德国的工业产值提高了 20%，失业率低于 1%，工人的工资也大幅提高。尽管给战胜国的赔款负担仍然沉重，但至少德国经济看起来已经从最低谷走出来了。

战争赔款于 1921 年 6 月正式开始偿付。赔款总额是 1320 亿金马克，这已经超过德国所有的黄金加上外汇储备的存量。平均下来，每年的债务是总出口额的 26%。德国必须在未来很多年里用硬通货、工业产品和大宗商品来偿付这笔压得人抬不起头的巨债。如此沉重的负担让任何经济发展的苗头都被早早扼杀了。

·印钞机·

德国的战争赔款需要有稳定的外币支付，于是它们用新近印发的德国马克到公开市场去购买外币。当然，马克印得越多越不值钱。到 1921 年 11 月，马克对美元的汇率已经是 330：1，也就是说曾经相当于 25 美分的 1 马克如今却仅值不到 1/3 美分。

第二年发生的一起刺杀事件又使金融灾难雪上加霜。德国外长沃尔特·拉特瑙（Walter Rathenau）是一位低调、睿智、令人尊敬的人，他深受德国民众的爱戴，人们认为他富有而平易近人，是战后德国脆弱环境下不可多得的领导者。1922 年 6 月 24 日，他被右翼极端分子暗杀了。

暗杀事件震惊了全德国，外长是遵纪守法、重新振兴的形象代表，他被刺杀对德国人民的情绪是一次沉重打击。本来急速贬值的货币就让人惴惴不安，暗杀事件则令他们对国家的未来更加焦虑。眼看着马克就要变得一钱不值，德国人心急火燎地要尽快拿钱换取硬通货。

货币说到底是个价值的载体，但是说到法币，它维持价值的唯一渠道就是公众对它的价值和稳定性有信心。而当时对德国马克的普遍共识就是它的数量比以前多得多。

到 1922 年 12 月，马克对美元的汇率跌到 2000：1。四个月后，变成 20 000：1。而到了次年 8 月，汇率竟然超过 1 000 000：1。这期间，德国的印钞机不分昼夜地印制钞票：政府雇用了 130 多家公司加入印钞大军，1783 台印钞机同时工作，只要有纸就日夜不停地开动。政府如此毫无节制地滥发钞票，情况很快变得失控。

失去耐心的不仅是德国人，也包括对德国危机四伏的形势忧心忡忡的外国人。按照赔款条约，德国需要向法国“支付”大量的煤炭。德国只是稍微晚交了一点，法国人竟然大动干戈，出动 10 万士兵到鲁尔河谷抢占煤矿并没收了所有的煤炭。

对德国人来讲，这件事不仅让他们又羞又愤，同时也意味着其他依靠煤炭作为能源的产业也不得不停工。国家的主要能源供应地现在被法国人牢牢控制着，工业生产无法维系。

工业停产，税收紧接着就成了下一张倒下的多米诺骨牌。更惨的是，德国连路灯和家用的能源都无法自给，只能使用宝贵的外汇储备去别国购买能源。

形势就这样一步步地恶化下去，越来越多一贫如洗又饥寒交迫的德国人使得空气中充满火药味。物资匮乏像瘟疫一般蔓延，谁都逃不过。德国人痛恨地抱怨法国，因为对方是这一切困境的根源。这种仇恨随着时间推移逐渐酝酿发酵，为社会最终走向独裁和战争埋下祸根。

· 哀鸿遍野 ·

随着德国马克的崩盘规模不断扩大，德国人从上到下，不管是有钱有势的权贵，还是平民百姓，无一幸免，通通在财富上遭遇惨痛打击。德国政府决定对那些因法国抢占煤矿而无事可干的工人施予救济，300 家造纸厂开足马力生产印钞所需的纸张，到此时，一共有 2000 台印钞机在夜以继日地工作着，马克的投放达到天量。

通过各种普通人的小故事是了解货币崩溃对大众生活的影响的最好方式。下面的这些故事如无特别注明，都是取材于亚当 · 斯密（Adam Smith）1981 年的《纸货币》（*Paper Money*）一书和亚历山大 · 荣格（Alexander Jung）2009 年 8 月 14 日发表在《明镜周刊》（*Der Spiegel*）上的《百万、亿、兆：恶性通货膨胀时代的德国》（*Millions, Billions, Trillions: Germany in the Era of Hyperinflation*）一文。

- 一名律师在 1903 年购买了一份保险。在其后的每个月，他都按时交费，一次也没欠过。1923 年，保险到期，他把保单兑现，换来的钱刚好够买一根面包。
- 一个美国游客在德国餐馆吃饭后留下一美元小费。餐馆老板一家十分兴奋，还召开家庭会议，商议如何处置这笔横财。最后他们决定在柏林银行设立一笔信托基金。餐馆老板是受益人，银行则全权负责投资管理。
- 钱贬值得太快了，工人便要求工资不是按月付，也不是按周付，而是每天几次支付。于是，一天当中会有几次，大家都停下了手里的活计，装满钱的大麻袋被分发到工人手中。工人拿到麻袋就会马上冲向在外等候的妻子，妻子们也会立刻拿钱换取任何能换的东西。[摘录自《科学市场分析》(*Scientific Market Analysis*) 1970 年出版的《德国通胀噩梦》(*The Nightmare German Inflation*)]。
- 一个男人去咖啡馆喝咖啡。他点了一杯咖啡，价格是 5000 马克。喝完以后他又要了第二杯。当他准备离开时，服务员递上了 14 000 马克的账单。原来就在他享用第一杯咖啡的时候，价格已经从 5000 马克提高到了 9000 马克。早知如此，他一开始就叫两杯好了。
- 一家工厂每天在早晨 11 点发一次薪水。一到时间，警铃回响，所有工人都聚集到操场。一辆装满钞票的客车驶入，出纳员一个个叫出工人的名字，把成捆的钱扔给他们。工人一拿到钱就飞奔到商店买东西。商店里的商品价格每天都要涨几次，去晚了就买不了多少东西了。
- 大家都明白拿什么都比拿钞票好，所以他们一有钱就马上出手换成其他物品，也不管有用没用。钢琴成了宝贝，会弹不会弹的都来买。金银珠宝之类的硬通货自然少不了，就连古董、肥皂、发卡等也都成了抢手货。

- 在德绍的旧车修理厂，公司每天早晨按照当时三条半面包的价钱给工人发工资。工人的太太们拿到钱就赶紧跑去商店，因为价格到中午就又涨了。
- 医生也开始拒收现金，他们更愿意接受的付款方式包括鸡蛋、煤炭、香肠等实用的物品。连死人也受到牵连，因为煤炭短缺，尸体火化变得不切实际，德国人只好用最廉价的棺材埋葬逝者。这当中有一种是只有 50 厘米高的盒子，被人们俗称为“挤扁鼻子”。
- 厌倦了祖国发生的一切，有些德国家庭变卖房产，打算渡海到美国开展新生活。他们拿到卖房款，刚刚到达汉堡准备登船，却被告知他们手里的钱已经不够买渡海的船票。事实上，这些钱甚至已经不够他们买一张返回老家的火车票。

这种吊诡事件席卷了全社会的所有人，他们开始变得有些神经质，认为是某个神秘恶毒的力量在背后捣鬼。生活的世界已经被彻底颠覆，他们无法解释，盲目地寻找替罪羊，将怒火和怨气指向了犹太人。在这个怪异的环境里，仇恨的种子生了根也发了芽（见图 10–1）。

图 10–1　即便是用来购买日常用品的钞票也多到需要手推车来运送

生计的艰辛直接导致了道德风气的败坏。世风日下，偷盗成风，为了生存，人们把能偷的都偷了。最倒霉的是农民，每到晚上就有人到他们的地里把庄稼挖出来偷运回家，连家里的铜管、铜配件也不能幸免。有人还悄悄地从停着的车里用虹吸管偷汽油。邻居之间也开始互相“顺手牵羊”。

民众的心态陷入虚无主义，社会风气的普遍败坏致使邪恶加剧：吸毒越来越普遍，可卡因成了抢手货；卖淫成风，满大街不论男女都随时愿意拿身体来交换食物和商品。走在德国的大街上最幸运的人就是国外来客，因为他们口袋里的零钱就可以让他们轻易过上在自己国家想也不敢想的奢靡生活。

著名经济学家约瑟夫·熊彼特（Joseph Schumpeter）曾写过：“崩溃的货币对国民性、道德，以及文化生活的所有分支都有破坏性影响。”德国有些州和城市开始自行印发货币。南部有一处当地货币在钞票上半开玩笑地印着：“如果煤炭太贵了，就拿我来生火吧！”

·投机者国度·

在这样的大环境下，每个人都自觉或不自觉地接受了投机的生活方式。东西买了又卖，以物换物，交易不停。而这一切只不过是为了生存。普通老百姓一个个被生活所迫成了“精明”的商人。

银行也广招人手。经济当中流通的货币量实在太大，所以对帮忙管理的银行从业人员的需求与日俱增，从业者从 1913 年的 10 万人增加至 1923 年的 37.5 万人。同时，从事生产的工人却纷纷开始磨洋工，因为他们的精力都用在要求高工资、拿钞票换物品，以及想尽办法不被恶性通货膨胀吞噬上面了。

在这种疯狂当中，要说有谁受益最大，那肯定就是借钱的人了，因为欠债的人很快就发现还债其实不难，只需等上两三天，等钞票贬值了，以前让自己愁眉不展的债务，只消拿一根面包就可以把欠债一笔勾销了。

的确，生意人的日子好过了。他们过去为做生意而借的贷款如今很轻易就还清了。战前德国平均每个月有 813 家公司破产，到 1923 年末这个数字还不到 10 家。

因此，最赚钱的办法就是尽可能多地借钱。公司会贷到它们被允许的上限额度，用来购买机器、原材料和其他资产，简直就跟白给的一样，因为它们买来的资产是有形、有用、有价值的，而它们借的钱很快就会变成一堆废纸。最有头脑的生意人会借入马克换购外币。他们不仅很快就可以还清借款，还可以从畸形的汇率中大赚一笔（见图 10–2）。

图 10–2　德国马克一钱不值，有人甚至拿它来作墙纸

还有一件值得一提的事，那就是德国国家银行在 1923 年 10 月 25 日印发了 12 万兆马克。银行觉得对外宣布如此“壮举”是一件很光荣的事，可以显示它们辅助祖国的决心。它们甚至为没能达到印发一百万兆马克的目标而感到惭愧。不过它们又表示，货币印制工作会进一步加强，一定不会再让全国人民失望。

·地产抵押马克的奇迹·

人们终于受够了。这场印钞无底线的闹剧以一兆面值马克钞票的出炉最终画上句号。德国国家银行采取果断、合理的措施结束了恶性通胀。在 1923 年 11 月，它们宣布：

- 正式引入一种新货币——地产抵押马克；
- 地产抵押马克的发行总量是 24 亿，在此基础上只会依情况极少量地增加；
- 该货币以土地和工业基础设施为支持；
- 每一地产抵押马克可兑换一兆旧马克。

政令一出，通货膨胀几乎在一夜之间停止了。最令人惊奇的是，所谓货币以土地和工业基础设施为支持的说法其实完全不切实际，也没有任何意义。拿钞票去换黄金是一回事，拿钞票去换一家工厂就是另外一回事了。

不过此时的德国老百姓实在太需要一个他们可以信赖的货币了，于是他们毫不犹豫地选择了接受新的货币。

尽管通货膨胀停止了，但金融和心理上的创伤却是深刻而长久的。那些存钱的普通人现在一无所有，还有那些用现金换实物致使被一堆根本不需要的东西所包围的人，借钱换取生活用品的生意人如今要面对严重过剩的物件也是一筹莫展（见图 10–3）。

图 10–3　10 亿马克现钞，德国疯狂印钞时代的古董

与此同时，整个国家变得越来越容易被宣传机器、仇恨和报复心理所左右。如果没有恶性通货膨胀对心理和金融的伤害，很难想象阿道夫·希特勒的理念和方法会在德国如此受追捧。经历了 1923 年这样的创伤，希特勒为他的咆哮找到了“忠实”的听众。

·绵绵不绝的后遗症·

德国作家托马斯·曼（Thomas Mann）这样描写此次事件对大众的心理影响：“一个可以把每只鸡蛋叫卖一亿马克却连眼睛都不眨一下的女商贩已经失去了被惊吓的能力，从此之后发生的任何事都无法疯狂、残酷到让她吃惊的地步。”

整个国家所经历的是一个全民疯癫的过程，他们的世界观被彻底颠覆。一个曾经勤奋、守法、骄傲的国家，如今的性格里烙上了深深的愤世嫉俗的印记。

对恶性通胀的后遗症体验最深刻的是中产阶级。他们丧失了自己的存款，手里握着一文不值的保险和现金，在 1924 年，仿佛每个人都得从头开始。

父母教诲孩子要储蓄、节俭、不借钱的做人原则被彻底推翻。这个时代的大输家正是那些本分、谨慎的人，而那些胆大妄为、四处借钱的人却成了大赢家。1923 年的德国，经济戴上了变态扭曲的面具，整个社会对普通人来讲变得根本不可理喻。

截至 1924 年 7 月，这股印钞狂潮一共炮制出了 1 200 000 000 000 000 000 000 马克的纸币。狂潮退去，摆在德国人面前的是全新的挑战：政府主动大幅提高税收。虽然经济尚处于风雨飘摇之中，但德国政府宣称在 1924—1925 财政年度居然还有盈余。

不过恶性通胀期间人们花太多的钱在不需要和过剩的设备上，这种毫无规划的消费给经济带来了大量闲置资源。这些闲置设备和库存要经过很长时间才能被正常的工业需求所消化和吸收。

宣告破产的公司数量从 1923 年的 263 家激增到第二年的 6033 家，恶性通胀期间鲜有的好日子也结束了。那些依靠毫无意义的借贷过日子的企业终于还是要回归现实。

希特勒也在这风雨飘摇的时代走进了德国人民的视野。他在 1923 年的慕尼黑发动了一场失败的啤酒馆政变。尽管政变没有成功，此时的德国已经出现了上百万的潜在激进分子，他们已经做好随时跳出来为自己的遭遇伸张正义的准备。

他们过去的生活已经被通通抛诸脑后，如果说过去有的是信念，现在剩下的只有怀疑和玩世不恭了。等到下一届总统大选，纳粹党在议会赢得 32 个席位，而右翼国民党也获得了 106 个席位。他们对选民的竞选承诺就是要坚决报复那些把德国人民带进水深火热的家伙们。

著名的普利策文学奖获奖作家赛珍珠（Pear Buck）回忆起自己 1923 年访问德国的经历时写道：

> 城市还在，建筑物也还没被轰炸摧毁，真正受难的是几百万的民众。他们已经一无所有，全都被通货膨胀弄得精神恍惚。完全不明白发生了什么，到底谁才是罪魁祸首。更可悲的是，他们不再自信，不再相信命运可以掌握在自己的手里。一同失去的，还有道德、操守和做人的尊严。

11 咆哮的 20 世纪 20 年代

有一种颇为流行的观点，认为 20 世纪 20 年代的美国是富足和纸醉金迷的时代。这么说自然有一定道理，当时的美国发展太快了，人口在 1890 年到 1920 年之间也翻了一倍。不过真相远比这种笼统、简单的说法更加复杂和微妙。

对最有钱的那群人来说，20 年代绝对是“咆哮”的年代。而对于更多的普通大众来讲，这是一个技术创新、工资增长、购买力增加的时代。如今再回头看，这个时代也为后来国家历史上最具灾难性的经济危机埋下了伏笔。

· 伟大战争结束 ·

有一种观点称，第一次世界大战在当时被称为“伟大战争”。战争中有 1000 万人丧命，耗资 3000 多亿美元，于 1918 年末宣告结束。

战争使欧洲元气大伤。美国的农民却意外地成了受益者，因为他们的产品日益多样化，售价也不断升高。欧洲农业受长年战争的影响而萎靡不振。美国因地处远离战场的大洋彼岸，得以为全世界稳定提供粮食。而这些农产品的价格也由于供应的减少而被推高。

不过战争一结束，美国农民们的日子就没那么舒服了：棉花价格从每磅 35 美分降到 16 美分，玉米也从每蒲式耳[①]1.5 美元大跌三分之二。其他的很多食品和原料价格也纷纷下调 50% ~ 60% 不等。美国的农民贷款负担很重，这一轮降价使得他们面临巨大的财务困境。

从某种程度上讲，大萧条的迹象其实在发生前 10 年就已经在美国开始显现了。商品价格想回到第一次世界大战时候的水平是 20 年后的第二次世界大战时才出现的。

时间进入 20 世纪 20 年代，很多地方开始爆发工潮。在俄国十月革命带来的巨变背景下，美国的商业领袖们有些人心惶惶，他们担心共产主义思潮会通过工会渗透进资本主义阵营。1919 年，西雅图全市工人罢工，另外还有全美的钢铁业工人罢工，导致全美国上万工人停产停工。

这些停产行为，再加上美联储快速加息，在 1920 年底和 1921 年初造成了一场经济衰退。20 世纪 20 年代的商界对工会的态度是极其敌视的，对工会成员有预谋的暴力行为也是司空见惯的。这些暴力手段在很大程度上迫使工人们重返岗位。

20 世纪 20 年代，随着经济的逐步发展，美国社会阶层明显分成三类人，各自经历着截然不同的命运。

第一类是农民，他们的遭遇最为凄惨，在这一阶段获益也最少。商品价格低迷，贷款负担沉重，不论物质上还是文化上都和社会上的其他人格格不入。20 年代对他们来说根本谈不上什么“咆哮”。在当时的美国农场，就连最起码的基础设施都很匮乏。直到 30 年代末，也仅有 10% 的农民可以用上电。

第二类是中产阶级，他们享受到了经济变化带来的双重好处：首先，因为对人力资源的需求增加（十年间增加了 20%）而促使工资上涨；其次，产品价格，尤其是新的消费品价格越来越低，这使得他们的生活水平得以提高。20 世纪 20 年代是美国历史上非富裕阶层也可以接触到“享乐”生活方式的第一个十年。

---

① 1 蒲式耳 ≈ 36.368 升。——译者注

第三类就是国家金字塔最顶端的那群人，他们过得最滋润。政府此时对商业的态度越来越自由化，税赋也大幅减轻，也正是这些最有钱的人的造富神话，为 20 年代树立起了后人熟知的名声。

·低税收高增长·

和 20 世纪之初西奥多·罗斯福总统强势手腕截然不同的是，20 年代的美国政治是以"安静的卡尔"，即卡尔文·柯立芝（Calvin Coolidge）总统为代表的无为之治。当代人读到这里可能都不敢相信，不过美国政府的确在 20 世纪 20 年代的每一年都有财政盈余。这些盈余的大部分用来清偿国家债务（见图 11–1）。

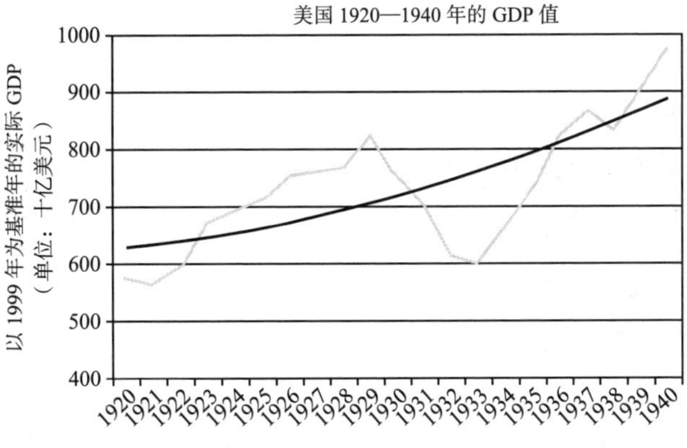

图 11–1 美国从 1920–1940 年的 GDP 值，显示出整个 20 世纪 20 年代都在稳定增长

联邦所得税体系最早在 1913 年确立时的税率是 4000 美元以下征收 1%，然后递增到百万美元以上收入（在当时是天文数字）征收 7%。由于第一次世界大战不断加剧的财政需求，税率也随之大幅提高。到了 1918 年，最高一档税率高达 77%，也就是说对最高收入阶层的税收提高了十倍以上。

让这些非常有钱的人大感庆幸的是，尽管所得税率再没有重回到软弱的伍德罗·威尔逊时期的水平，但到后来还是大降了三分之二，在美国有收入的人群，尤其是收入最高的阶层，得以把更多的收入所得保留下来。

美国的财政记录也反映出国家日益壮大的超富阶层。在 1921 年，只有 21 个纳税人的年收入超过一百万；1924 年是 75 个；1926 年是 207 个。有意思的是，尽管收入最高档的所得税率从 77% 降到 24%，美国政府的所得税总收入却随着经济的繁荣连年稳步增加。

· 消费主义蓬勃兴起 ·

中产阶级在 20 世纪 20 年代对美国经济的重要性日渐显著，这主要归功于两大趋势：个人信用的广泛使用和众多新兴、实惠的科技产品的出现。

这些新产品，比如罐头食品、电话、电影、冰箱、洗衣机、收音机、汽车等，虽然在今天不足为奇，可在当时它们都是足以改变生活的创新发明。汽车的重要性尤其明显。汽车业在 1900 年几乎还不存在，到 1920 年已经占到 GDP 总量的 10%，雇佣工人总数高达 400 万。

借钱买东西的消费方式在战后变得更加便利且广为接受。大部分所谓的“大件”商品是人们借钱买下的，其中包括 90% 的家具，75% 的汽车和洗衣机，65% 的吸尘器和超过 50% 的冰箱、钢琴和收音机。这些商品原本只属于特别富有的家庭，可借贷消费的普及让普通家庭也有机会享用了（见图 11–2）。

图 11–2　电冰箱是众多新出现的消费品中最受欢迎的产品之一（图中是通用电气的冰箱广告）

发生改变的不仅仅是人们购买的产品和支付手段，还包括购买的行为方式。比如说，第一次世界大战前，如果人们去杂货店买东西，通常走进商店后会交给售货员一张购物清单，然后等着售货员到后面的货架上收齐需要的商品，再一一帮客人装进购物筐里。

到了 20 世纪 20 年代，出现了“自助式”杂货店。人们可以推着购物车自己从货架上选取商品。相比以前凭购物单采购，人们可以自由地在货架间穿行选购时，通常会不自主地多买一些。店主由此得到两个好处：销售额提高，同时不再需要太多员工帮客人找货，劳工成本也随之降低。

其他零售商店也享受到了积极的变化。一方面，20 世纪 20 年代之前并不流行对商品明码标价，商品会被展示出来，客人来时要花时间跟售货员对每样东西讨价还价。这样的销售方式显然很低效，而且会给买卖双方造成很多不必要的摩擦。商品明码标价，放到今天早已是司空见惯的事，但在当时的消费者看来却是令人眼前一亮的新鲜玩意儿。

另外，19 世纪在美国盛行邮购，这些邮购公司主要利用铁路帮客人四处运送商品。如今他们意识到，汽车的普及会改变人们的居住和出行习惯以及购买方式。

图 11–3　西尔斯 · 罗巴克公司在 20 世纪 20 年代是美国零售业最有实力且最有远见的公司

以前的情况是农民向位于芝加哥的西尔斯 · 罗巴克公司（Sears Roebuck & Company）订货，然后等火车把商品运来。如今因为有公路和汽车，越来越多的人选择在郊区居住，他们更愿意在附近的零售商店购买类似产品。于是，西尔斯公司于 1925 年建起了 8 家零售商店，四年后这个数字增加到 324 家（见图 11–3）。

就像 1869 年横跨东西海岸的铁路加强了全美的联系，如今汽车和收音机的普及，在文化上也起到同样联系全国的作用。越来越多的人口从乡村向城市流动，同时也有很多人从市区搬到郊区。汽车普及之后，催生了对基础设施的新需求，创造了大量的就业和收益，其影响辐射到公路建设、房屋建设、电力设施，以及其他各种建设现代化生活所需的行业。

·佛罗里达炒地热·

中产阶级的成长和汽车的出现也引发了一场美国历史特有的土地热潮，热潮中心在佛罗里达。佛州的人口在 1920 年和 1925 年间从 968 470 人增加到 1 263 540 人。而这股人口激增热潮背后的动力，是人们相信在此获取土地是一笔稳赚不赔的投资。

当然，最终人们会发现佛罗里达并不完美：除了酷热、蚊子和飓风，佛罗里达也有着全美其他地方普遍存在的问题。不过当时美国人对这一狭长地带上的潜在天堂的想法还比较幼稚，在美国大陆，一片光鲜亮丽的热带风情诱惑也委实让人难以抗拒。

1921 年，抢地热潮开始涌动。到了 1922 年，《迈阿密先驱报》（*MiamiHerald*）几乎整版都是卖地的广告，而美国其他地方的报纸也开始报道各种平民在这里只要敢冒风险就能轻松赚快钱的故事。

佛罗里达的各市镇也在努力通过吸引外来人口来增加自身的人口数量（或者税基），他们纷纷以发行高息回报债券的方式来融资兴建社区的基础设施。州政府当然也对人口迅速增加所带来的好处心知肚明，它们于 1924 年先后废除了州所得税和遗产税，其行事作风也采取了亲建设、亲商业的态度。这与当时的社会精神也是完全契合的。

佛罗里达当地的地产中介日益增多，而且当地有很多年轻人长期待在一处地产开发项目上，帮那些地产中介寻找买家签订协议，随时等待买地的人支付定金。这些年轻人通常被称为“文件夹小子”（Binder Boys）。

这个定金或者“文件夹”的作用就是允许一个投资者只出一小笔钱就可以拿下一片他可能要贷款 30 年才能买下的土地。从某种意义上讲，所谓的“文件夹”有点像期权合约，那些雷厉风行的投机者花费不多便能抢先锁定一块土地，然后希望可以在短期内以高价出手从中获利（见图 11–4）。

图 11–4　当时的一份广告夸赞佛罗里达的热带气候"让冬天只存在于记忆里"

土地价格在头几年稳步上扬，之后就开始冲刺到令人难以置信的高度。当时有位老人家在旺市之初用尽 1700 美元的全部身家在皮内拉斯镇买了一块地。他的儿子们担心父亲精神不正常，坚持把他送进了疗养院。后来这片土地的价格涨到了 30 万美元（涨了 175 倍），老人家的律师想办法把他从疗养院接出来，然后跟他的儿子们打官司。

·炒家的国度·

到了 1925 年初，一些媒体开始质疑人们将一些沼泽荒地的价格也拿来炒卖的做法。《福布斯》杂志发表了一篇对这股狂热表示极度怀疑的文章。那些将旧屋翻新卖高价的炒家们（讽刺的是，在 2004—2006 年美国某些地区人们的所作所为与这些先辈们的做法毫无二致）一下子没了生意。

与此同时，铁路公司也有意见了。大批的建筑物资需要通过铁路运送到佛罗里达，但因为增长的速度太快，导致通往佛州的铁路拥堵严重，着实令人头疼。铁路公司后来甚至发起禁运，从 1925 年 10 月起，几大铁路公司开始只往佛罗里达运输食品、燃料和易腐商品。建筑材料的来源立马被切断了。

佛罗里达“炒地大军”面临的下一场灾难是一艘叫普林兹·瓦尔德玛（Prinz Valdemar）的 241 英尺（约合 73.45 米）长的货船。这条船在迈阿密港口沉没，由此堵住了供货商们往佛州运货的另一条通道。

同年 9 月，一场时速 125 英里（约合 201.16 千米 / 小时）的飓风重创南佛罗里达。报纸上大肆宣扬当地居民面对的各种自然灾害，萦绕在佛罗里达周围的神奇光环霎时褪色，土地价格也持续下降。这场灾难造成的损失要经过数十年才能弥补。

佛罗里达土地狂热的剧烈波动和破灭，并没有消减美国其他地区人们赚快钱的欲望。在佛州发生的灾难有相对的地域局限，人们对股票市场日益增长的热情丝毫不受影响。跟 1995 年互联网的繁荣很相似，大众的想象力都被如美国无线电公司（Radio Corporation of America）一类的新技术公司牢牢吸引了，公司的股价放量狂升。

普通投机者在 20 世纪 20 年代所拥有的投资杠杆比今天可大得多了，有些股票只需在前期交付总价 10% 的现金就能买得到。

股价上涨还有一个上不得台面的原因，那就是股票“池”的普遍存在。股票池的工作方式和拍卖时的托儿类似：一组人事先商定选好一只目标股票，然后他们各自在公开市场买进同一只股票，数量越来越多。当股票池里该目标股票的持有量达到预定数量后，成员之间开始互相高价买卖。如此反常，很快就能吸引到池外的人进场。

普通投资者看到股票放量上涨，会以为背后有重大正面的信息即将披露，从而最终加入竞价，这样一来股价就又会迎来一波又一波的上涨。当价格冲到很高位时，股票池的操纵者就会出其不意地大举卖给还蒙在鼓里的公众。此时的价格当然是远远偏离了其内在价值的（见图 11–5）。

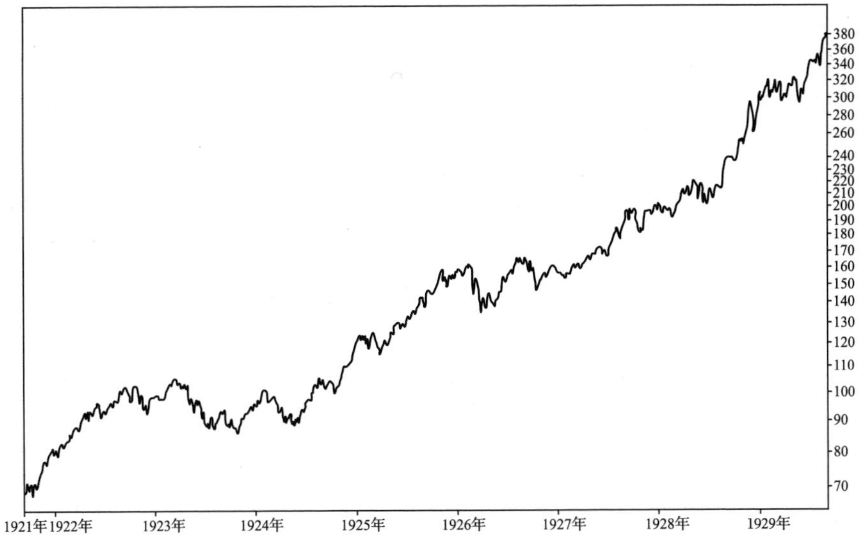

图 11–5　从 1921 年 9 月到 1929 年 9 月的八年间，股市几乎不间断地持续上扬，道琼斯工业指数在此期间的涨幅差不多是 500%

尽管 20 世纪 20 年代的经济基本面相当健康，但其实早在 1928 年，裂缝就已经在表面开始显现了。不过等人们真正意识到这一点的时候已经太晚了。我们在下一章里会看到，美国的金融领域即将经受一场比佛罗里达飓风更残酷的风暴，尤为不幸的是，灾难降临之时偏偏是国家对任何金融问题最没有抵抗力的时刻。

12 大萧条

发生在美国 20 世纪 30 年代的大萧条可以说是世界史上最有名的金融事件。大萧条比美国历史上任何一次金融灾难所持续的时间更长、创伤更大、影响更深远。在此期间形成的经济思想学派至今仍然主导着世界金融的构成。

大萧条初期涉及两位总统，他们的运气截然相反。第一位是卡尔文·柯立芝，他在白宫期间，美国恰逢繁荣的 20 年代，因此他在任期间轻松而平静。有人甚至把那段兴盛命名为“柯立芝盛世”，尽管柯立芝本人对这场繁荣盛景没有多大贡献，他十分幸运地在 1929 年年初卸任，即将到来的大漩涡被他完美避开了。

而继任者赫伯特·胡佛（Herbert Hoover）就没那么幸运了。他在任期间全美国完全沉浸在一场经济噩梦当中，即便竭尽全力还是无法摆脱被大家（尤其是同时代的人）视为既倒霉又无能的总统的命运。直到今天，那些对大萧条有基本了解的人，还普遍认为胡佛对当时的事态采取了被动和不作为的态度。可事实上他一直竭力试图扭转局面，只不过有心无力。历史上诸如此类的领袖太多了，有些人碌碌无为却被冠以盛名，另一些人勤勤恳恳却被千夫所指。

·投机的狂欢·

以道琼斯工业平均指数来衡量，20 世纪前 20 年的股票市场基本没有变化。尽管其间经历了五次涨跌周期，如果一个人在 1900 年的第一个交易日投资道琼斯工业指数，那么在 21 年后的 1921 年 9 月，他会发现自己手里的股票价值几乎和开始时没什么差别。

股价后来的上涨经历了三个很明显的阶段。

第一阶段从 1921 年 8 月 24 日到 1926 年 10 月 21 日，股价上涨了 60%（还是以道琼斯工业指数衡量），也就是 10% 的年均复合增长率。这一阶段的资产价格属于稳定、健康的上涨。基本上没有经受在此之前二十年的波动反复。

第二阶段股价的上涨速度加快，不过还不至于到疯狂的程度。从 1926 年 10 月到 1928 年 6 月，股价又涨了 50%，即 20% 的年均复合增长率，也就是说这个阶段的增长速度是第一阶段的两倍。

第三阶段只持续了一年时间，从 1928 年 6 月到 1929 年 8 月。此时道琼斯工业指数飞涨 90%，年均复合增长率超过第二阶段的三倍，更是第一阶段的九倍。就是在这个阶段里，股市突破了大众的想象力。与此同时，也有像商务部部长赫伯特·胡佛那样的高层开始对眼前发生的“疯狂投机的狂欢”提出批评。

市场在 1921—1927 年间的上升是有原因的：美国经济尤其是汽车行业蓬勃发展；同时随着全世界从第一次世界大战的创伤中恢复，没有遭受战火洗礼的美国本土为消费经济的全面发展提供了肥沃的土壤。除了 1926—1927 年间的佛罗里达房地产投机事件，美国的整体经济运行平稳。

在这一片大好形势下，唯一的例外是美国农业。当时的商务部部长胡佛也努力通过联邦援助项目对农业给予帮助。不过，胡佛的努力遭到柯立芝多次阻挠，柯立芝坚信政府应该无为而治。美国的农民在 20 世纪 20 年代的大部分时间里艰难挣扎，几乎与城市的繁荣和华尔街的疯狂完全隔绝（见图 12–1）。

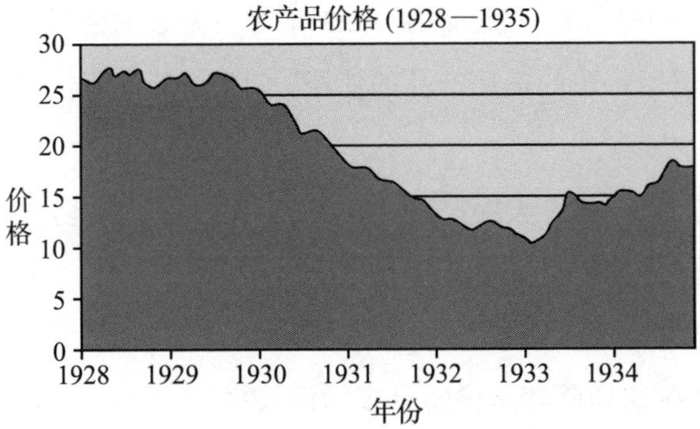

图 12–1 美国农场土地价格的变化，在 1928 年达到高峰之后的四年里下跌了大约 60%

股价疯涨背后的资金推手来源很多，其中包括企业金库和银行贷款。当时的社会动向已经从传统投资项目转向股票和房地产。美国的各家银行也纷纷将贷款重点放到投机上。到 1929 年，用于短期投资的贷款总额已经超过了正常的商业贷款。

赫伯特·胡佛当然不是唯一对市场的癫狂表示担忧的政客和评论者。不过，人们大都对这些担忧嗤之以鼻。1928 年 5 月 15 日在《华尔街日报》上发表的一篇文章中写道：

> 那些批评华尔街投机行为的人只不过是酸葡萄心理在作怪。有人觉得别人能很轻易就赚大钱，也知道这些钱是在华尔街赚的。华尔街总是被某些不怀好意的人视为眼中钉。

全国上下都沉浸在无尽的乐观情绪之中，难怪柯立芝总统在 1928 年 12 月 4 日对国会的最后一次国情咨文里信心满满地宣称：“国内一片祥和富足……国民应该对现状表示满意并对未来保持乐观。”

· 股票狂热 ·

1929 年年初，一些头脑清醒的人士试图竭力让在他们看来已经彻底脱离经济现实的市场降温。美联储在 1929 年 2 月发表的公报里指出，将限制“帮助投机性信用膨胀的信用产品的使用”，因为它们是造成当前流动性泛滥的罪魁祸首之一。

参议院在 1929 年春天决定通过立法来“纠正邪恶并防止非法的投机行为”。一名联邦储备委员会成员也在 1929 年初严词斥责“……这个乐观到狂妄、贪婪到迷醉的时期”。

就连那些在这场盛宴里得益最多的商人也发声了。美国钢铁公司总裁迈伦·泰勒（Myron Taylor）公开表示股市“已经变成投机的闹剧，股价也被炒到没有任何盈利基础的高度”，投资银行家协会主席特罗布里奇·卡拉维（Trowbridge Callaway）也称其为“蒙蔽国家视线的投机狂欢”。

新总统胡佛更是措辞严厉，要想方设法让市场降温。他后来回忆道：“我给主流报纸和杂志的编辑和发行人写信，要求他们有系统地向国民警告投机风险以及虚高的股价。”从这些叙述当中，我们清楚地看到并不是每个人都是股市冒进的推手。

只可惜冒进的声音还是层出不穷，尤其在一些主流的媒体上。下面是从当时媒体的文章中节录的两段文字，可以帮助我们感受当时的气氛。

> 一些个股前所未有地飞涨，造就了众多百万富翁。在一个公众熟知的过去十年涨幅在 600% ~ 6000% 的股票清单里，有 12 只著名的股票涨幅超过 1000%，其中一只汽车股票更是飙升了 6493%。难怪全国上下都为股票而疯狂。
>
> 《北美论坛》（*The North American Review*），1928 年 12 月

> 经济增长引发美国股票价格在过去十年大幅上扬。十年前投资 1 万美元的通用汽车股票，如今市值可达 150 万美元。通用汽车只不过是众多一流工业企业中的一员。有人也许会说这种增长极为罕见，下一个十年情况可能不一样。这种预言或许是真的，不过它跟经验不符。我个人的意见是，美国的财富注定要以极快的速度增长。
>
> 《妇女家庭杂志》（*Ladies' Home Journal*），1929 年 8 月

不过，当时德高望重的经济学家罗杰·巴布森（Roger Babson）在1929年9月5日股市差不多到顶的时候发表了这样一番极富远见的观点：

> 今时今日借钱和投机的人数远远超过我们历史上任何一个时期。崩盘迟早会降临，其后果也是灾难性的。聪明的投资者现在要清理债务、伺机而动。这并不意味着卖出手头所有的股票，但你一定要还清贷款，避免保证金投机……炽热的股市迟早会像佛罗里达的地产热潮一样坍塌。有一天你会发现市场一泻如注，卖家多过买家，面值开始蒸发。这时候市场里的人就会立刻争抢踩踏，大家都拼了命想保住还仅剩的那点面值利润。

此时的市场仅凭一丝麻醉气息维持着最后的高潮，经不起一点儿风吹草动。巴布森的这番话立刻引发震荡。多家媒体迅速反应，企图抹杀巴布森的担忧。比如《芝加哥论坛报》（*Chicago Tribune*）在1929年9月7日的报道中反驳道：

> 罗杰·巴布森认为股市将面临“无可避免的崩盘”，并可能下跌60到80点，这样的大胆预测引起大部分经济学家和股票交易所人士的反对。他们的看法正相反，或许还会告诫客户和公众不要被巴布森先生所谓的和佛罗里达地产热潮类似的崩盘情形所误导。美国最顶尖的经济学家、耶鲁大学的欧文·费雪（Irving Fisher）教授就直接反驳了巴布森先生的看法。费雪教授明确地坚持认为“股价并不高，华尔街也不会遭受任何的崩溃”。

道琼斯工业指数在1929年9月3日达到386.1点的最高位，然后就开始几乎每天都在下降。下降的幅度并不大，还不至于造成恐慌，但到10月22日，市值已经跌了15%。《纽约时报》又忍不住跳出来断言：

> 按照俄亥俄州立大学商业组织学教授查尔斯·阿莫斯·戴斯（Charles Amos Dice）博士的观点，股市会比从前任何时候都要快

> 地反转大涨。除了个别的小波动，今天的高位还会持续多年。戴斯博士继续发表高论："那些已经过时的预测股票走势的手段之一就是所谓的有升必有降的格言……还有就是认为股价无法安全超出每股分红净收益 10 倍的说法。"现在是小散户的时代。散户曾经被人瞧不起，现在却是人人争抢的对象。争抢他们的不光有大银行，还有那些骗钱的推销员。打工族已经明白用小额分期付款来积累财富是多么容易的一件事。

这里"小额分期付款"的提法很有意思，在当时，低息贷款政策几乎渗透到了与股票投机有关的方方面面。直到 1928 年以前，美联储一直在向银行输入大量货币，这些货币被越来越多地用于股票投机。20 世纪 20 年代末美国公司的丰厚盈利也不再用于追加投资，而更多的是拿到股票市场去投机。

信贷扩张的一个重要来源是中介人的短期贷款。这些短期贷款允许客户只需 10% 的保证金就可以购买股票。对银行来讲，发放短期贷款可以轻松赚钱，因为它们可以以 3.5% 的利息借钱，然后再以 10% 甚至更高的利息贷出去。连一些大型公司也意识到这个赚钱机会并积极参与进来，像标准石油这样的巨头在最高峰时每天的放贷额高达 6900 万美元。

·市场裂缝洞开·

道琼斯工业指数从 1929 年 9 月 3 日最高位的 386.1 点到 10 月 4 日的 325.2 点，虽然股市明显走低，但还不至于到恐慌的地步。不过到了 11 月 11 日的中期底部，道琼斯工业指数整整蒸发了 50%，而且这些下跌大部分发生在三天时间里：10 月 23 日（报收 305.9 点）、10 月 28 日（报收 260.6 点）和 10 月 29 日（报收 230.1 点）。

因为总体点数不高，今天的读者也许不容易理解当时事态的严重性。不过想象一下，如果今天的道琼斯指数在两个月内从 14 000 点下跌到 7000

点会是怎样一番情形？1929 年末股市的暴跌自然备受媒体关注。《纽约晚报》（*New York Evening Post*）在 1929 年 10 月 30 日这样报道：

> 很明显，华尔街正经历着史上最惨烈的灾难，这是任何花言巧语也无法掩盖的。经济形势恶劣的时期总会出现银根紧缩。再者，股市一直以来的表现基本上是独立于商业表现之外，因此我们也许还没有真正看清这场挫折最终的影响。不管怎样，即使在如此残酷的“大扫除”之后，好日子总会来临的。我们的国家会重归正轨……价值会重生，战后的德国如此，美国也将如此。但凡一个头脑清醒的人，又怎么可能不同意欧文·费雪教授的看法：股价已经太低了，它们在哭喊着哀求快来买啊！这些股票是国家的脊梁，不相信它们就是不相信美利坚。世界上有太多的事需要去做，没有人比我们自己的民众做得更好。经济实力让我们走出了过去的困境。只要充满信心，它还会再来一次的。

从中我们已经可以读出当时流行文化普遍存在的三个观点：第一，当前的股票价值和基本面更吻合；第二，崩盘不是坏事，因为国家可以从股票投机回归到生产力更强劲的事业；第三，经济的基本面是健康的，并且会继续向前迈进，完全不受近期过度投机的影响。

诸如此类“一切会好的”心灵鸡汤在同一天的其他报纸上也比比皆是：

> 有思想的人都不会否认，当前所发生的是正确且充满希望的。国家为投机而着了魔。我们目睹的大清洗是如此剧烈，但是从大处着眼，这一切都是值得的。恐慌不会发生，因为美国早已超越了那个经济发展阶段。联邦储备系统有充足的资源避免灾难的发生。
>
> 《伯明翰时代先驱报》（*Birmingham Age-Herald*）

> 崩盘无可避免，这一切细心的观察者几周前就预料到了。股价被炒得失去理智……这些价格纯粹是人为和投机造成的。成千

上万人损失惨重，不过如今的股价已经下跌到比较接近正常水平了。长期来看，让一国的证券建立在商业基础上自然远好过建立于赌博和投机之上。

《蒙哥马利日报》（*Montgomery Journal*）

尽管公众损失惨重，但有一组投资者，大概有几千人之多，却毫发无损地躲过了。如今他们正蓄势待发地要来抄底。这是全世界最富裕的国家，这里有历史上最了不起的持续繁荣。现在它呈献给大家的是“便宜货”专柜，里面有富裕产业的股票所有权。这些产业一直以来引领着现代化文明的前进之路。

《芝加哥先驱和观察者报》（*Chicago Herald and Examiner*）

通缩不可避免地降临了，但是全世界的需求都在扩张。经济条件依然健康。随着市场不稳定因素的基本消除，以及华尔街再度向正常的商业活动投放信贷，工业的再度前进之路已经铺好。一旦调整完成，国家会向前跃进到一个全新的繁荣高度。

《堪萨斯市星报》（*Kansas City Star*）

当然，这些人不知道的是，道琼斯工业平均指数最终不仅仅是下降 50%，而是会在两年内蒸发掉 90%，直到 1932 年 7 月 8 日那可怜的 40.6 点。

· 斯穆特 – 霍利关税法 ·

早在 1929 年春，当股市还一路高歌猛进的时候，已经有人渐渐地开始担心美国商业的放缓迹象。这些担心当然包括长期萎靡的农业，也包括重要的汽车行业。1929 年 4 月，国会议员威利斯 · 霍利（Willis Hawley）提出了一项法案。新上任的胡佛总统希望这个法案可以帮助重振美国农业。

这项法案最初的设计主要目的是帮助农民，并在众议院很快得到通过。不过在随后的一年里，它被不断修正，进而演变成一项烦琐复杂的法案，其覆盖面涉及 20 000 种不同商品。这个为后人所熟知的《斯穆特 – 霍利法案》(*Smoot-Hawley Tariff*) 还有一个冗长且累赘的正式名称：

一项提供收益、管理对外商业、鼓励美国工业、保护美国劳工，以及其他目的的法案。

等这项法案最终定稿并呈交总统时，经济学家们请求总统不要签署。上千名经济学家联名上书胡佛总统，希望否决这项法案。他们中的一位是摩根集团的合伙人托马斯·拉蒙特 (Thomas Lamont)。他后来回忆道："我差不多要给赫伯特·胡佛下跪来请求他否决那项愚蠢的斯姆特·霍利关税法案，它严重加深了全世界的民族主义情绪。"

今天的历史学家们普遍认为这项新税法对 20 世纪 30 年代早期的世界经济是极具破坏性的。不出所料，那些美国的贸易伙伴也纷纷报复性地提高自己的关税，使得本来就步履艰难的世界经济几乎陷入绝境。这也可谓是胡佛总统的标志，他总是好心办坏事，本意是想帮助扭转经济，结果却把它引向灾难。

· 商业理事会 ·

作为一名经验丰富的成功商人，胡佛坚信带领国家走出金融危机的最佳人选非商业领袖莫属。于是他在十月风波之后不久就将那些商业大亨召集到白宫。胡佛的财政部长、著名银行家安德鲁·梅隆 (Andrew Mellon) 坚持要求总统放手，任由局势自生自灭。

胡佛强烈反对。他认为："我们应该利用政府的力量来提供保护……重中之重是要避免以前类似情况下发生的银行恐慌，再有就是减轻失业人士和农民必然会面对的贫困……我们下定决心，联邦政府一定要全力以赴。"

胡佛是不会对眼前的事态坐视不理的。此时的美国最急迫需要的是对走出经济困境的信心。1929 年 11 月，胡佛整整一个月都在会见来自制造业、铁路、银行和大型加工企业的老板们，希望找到最好的解决途径。每次见面的同时，总统和公司老板们都会对公众发表公告，试图向大家证实美国经济的基本面是良好的。

1929 年 12 月 5 日，胡佛带领着 400 位商业领袖，当中的许多人在前一个月才和他直接交谈过，大家一起商议讨论共同的发现和建议。他向这群人解释，在他们讨论的基础上，政府已经做了以下三件事：

- 美联储已经降低对银行的折扣利率，以减少货币流动和借贷活动；
- 如果一家银行介入了股票投机者的短期贷款业务，美联储将取消其折扣优惠，以此杜绝此类贷款行为；
- 美联储在公开市场大举买进债券，为金融系统注入流动性。

胡佛向大家总结了政府对时局采取积极主动态度的决定："各位能够联手参与这些广泛的议题讨论，本身就代表了商界和公众福利之间关系的进步。这跟三四十年前商界的那种毫不在乎或者相互推诿的态度是天差地别的。"看来胡佛在讲这番话时脑海里想的是 1891 年的恐慌——旧的商业世界里只有依靠 J.P. 摩根一类的强人来拯救。胡佛试图用联邦干预让大家看到新世界的不同。

胡佛对全国商人们的要求很简单：不要因为对国家的金融健康担忧而削减工人的工资。他认为如果能在当下脆弱的时期维持工资水平，经济至少不会遭受消费支出下降的影响。

用他自己的话说，就是"最先下调的应该是公司利润而不是工人工资"。商界在一段时间内照办了。如今来看，其实在当时通货紧缩的环境下，与其让老板人为维持虚高的工资，倒不如让他们降低工资但减少裁员，这样的做法对当时的国家经济其实更有利。普遍降薪绝对要好过在高失业率情况下依然给那些还有工作的幸运儿发高薪。

胡佛又主动致电各州长和主要城市的市长，鼓励他们尽快启动手头的公共项目。他敦促他们每一个"公路、街道、公共建筑和其他此类基础设施建设项目可以调整加速上马，以促进就业"。胡佛尽可能亲力亲为对付危机，努力减少由于股市震荡给国民心理带来的伤害。

这些努力一开始似乎有些效果。道琼斯工业平均指数再也没有跌破 11 月 13 日的最低点。1929 年冬至 1930 年春期间，市场几乎每天都有所上涨。到 1930 年 4 月 16 日，市场已经从六个月前的最低点回升了 50%。尽管距离前一年 9 月的水平尚低四分之一，不过全国上下似乎都明白前一年 9 月的高价位其实是严重偏离现实水平的。经济的复苏完全没必要冲破过去的那些纪录（见图 12–2）。

图 12–2 在 1929 年末和 1930 年初，股市的损失在很大程度上得到弥补，预示着最坏的时候可能已经过去

1930 年 5 月，胡佛在对美国商会的演讲中说："我确信最困难的阶段已经过去，只要继续努力，经济一定会迅速复原。"同年 6 月，面对全国天主教福利大会要求扩大联邦公共事业项目的请求，胡佛又拍着胸脯保证："……很可惜你们晚了六天。萧条已经结束了。"

· 滑坡重现 ·

危机出现后六个月里胡佛总统积极行动，以及股市在那期间来了个漂亮的 50% 的回升，似乎都在显示国家经济在恢复当中。殊不知这不过是回光返照，事态即将跌入谁也无法想象的深渊。仅 1930 年就有 26 355 家企业倒闭，破了历史纪录，致使美国的 GDP 下跌了 12.6%。大家都知道经济出状况了，可是没人清楚这场灾难到底有多严重，会持续多久。

银行业作为美国经济的支柱行业，表现尤其脆弱。全国大部分银行经营的稳定性跟餐馆、杂货店一类的小生意相比没太大差别，它们中的绝大部分并没有和美联储挂钩，当时也没有储蓄保险，这就意味着一旦银行倒闭，储户的存款即便没有完全打水漂，也会大幅缩水。

胡佛也承认这一点。他后来在赫里斯（Hollis）和克雷特（Crater）1952 年出版的《赫伯特·胡佛回忆录》（*The Memoirs of Herbert Hoover*）中写道："我们的银行系统是整个经济体系里最弱的一环……它对恐慌最为敏感……是我不得不处理的惨痛悲剧中最坏的一幕。"银行倒闭即使在大萧条之前也不是什么新鲜事：1929 年美国就有 659 家银行倒闭；1930 年的前 10 个月，差不多也有 600 多家银行倒闭了；在 11 月和 12 月，又有 600 家银行倒闭，这使全年倒闭银行的总数达到 1352 家。

这里要特别强调的是美国银行（Bank of the United States）。这家银行的名称可能会让人觉得它是一家国有银行，其实并不是。美国银行在 1930 年 12 月 11 日倒闭，这加剧了市场的恐慌。该银行总共有 40 万名储户，涉及资金 3 亿美元。它是迄今为止美国历史上倒闭的最大商业银行。有些海外投资人被该银行的名称误导，以为它的倒闭是天大的事件，从而为金融恐慌火上浇油（见图 12–3）。

在 1929—1933 年的四年间，美国 24 970 家商业银行中就有 10 763 家倒闭，比例高达 43%。有些银行为了保住生意，绝望之下做出许多令人哭笑不得的举动，比如犹他州的一家银行经理指示柜台工作人员尽量放慢动作，一张一张地点数小额钞票，希望降低焦急的储户提钱的速度。

图 12–3　美国银行带着储户 3 亿美元的资金倒闭后，人群在银行总部门前聚集

·黄金的框架·

在大萧条之前超过一个世纪的时间里，世界经济建立起一个相互联系、自我修正的金本位货币体系。如果一国经济在萧条的压力下陷入衰退（当然眼前美国的问题最严重），这一体系继续保存下去的动力将渐渐丧失，因为它产生的通货紧缩效果使得一个国家的财富大大缩水。

英镑是当时世界公认的储备货币。英国在 1931 年 9 月宣布放弃金本位的决定不啻为一枚重磅炸弹，给全球经济带来巨大震荡。对这一决定所带来的影响，最直接的反映就是全球贸易额从 1929 年的 360 亿美元下降到 1932 年的三分之二。

银行也从这个决定里体会到切肤之痛。决定公布后的一个月内就有 522 家银行倒闭。美国在 1931 年全年共有 2294 家银行关门，是 1930 年的两倍，再创历史新纪录。

胡佛在危机发生前几个月的行动清醒、果断而大胆，但随着危机加深，他有点慌不择路，开始病急乱投医。国家的收支由盈余转为赤字，他决定向国会申请提高税收以弥补缺口。这就有了 1932 年的税收法案。

新的税收法案通过取消大部分个人纳税优惠而大幅增加了纳税国民

的基数。最低税率从 1.125% 提高到 4%，而最高一档的税率从 25% 变为 63%。即便财政一片混乱，胡佛还是希望保持政府的财务有序。他的目的是向全世界展示美国有决心通过税收平衡政府开支来维持货币的稳定、健康。当然，这么做的结果是让个人消费开支雪上加霜，使得原本已经很糟糕的经济形势进一步恶化。

·奖金部队·

随着经济萧条加剧，胡佛采取了与“最好的政府是最少插手的政府”这一原则极端对立的行动——成立了重建金融公司（Reconstruction Finance Corporation，RFC）。RFC 大举将纳税人的钱直接注入私人金融企业的资产负债表，以期银行可以继续为全国急需贷款的商业活动提供帮助，这令它们得以喘息并重振旗鼓——此举在美国历史上是前所未有的。

RFC 最初的总资本是 5 亿美元，后来国会又追加了 15 亿美元。就连国会里最自由派的议员也被胡佛总统的大胆举动震惊了。不过面对灾难的持续，人们需要激进的、非常规的行动。当时的《商业周刊》（*Business Week*）将 RFC 描述为“政府和商界迄今为止所能祭出的最具攻击性的杀手锏”。

可惜就算有了 RFC 的帮助，全国的银行和公司还是不断倒闭。胡佛总统也日益成为众人攻击的目标。“胡佛村”（Hoovervilles）成了遍地纸皮、锡箔纸等其他丢弃物的破败城镇的代名词，“胡佛旗”（Hoover flags）则用来代表失业人士向外翻出的空无一物的裤子口袋。胡佛总统所面临的困境深不见底。他无法预料的是，那年夏天等待他的将是他任期内的最低谷。

美国历史上有个传统，退伍士兵在战争结束后将会收到一笔“奖金”，这笔奖金的金额相当于他们入伍期间的收入和他们如果不参军预期可能得到的收入之间的差额。第一次世界大战的退伍军人得到的奖金少得可怜，只有 60 美元。在强烈抗议之后，国会终于答应给予他们资助，并通过了一项名为《世界大战调整赔偿法案》（*World War Adjusted Compensation Act*）的法案。

这项法案曾于 1924 年被柯立芝总统否决，但最终还是通过了。法案规定退伍军人在国内服役期间每天补助 1 美元，海外服役每天则有 1.25 美元的补助，总额上限为 625 美元。50 美元以下的小额款项都是即时支付的，而涉及 370 万人的大笔款项的收款人收到的则是一纸证明。这张证明于 1945 年到期，总额超过 430 亿美元（通货膨胀调整过后的估算）。

在 20 世纪 20 年代繁荣盛世的时候，人们大多把这些证明放在抽屉或保险柜里，作为未来退休的又一笔储蓄。可证明签发的八年后，人们在大萧条带来的贫困中挣扎，这些证明就变成了潜在的救命现金来源，越来越多的退伍军人要求即时支付，而不是再等 13 年。

1932 年 1 月，25 000 名来自宾夕法尼亚州的失业退伍军人到华盛顿特区游行请愿，要求政府支付所欠的奖金。他们由来自匹兹堡的天主教神父詹姆斯·考克斯（James Cox）带领。这支在后来几个月里被人们称为“考克斯部队”的队伍，因吸引到来自全国各地的退伍军人而不断壮大。这些人在华盛顿各地扎营，甚至包括国会大厦在内。不过，他们中的大多数很有组织地在靠近特区中心的安娜科斯塔公寓集结驻扎。

众议院在 6 月 15 日通过议案，同意给这些老兵提前付款，可是参议院却又以 62 比 18 票的压倒优势将其否决。这一决定让那些原本以为胜券在握的退伍军人们大失所望，许多人垂头丧气地回了家，不过还有几千人继续留守，并把驻地转移到国会大厦。他们要求胡佛总统出面，帮助这些如今被称为“奖金部队”的老伙计们。

6 月 28 日，美国司法部部长一声令下，华盛顿当地警察将这些人从驻地驱逐出去。但不久后老兵们又聚集回来了，警察再度前来驱赶，这一次双方在一幢大楼附近发生争执，警察甚至拔枪射杀了两名老兵。

眼看着同伴死在自己国家警察的枪口下，愤怒的“奖金部队”发起了暴动。当地警察招架不住，请求胡佛总统采取行动。胡佛下令由道格拉斯·麦克阿瑟将军带领的联邦部队将这些闹事者彻底清除出华盛顿。麦克阿瑟调集六辆作战坦克（指挥者正是乔治·巴顿）和一个步兵纵队挺进宾夕法尼亚大街，与老兵们正面遭遇。

奖金部队的成员见到有士兵列队向他们靠近，还以为是现役军人前来向老兵们致敬。人群中居然有人欢呼雀跃。直到麦克阿瑟下令士兵开始行动，大家才意识到发生了什么，惊恐的人群立刻四散而逃。

像是为他自己在 20 年后朝鲜战场上对抗上级军令的作风埋下伏笔一般，麦克阿瑟超越了总统所授予的权限，下令部队向安娜科斯塔公寓的营地进发。胡佛传话命令他停止，可麦克阿瑟根本不予理会。他固执地认为这些退伍军人的目的是想推翻联邦政府。

麦克阿瑟对付营地的手段是刺刀、催泪弹和一把大火。整个营地被付之一炬，还有十几个老兵受伤。他的副官，即德怀特·艾森豪威尔少将（Dwight Eisenhower），后来这样回忆长官的行为："我叫那个狗娘养的别去那里！"（见图 12–4）。

图 12–4　图中远处是国会大厦。"奖金部队"临时搭建的营地被麦克阿瑟带人付之一炬

美国军队焚烧营地、用坦克和刺刀恐吓老百姓、打伤并杀害本国公民的新闻和图片，在那个饱受困苦的国度激起强烈的愤怒。人们把这一幕丑剧称为"安娜科斯塔公寓战役"。尽管开枪杀人的是当地警察，尽管造成惨剧的罪魁祸首更应该是一意孤行的麦克阿瑟，但胡佛总统依然成为千夫所指的对象。他的民意调查原本就很低迷，这一下更使他政治生涯黯淡无光，甚至被妖魔化了。

·改朝换代·

1932 年 11 月的总统大选，外界一致认为胡佛将被呼声很高的纽约州长富兰克林·德拉诺·罗斯福（Franklin Delano Roosevelt）击败。虽然胡佛竭尽全力，无奈国家的社会和经济状况太差了。道琼斯工业指数在 1932 年 7 月只有 40 点，仅为三年前股市最高点的十分之一，失业者到处都是（见图 12–5）。

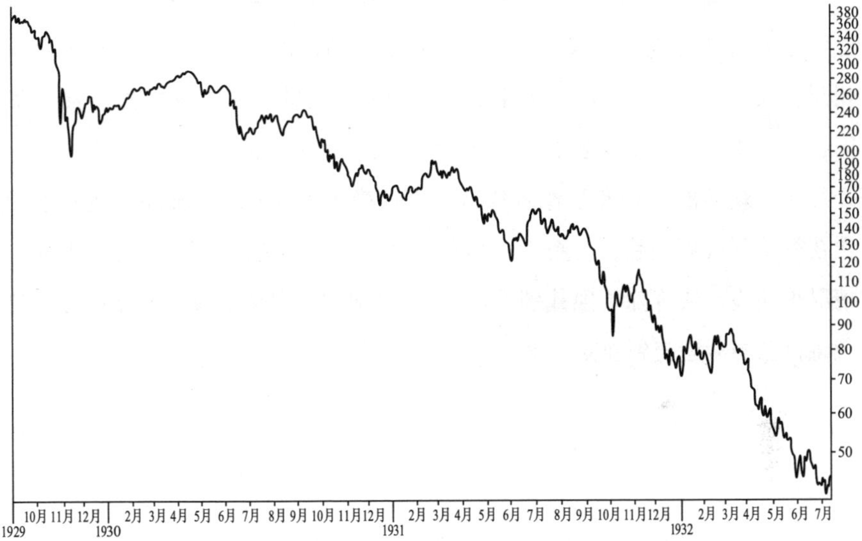

图 12–5　道琼斯工业指数从 1929 年末到 1932 年中的暴跌既凶猛又恐怖，不到三年的时间里股市从最高位下降了 90%

1932 年初的失业人口有 1000 万，占潜在劳动总人口的 1/5。个别大的工业城市，比如底特律和芝加哥，其失业率更是接近 50%。那些还有工作的幸运儿要么只能打零工，更多的则是大幅降薪。著名经济学家提出一个真实又可怕的观点，即上百万的失业人口极有可能再也找不到工作，整个国家将遭受长期失业的困扰。

罗斯福对胡佛的大选胜利几乎是压倒性的，前者获得 2280 万张选票，后者则只有 1570 万；和罗斯福得到的 472 张选举人票相比，胡佛的 59 票（绝大多数来自宾夕法尼亚一州）简直惨不忍睹。有点讽刺意味的是，罗斯福对胡佛在任期间政府大笔支出的严词批评深得民心，但后来的事实证明，胡佛在任时政府的支出跟之后罗斯福执政时的花费相比简直是小巫见大巫了。

从大选到 1933 年 3 月罗斯福正式上任，民众情绪被接连不断的坏消息所影响。股市从 7 月到 9 月有一波短促的反弹，随后再度下挫，眼看就要再创历史新低。

同一时期，墨索里尼和希特勒完全不拘于立法程序和选民意见，对自己国家实行铁腕统治，这让一些政治观察员和评论员们颇为羡慕。堪萨斯州州长认为："……和瘫痪发作相比，国家独裁者的铁腕更为可取。"暗示美国在这一非常时期或许也需要一个独裁领袖才能搞定局面。

深受欢迎的报纸专栏作者沃特·李普曼（Walter Lippmann，他后来两次获得普利策新闻奖）对新当选的总统进行采访时说："富兰克林，现在的情况很凶险，或许除了独裁别无选择。"美国的民意从来没有如此接近地愿意将自己的命运交到独裁者手里。

·戛然而止·

在差不多四年时间里，全世界都饱受大萧条的折磨。美国的失业率高达 25%，超过 5000 家银行倒闭，政府试图改变经济下行的局面，但却无功而返。看起来美国式的生活方式正在慢慢走向停滞，而代之以苏联式的激进，毕竟后者的表现在当时相对更好。

胡佛政府的最后一个昏招是议会决定公布接受 RFC 贷款的银行名单。议会当时这么做的意图不明，不过结果却毫无争议：公开这份名单等于明明白白地告诉大家，现存的银行里有哪些表现差到需要政府资助的地步。

公众在持续四年之久的经济困境下，早已变成惊弓之鸟，大家立刻冲往名单里提到的那些银行去提现自救。全国各地的州长们被迫宣布所谓的

“银行假期”——这只不过是政府下令银行暂时关门的说辞而已。全国的金融体系本就气息奄奄，这么做也是为了让仅剩的一点钱不被挤兑抽干。

美国 48 个州中有 32 个州关闭了所有银行。在仅剩的几个银行还没有倒闭的州，储户提现也被严格限制，每天允许的提款额很少。比如在得克萨斯州，储户每天最多只能从自己的账号里提取 10 美元。别忘了这些钱明明是储户自己的，银行表面上的作用只不过是保管而已。如今居然连拿回自己的钱都不允许，可想而知当时大家沮丧抓狂的心情。

从罗斯福胜选到正式上任这一段黑暗时期，胡佛总统多次试图劝说罗斯福出面对美国民众发表一些安抚人心的讲话。胡佛深知自己在民众心中已经名誉扫地，不过作为在任总统，他也明白如今国家最需要的就是信心。

替大众注入信心，并不一定要靠金钱、枪炮，或者新的政府项目。需要的也许仅仅是从一位德高望重的领导人口中说出的几句美言。胡佛相信罗斯福有这样的威信能做到这一点，可是罗斯福狡猾地（或者说很冷酷地）拒绝了，排除了一切在胡佛任期的最后阶段缓解局势的可能性。最终，罗斯福保证了未来重振经济的荣誉只属于他一个人。

·关闭银行·

1933 年 3 月 4 日，新总统就职的日子终于到来。好似垂死的资本主义经济的合理体现，纽约证券交易所和芝加哥期货交易所在那个星期六并没有如期开市，全国都已被金融瘫痪拖累。胡佛和罗斯福乘坐同一辆车抵达国会大厦：胡佛表情僵硬，显然非常不自在；而罗斯福则容光焕发。这一天之后，二人再也没有见过面（见图 12–6）。

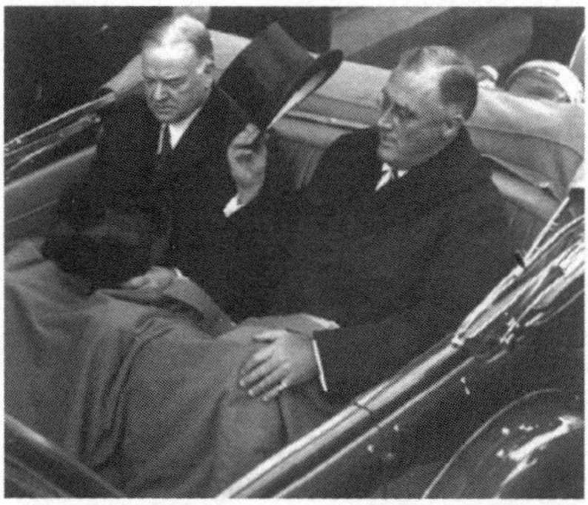

图 12–6 1933 年 3 月，垂头丧气的胡佛和容光焕发的罗斯福在新总统就职当日同车抵达国会大厦

宣誓就职后，罗斯福走上讲台，发表了 20 分钟的就职演说。大多数美国民众通过收音机聆听了这段演讲，其中有许多脍炙人口的名句：

> 好吧！首先，我想强调自己坚定的信念。我认为我们唯一需要恐惧的是……恐惧本身——就是那种无名的、毫无理由的、毫无根据的恐惧使我们瘫软到无力从后撤转向进攻。在我们国家曾经经历的每一个黑暗时刻，坦诚有力的领袖都得到人民的理解和支持。这是我们取得胜利的最基本要素。我确信在今天这个非常时刻，你们会再度支持你们的领袖。

罗斯福还稍加隐晦地表示了他会行使被某些人视为“独裁权力”的决心，也就是李普曼之前在采访中提到一旦国会不认可他的强硬领导力时应采取的办法：

> 我已经做好准备，在宪法赋予的职责之内，采取一个灾难世界当中的灾难国家所需要采取的措施。我会在宪法赋予的权力之内努力使这些措施，以及国会根据其经验和智慧提出的其他措施，迅速得到实施。不过一旦国会无法做到，只要国家依旧面临紧急局面，我就绝不会逃避自己的职责。我会向国会行使那项保留的应对危机的职权——那就是针对紧急情况发动进攻的全面执行权力，就如同在受到外来侵略的情况下，我所能行使的巨大权力。

罗斯福上任后的第一个半小时（随之而来的是前无古人后无来者的四届连任）就已经坚定又大胆地拉开了大幕。当然，人们真正需要的是行动而不是空谈，而此时罗斯福已经要求和全国主要金融机构的负责人在接下来的几周召开紧急会议。

在此之前的 1933 年 3 月 5 日（星期天），罗斯福采取了三项重要行动：第一，立即停止黄金交易；第二，在全国实行为期四天的银行假期；第三，国会在 3 月 9 日，也就是随后的周五，召开特别会议。

他的计划是利用周一到周四的时间准备好纠正国家财政的法案（希望

国会在周末之前可以通过）。有点讽刺的是，绝大多数人回头看时都认为这些大胆决定是胡佛该做而没有做的，可实际上这些也正是胡佛在任期的最后几周恳求罗斯福给予支持的决定（罗斯福当时断然拒绝了）。

只有短短四天的准备时间，美国的金融领袖们都明白事关重大，这大概是在国家财政系统跌入万劫不复的深渊之前最后的机会了。他们在这四天里起草了被称为《紧急银行救援法》（*Emergency Banking Relief Act*）的法案。该法案要求美国所有的持牌照合法经营的银行都必须得到美联储的批准。法案本身不长，但影响却是深远的。

以下是法案节选：

标题一

第 1 部分　重申总统和财政部长在 1933 年 3 月 4 日之后做出的所有命令和规定。

第 2 部分　给予总统宣布国家紧急情况的特权，同时在此紧急情况下，总统对美国金融和外汇拥有绝对控制权。

第 3 部分　授权财政部长命令个人或者集体上缴他们所有或所管的黄金，并以“美国法律下发行的任何钱币或货币”作为交换。

第 4 部分　没有总统批准，任何银行在（第 2 部分所指）国家紧急情况下的商业活动都属于非法。

标题二

授权储蓄机构管理局全权控制和运作美国及其属地内的所有银行，同时负责订立银行管理的有关条款。

标题三

允许银行不因负债而无法使用股票作抵押。

标题四

第 401 部分　允许联邦储备银行将任何美国债务转换为等值的现金，也可以将任何支票、汇票、承兑信用证等折算成其面值 90% 的现金。

第 402 部分　允许联邦储备银行向任何成员银行以高于折扣利率 1% 的利率提供无抵押贷款。

第 403 部分　允许联邦储备银行在具有美国一般责任抵押（比如国库券）的情况下向任何人提供不超过 90 天的贷款。

标题五

第 501 部分　向总统拨款二百万美元以执行上述法案。

该法案仅有的一份草案打印稿在星期五的国会的特别会议上被当众宣读，大多数议员连亲眼看看研究一下的机会都没有就得投票了。

众议院经口头投票，法案以压倒性票数获得通过。然后来到参议院，除了寥寥无几的反对票外，也是一边倒地获得通过。当晚 8 点 36 分，罗斯福总统亲自签署了美国历史上最为重要的立法之一，难以想象的是该法案直到当天下午才第一次呈交立法机构。

这项法案最重要的也是立竿见影的效果是政府有权监督境内的所有银行。银行只有经政府认定偿债能力合格并获得批准后方能重新开业。银行假期随后又从最初计划的四天延长到 3 月 12 日那个星期日。

在那个周日的晚上，罗斯福主持了他的第一次《炉边谈话》（*Fireside Chat*）广播节目，这也成为他执政期间的标志性节目。罗斯福准确地估计到国内大多数的保守报刊会将他的行动曲解或者断章取义，于是他聪明地绕过这些媒体，选择通过广播这个新的传媒方式直接和大众沟通。罗斯福对上千万的听众说“把钱放在重新开业的银行里，一定比藏在床垫下面更安全”。

人们显然听懂了总统所表述的真实含义，也用行动表达了赞同。3 月 13 日清晨，全国各银行在紧急命令关闭一周多之后重新开业。银行门前又出现储户排队的长龙，只不过这一次跟过去四年里大家排队的情形不同，人们是来存款而不是提款的。

涌向银行的现金规模是空前的，大萧条期间流出银行账户的现金总额的一半又回来了。更重要的是，美国人这些年司空见惯的银行挤兑行为彻底停止了。由于引进了联邦监管机制和存款保险，人们不再担心他们的存款银行有一天会因为倒闭而连带着卷走自己的血汗钱。大众对美国金融机构的信心被重新建立起来。

股市的反应也变得热烈。股市关闭的时间比银行还要长，可当 3 月 15 日纽约证券交易所重新开盘之时，股指取得了有史以来最大的单日升幅，一天内上涨了 15.34%。当时的人们可能还没想到，股市在 1932 年夏天创下的低点将一去不复返。异常凶险的熊市终于结束了。

·帮助人们重返工作岗位·

罗斯福现在要对付的是更加棘手的难题——失业大军。尽管他只用了不到两个星期时间就漂亮地化解了银行危机，但失业问题却在近十年时间里长期困扰着他。

今天，大众普遍认为胡佛是既小气又无作为的总统，而罗斯福则是慷慨、大气的代表。可事实上，罗斯福才是主张削减胡佛执政时期采取的政府支出措施的人。1933 年 3 月 10 日，罗斯福向国会递交一份紧急措施，要求批准削减 5 亿美元的联邦预算。罗斯福的一番话，可能会让今天的读者有些吃惊，他对当时的联邦政府的评语是“正在走向破产”。

他要求立即削减国会议员、联邦雇员、军人甚至退伍军人的工资。虽然有来自相关方面的抗议之声，议会还是通过了这项预算削减计划，从而给捉襟见肘的政府财政提供了喘息机会。两天后，罗斯福又通过《啤酒和葡萄酒税法》（*Beer-Wine Revenue Act*）对上述两种酒精饮料解禁，使其合法化。

在做完这一系列开源节流工作之后，罗斯福又开始设计新的政府项目，为上百万的失业人口直接提供就业机会。他专门针对 18 ~ 25 岁的年轻人成立了平民自然保护公司（Civilian Conservation Corps，CCC），公司采取的是军事化运作方式。全国各地的年轻人集中在工作营里生活，一起参与一些和自然保护有关的工作，比如清理溪流、建设游戏场地、植树、受侵蚀地区的修复等，每月工资大约 30 美元。在 20 世纪 30 年代，全国有差不多两百万年轻人加入了 CCC。

另外还有一个在 1933 年 11 月成立的民用工作管理局（Civil Works Administration，CWA）。该项目不论性别聘用员工参与维修高速公路、修凿水渠、教课等工作。CWA 只维持了几个月，就被工作进步管理局（Works Progress Administration，WPA）所取代。WPA 的构想蓝图比 CWA 更为远大，和 CWA 一样，它也聘用员工修建学校、公路、机场和其他建筑设施。但同时它还下设更多分支机构，比如联邦艺术项目、联邦作家项目和联邦戏剧项目。设立这些项目的目的就是给创意艺术工作者提供就业机会。直到今天，全国各地还可以见到许多 WPA 项目下创作的壁画和建筑。到 1943 年 WPA 关闭时（因为那时的失业率已经接近零），已经为 900 万美国人提供了就业岗位。

当然，这一时期最大、也是维持时间最久的政府项目就是 1935 年施行的《社会安全法案》（*Social Security Act*）了。该法案为老年人、失业者和残疾人士设立了保险，这也是美国历史上第一次为本国国民提供金融保险的全国性项目。

虽然和其他工业化国家相比，美国实行这一项目算是比较迟的，但是能够让这项改革政府职能的法案得以通过，不能不说这是罗斯福上台后的一项重大政治胜利。

·管制框架·

虽然罗斯福新成立的许多机构到后来大都被最高法院解散了，但它们当中的许多机构或法案对重塑美国经济立下了汗马功劳，其影响一直延续至今。下面是几个例子：

- 《全国劳工关系法》（*National Labor Relations Act*），又称《1935 年瓦格纳法案》（*Wagner Act of 1935*）。该法案鼓励工人集体谈

判，极大地扩展了工会成员数量，并使工会成员数量在 20 世纪 50 年代达到顶峰。

- 1934 年成立了证券交易委员会，该委员会的成立规范了股票发行、股市交易的做法和限制等问题。这些问题被认为是 1929 年股市崩盘的关键所在。
- 《1933 年银行法》（*Banking Act of 1933*），又称《格拉斯·斯蒂格尔法案》（*Glass-Steagall Act*）。该法案在建立了存款保险的同时，禁止银行对证券进行担保和交易。这正是保证美国在后来七十年保持金融稳定的最关键因素。国会在 1999 年撤销了对商业银行和投资银行的分离要求，这一监管的松懈很大程度上导致了 2008 年的金融海啸。
- 全国复苏管理局（National Recovery Administration，NRA），于 1935 年被最高法院撤销，撤销前主要执行以下职能：第一，设定行业最低价格和最低工资；第二，鼓励工会提高工人的工资水平；第三，降低农业产出以提高农产品价格。

联邦政府的职权范围从主要局限于军事和外交转变为全方位投入到人们日常生活的方方面面，这种变化大部分要归功于罗斯福在其漫长执政生涯中的政策扩展。与之形成鲜明对比的是从 19 世纪 70 年代开始无为而治的政策作风，那段时期的环境几乎是零税率和零管制，美国那些最成功的资本家们大发横财，但他们的财富大都是攫取自绝大多数的普通百姓。

·令人沮丧的事实·

道琼斯工业平均指数在咆哮的 20 世纪 20 年代末创下的高点在几十年后才得以重现。冰冷的数据无法准确描述人们在当时的困境，不过看看下面这些极端的数据，对我们了解“大萧条”的严重性还是很有帮助的。

- 房屋所有权：在 1930 年有 15 万房屋所有者失去了房产。这个数字在 1931 年是 20 万，1932 年是 25 万。

- 国民生产总值（GNP）：美国 GNP 在 1929 ~ 1933 年间下跌 50%。
- 汽车加工业：汽车产量在 1929—1933 年间下跌 66%。
- 房屋建设：居民房屋建设在 1929—1933 年间下跌 80%。
- 农业：农业收入在 1929—1932 年间从 60 亿美元降至 20 亿美元，下跌了 2/3。
- 货币：对新货币的需求异常疲软。美国造币局不得不在 1932—1933 年停止铸造 5 美分的硬币，在 1931—1933 年停止铸造 25 美分的硬币，并且在 1929—1933 年间停止铸造任何银币。
- 收入：从 1929—1933 年，家庭平均收入从每年 2300 美元下降到 1500 美元，下降了 33%。
- 穷人：1933 年，有超过 60% 的美国人被联邦政府归类为"穷人"。
- 通货紧缩：批发价格在 1929—1933 年间下跌了 33%。

令人惊讶的是，对当时失业的美国人来说，一个最有希望的选择是去苏联打工，因为当时苏联的经济状况比美国强很多。有一家在纽约的苏联贸易公司差不多每天都能收到 350 多份应聘申请。

· 双谷衰退 ·

尽管很多指标在经过几年的稳定增长后仍然低于 20 世纪 20 年代末的水平，但在罗斯福第一届任期内，经济恢复还是持续且有力的。实际 GDP 在 1933—1937 年间平均每年提高 9%，同时失业率从 25% 下降到 12%。当然，很难说 12% 的失业率代表强劲的经济，但至少和全国四分之一的人赋闲在家相比是个了不起的进步。

另外，美国和世界其他地区的经济得以复苏的最根本原因，用一个词可以说明，那就是货币贬值。美国从金本位制的束缚中摆脱出来，得以随心所欲地提高货币供给。罗斯福的第一届总统任期期间，美国经济流通中的货币总量增加了42%。信用的缺失也扼住了经济的咽喉，如今国家通过货币贬值使得大量信用得以回归。

这么做还有一个重要作用，就是通货紧缩被逆转了。30年代早期，大家都知道物价在全面走低，在这种情况下谁都不愿意花钱，因为东西越往后越便宜。人们更不愿意借钱，因为同样的债务将来需要拿更高价值的钱来偿还。如此一来，通缩环境下的货币流通速度变得异常缓慢。

通过大力加强货币供给，引入通货膨胀，美国社会的心态发生了彻底变化。在适当、有序的通胀环境下，人们又重新产生了购买和借贷的意愿，从而使得经济形成内在改善的良性循环。

到1937年，经济复苏的道路受阻有两个原因：首先，工会成员的膨胀和工会势力的强大带动劳工成本大幅提高，拖累了企业利润和整个经济的增长步伐；其次，联邦储备局认为是时候控制经济体系里的各种“快钱”了，于是决定收紧货币政策。

这两项因素带来的影响显示出此时的美国经济依然是十分脆弱的：失业率在1938年上升到19.1%，同时对就业的负面影响是如此顽固，到1940年，即便有第二次世界大战的大背景（战争给美国创造了几百万个就业机会），失业率依然居高不下。

好在“罗斯福衰退”的持续时间不长，不到一年就结束了。和1929—1933年的惨状相比，这一次经济的下行也较缓和。美国经济的基本面在1933年和1934年发生了质的变化，这股正面的力量在20世纪30年代剩下的时间里推动着国家逐步向前。

·世界战火重燃·

到1940年，美国的联邦雇员总数有1 042 420人，几乎是20世纪20年代（553 000人）的两倍。这一数据就足以说明美国政府的职能在挽救大萧条的颓势过程中发生了深刻变化。

到了 20 世纪 40 年代，国家对公民日常生活的影响进一步加大，这是因为美国将无可选择地卷入到发生在欧洲和亚洲的战火之中。

大萧条十年后，人们可以从新的角度对其进行反思。弗里德里克·刘易斯·艾伦（Frederick Lewis Allen）在 1931 年所著的《浮华时代：美国 20 世纪 20 年代简史》（*Only Yesterday: An Informal History of the Nineteen Twenties*）一书中回顾了咆哮的 20 年代。书中有下面这样一段描述写得非常深刻，捕捉到了当年大家那如梦般的天真心态：

> 人们依然会梦想这样浪漫的一天：自己持有的西屋电气公司的股票卖出了好价钱，住在漂亮的大房子里，家里停着一排崭新、锃亮的好车，在棕榈海滩上漫步。
>
> 当他展望未来时，他设想中的未来不是没有贪污、犯罪和战争，也不是摆脱华尔街操控、有信仰、无贪欲的国度。早年的乌托邦理想已经使得如今的他对这一切不抱幻想或者根本无所谓了。在他的设想中，未来的美国是没有贫困和辛苦的。他看到由新科技和新繁荣建立起新的奇妙秩序：道路上行驶着密密麻麻的汽车，天上的飞机遮云蔽日，连接一座又一座山头的高压线让成千上万的高效率机器高速运作，昔日的村庄如今高楼遍地，巨大的城市兴建起钢筋水泥的丛林和机械化的完美交通系统。衣衫精致的男男女女们在尽情挥霍……而他们之所以有这么多的财富，只不过是因为在 1929 年的当下，他们有足够长远的眼光可以预知到这一切。

13 战后繁荣

人们普遍认为，是第二次世界大战将美国拖出了大萧条的泥潭。美国地理优势突出，凭借大西洋和太平洋两大天然屏障，既可从人力和物力上参与战争，又能使本土免遭像欧洲和亚洲那样的毁灭性破坏。当第二次世界大战接近尾声，不论精英阶层还是普通民众，很多美国人都担心整个社会都会倒退到 20 世纪 30 年代的悲惨境地。而事实却大相径庭，结果完全出乎意料。

· 重返大萧条吗 ·

战火一旦燃起就难以预料，历经第二次世界大战早期的艰难，美国人的焦虑也是情有可原的。但是到 1943 年时，美国在欧洲和太平洋战场都进展顺利，胜利的曙光就在眼前。

当时，著名经济学家保罗·萨缪尔森（Paul Samuelson）于 1943 年发表在另一名经济学家西摩·哈里斯（Seymour E. Harris）的著作《战后经济问题》（*Postwar Economic Problems*）中的一篇题为《战后全民就业》（*Full Employment after the War*）的文章中是这样谈论战后的美国的：

> 当战争结束的时候，超过一半的劳动者将直接或间接地依靠军需订单就业；另有约 10 000 000 名退役军人将涌入劳动力市场；

> 我们会面临一个艰难的转型期。在此期间，现有的商品将不再被生产，从而造成大量失业；转型期所需的技术，不论后期会带来多少效益，在这一关键时期也不大可能有太多投入。
>
> 从第一次世界大战的经验中，我们可以得到的结论几乎是肯定的。一旦战争在6个月内结束，一旦我们需要再一次匆忙停止战争投入，遣散部队、放松价格调控、从天文数字般的赤字再变回20世纪30年代更大的赤字，那么迎接我们的就只能是任何经济体都未曾经历过的、史上最大的失业潮和工业迁移。
>
> 这里并没有否认战后可能会出现繁荣时期，从这个角度而言，专家们也没有错。因为取消需求控制后，大量的货币需求会推动价格上涨、股票交易和狂热的投机，形成一种表面的繁荣景象。但是它跟真正繁荣的本质区别就在于，它是最恶劣的通货膨胀和通货紧缩并存的双重困境，没有比这更糟糕的了。同时，这种状况不会自我消化然后自我修复，最终的结果毫无疑问是一个不断累积的超级通货紧缩。在这种情况下，错失10年的繁荣依然是最好的结果；最坏的结果是，我们的民主制度将不复存在。

提出这种悲观看法的可不是非主流或无足轻重的学者，要知道萨缪尔森是当时最前沿的经济学家之一，之后成为第一个获得诺贝尔经济学奖的美国人，瑞士皇家学院赞誉他："在提高科学分析经济学理论水平方面做出的贡献超过当代其他任何经济学家。"

与萨缪尔森同样有着悲观看法的还有瑞典经济学家贡纳尔·默达尔（Gunnar Myrdal），他于1944年11月在《大西洋月刊》（*Atlantic Monthly*）上发表的一篇文章中就曾提出过警告：

> 现今美国经济的不确定性主要围绕在当联邦对战争物资的需求逐步缩减并最终消失，和自由企业经济取代中央控制经济时，这种经济繁荣将面临什么。我们在历史上还未见识过持续繁荣的先例。在自由资本主义社会没有永恒的繁荣，最后总会陷入危机

和萧条。

……一旦巨大的通货膨胀压力和平衡措施同时消失，我们该如何避免混乱呢？

文章的标题是《美国企业在自我麻醉吗》(*Is American Business Deluding Itself*)。1945 年，一方面美国人欣喜于战争的结束，同时大家又都在担心美国如何平稳地从战时经济过渡到和平时期经济，而不是重新回到战前大萧条的悲惨境地。

· 大过渡 ·

战争结束后，政府自然会大幅缩减开支。1944 年，政府支出足足占了国民生产总值（GNP）的 44%，但是到 1948 年这一比例就减少到 8.9%。从逻辑推理而言，正如萨缪尔森和默达尔所预测的，占国民生产总值很大比例的政府支出骤减导致 GNP 缩水，在这种环境下很可能会引发剧烈的经济动荡。

首要问题就是失业。战争结束后，20 000 000 名从部队退役的士兵和曾受雇于军需产业的工人将涌入私有劳动力市场。虽然当时的失业率确实增加了，但是为时不长，而且幅度仅为 3.9%。如果这个数字放在现代社会，总统绝对要乐开花了。

因为 GNP 大幅缩水 12%，1946 年的衰退小规模地印证了之前的悲观预测。但是，这一数据更多的是统计记录，而不代表经济已然摇摇欲坠。而美国也即将步入后来所称的“资本主义黄金时代”，这一时期也是美国最繁荣的时期。

那时投资支出上升迅猛。1944—1947 年，耐用品的消费量翻了一倍，同期的私人投资上升 223%，其中与家居用品相关的消费支出增加了 500%。熬过了几年的艰苦生活，美国人热切地要用大量消费来弥补，一个消费者社会由此产生（见图 13–1）。

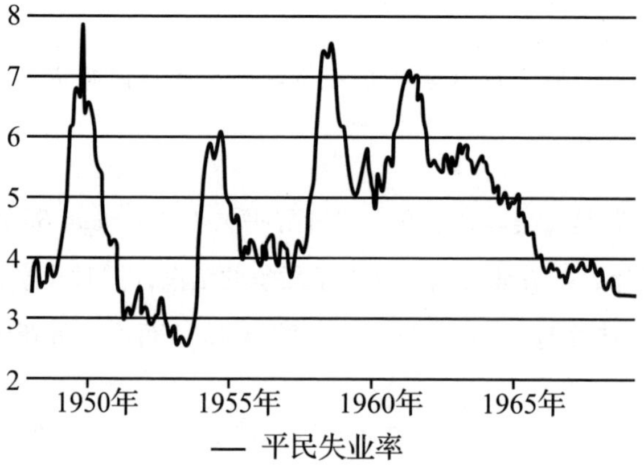

图 13–1　第二次世界大战后的几十年中，失业率从来没有超过个位数，而且大部分年份都保持在 4% ～ 5% 的适中水平

·自由世界的领袖·

国会想要尽力让几百万的退役军人平顺地过渡到普通民众的生活。1944 年的《退伍军人权利法》（*Serviceman's Readjustment Act*）获得通过至为关键，人们对该法案更熟知的名字也许是《退伍军人法案》（*GI BILL*），该法案规定为退役军人提供高校教育、就业和住房资助；国会还为学生负担学费、教育费、教科书和生活费；低利率的房贷也是福利之一。《退伍军人权利法》为形成一个受过高等教育、繁荣的中产阶级打下了坚实的基础，也推动了 20 世纪五六十年代的经济繁荣。

第二次世界大战期间，因为劳动力和建筑材料的短缺，住宅建设处于停滞状态。但是战后随着成千上万的战士回到美国，住房供不应求。在芝加哥，情况糟糕到不得不把 250 辆老式电车拍卖作为临时住所的地步。

于是当时涌现出大量解决住房需求问题的企业，其中最有名的是莱维特兄弟公司（Levitt Brothers）、阿尔弗雷德公司（Alfred）和威廉公司（William）。其中，莱维特兄弟公司试图效仿亨利·福特通过流水线作业的方式为汽车生产带来的革命，把住宅建设也变成流水线式的大批量生产。

莱维特兄弟公司想尽办法控制住房建设的每个环节：它们有自己的林

场，可以种植木材，供应自己的工厂把木材加工成木料；它们自己生产水泥和钉子，或者收购其他生产零部件的企业，只要这些企业的产品是建筑所需；它们把建造一个房子的过程精密地分解为 27 个特定步骤。随着时间的推移，它们在住宅的大批量建设方面已经精通到可以一个下午就建成一座房子。

莱维特兄弟公司并没有止步于住宅建设，它们甚至还建造了很多城市。这些城市的购物中心、学校、教堂、游泳池、公园、棒球场等一应俱全。20 世纪 50 年代，莱维特兄弟公司已经是城郊住宅的代名词，至今仍是美国最大的住宅建筑商（见图 13–2）。

图 13–2　莱维特兄弟公司建造的房屋在全国大量涌现

在这些批量生产的住房里生活的家庭开始了自己的生活，生儿育女。1946—1964 年间，美国迎来了“婴儿潮”，平均每年有 4 600 000 个婴儿出生。这些孩子需要尿不湿、玩具、教育产品、学校和其他消费品，这些需求刺激着整个美国的经济，推动这个国家走向富裕，也创造了前所未有的、最庞大的中产阶级。

就在《退伍军人权利法》通过的同一年，《联邦援建公路法案》（*Federal-Aid Highway Act*）用政府资金投入到公路建设，极大地延长了美国公路里程，这也是推动美国郊区化和汽车普及的关键因素。当时共援建 41 000 英里（约 65 983 千米）公路，建立起了一个全国性的高速公路网络。这一基础设施建设为经济的发展提供了关键性的运输动脉保障。也正是因为长途通勤的便利交通，在城区工作、在郊区安家的生活得以实现。

战争年代的两个重要因素也促成了这一时期的大众消费，那就是巨大的存款积压和定量配给。战争时期物资供应不足，美国的储蓄率高达 22%，创历史纪录。到 1945 年，美国的储蓄金已有 1.3 万亿美元（按今天的美元计算）。而战后正是把这些钱拿出来消费来推动经济发展的时候。

第二次世界大战期间，美国人的生活物资十分有限：糖、肉、汽油、鞋子、自行车、黄油、收音机、尼龙、汽车、住房……几乎现代家庭想要的所有东西都是定量配给的。现在，战争时期的物资匮乏状况早已过去，美国企业开始大展拳脚，竭力满足人们的购买欲（见图 13–3）。

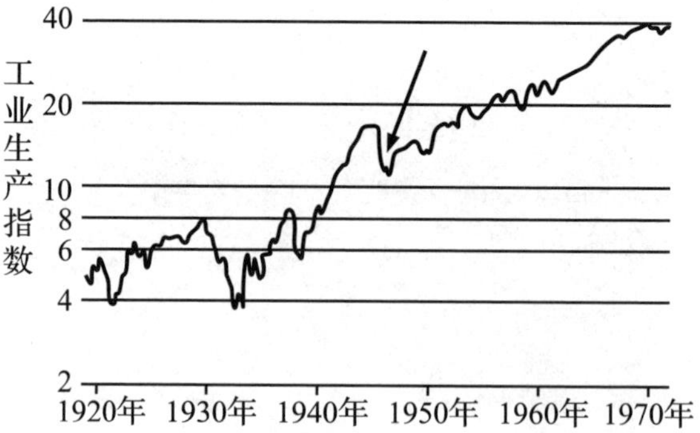

图 13–3　除了从战时经济向和平时期经济过渡时稍微下降，美国的国内生产总值的增长一直保持稳定

· 生活方式的转变 ·

20 世纪五六十年代发生的最明显的变化就是美国的城郊化。1950—1970 年间，尽管美国总人口在“爆炸式”增长，但大约 25 个大城市的人口数量却在下降，而同时期的郊区人口却从 3700 万增长到 7400 万，增加了 1 倍。

同样，农村人口也在减少。1947 年，美国有 790 万农民。几十年后，机械化提高了农业生产率，农村人口减少了一半。

随着美国人口大量涌入城郊，购物成为一个全新的、美国式的消遣方式。从第二次世界大战结束到 1960 年，全美的购物中心从 8 个左右迅速扩张到 3840 个。同一时期，美国的 GNP 也有了跨越式的增长：1940 年是 2000 亿美元，1950 年是 3000 亿美元，1960 年达到 5000 亿美元（见图 13–4）。

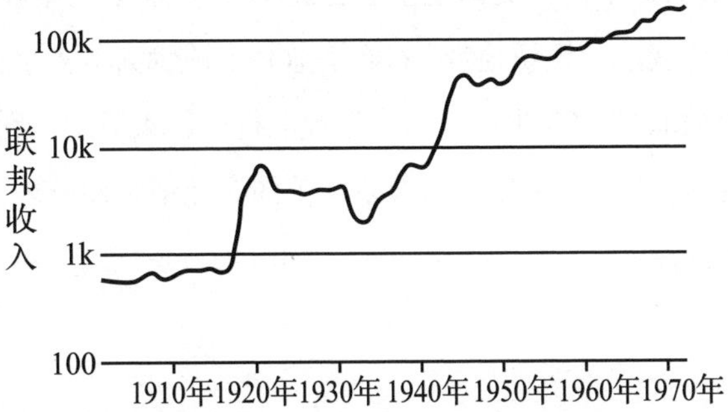

图 13–4　通过联邦收入图可以清楚地了解美国的整体经济实力，从 20 世纪 30 年代中期一直到 20 世纪 70 年代美国经济都保持着稳定增长

当然，世界上不是只有美国一个资本主义国家，但美国独有的优势是有幸避免了战争的直接破坏。日本和欧洲都要从战争的废墟中重建，而美国只要把建造良好的军用基础设施改造为民用生产制造设施即可。正是因为这样，1946 年到 1955 年的十年间，美国汽车生产量增长了四倍，位居世界汽车产量第一。

1956 年的《高速公路法案》（*Highway Act*）颁布后，政府支出 260 亿美元建设了 40 000 英里（约合 64 373 千米）的州际公路。从此，美国汽车可以畅行更远的路程。

· 一个时代的终结 ·

不过虽然日本和欧洲的重建艰难，但近乎全盘重建，在一定程度上也是其经济发展的优势所在。美国资本主义的“黄金时代”在 20 世纪 90 年代迅速衰退，战后繁荣也随即告终。

正当此时，诸多事件交织在一起：石油禁运、股票熊市、全球能源危机，这些都会遏制经济的繁荣。美国从花费巨大、备受指责的越南战争中抽身；日本和德国的进口商品（尤其是汽车）开始吸引美国消费者的眼球。在此之前，美国人几乎都只买国产汽车。

到 20 世纪 70 年代，美国看上去已是另一番景象，往日的辉煌不再。制造业集中的州变成“铁锈地带”；经济盈余变成惊人的赤字；在创新领域的主导地位也被取代。20 世纪五六十年代取得的巨大成功，到 70 年代变得萎靡不振。经过 25 年无可比拟的繁荣，美国企业最终回归现实，开始了为期十年的经济停滞。

14 能源、政治和战争

当代社会，没有任何商品能像石油那样影响世界格局。作为现代经济的基础，原油在液体资源中的地位仅次于水，无论对人类生活，还是全球政治格局都至关重要。尤其是 1970 年以来，金融市场上的石油价格波动左右着世界政治的动向。

· 石油输出国组织的诞生 ·

大众对石油输出国组织 OPEC 的认识，大都局限于它是一个由中东国家联合组建的全能卡特尔垄断组织，可以单方面地决定全球原油价格以赚取最大利润，甚至能制约西方工业国家。这一认知其实和事实相去甚远。

OPEC 这种模式其实是美国首创，始于得克萨斯铁路委员会（Texas Railroad Commission，TRC）。该组织创立于 19 世纪后期，其目的正如它的名字所示，是为了管理铁路。到了 20 世纪，几十年过去了，该委员会的管辖范围远远超过了铁路线，尤其是大量涉足能源领域。虽然名为得克萨斯铁路委员会，当代的 TRC 却支配着很多地方产业，唯独没有铁路。

20 世纪大部分时期，TRC 对石油产业生产水平的控制让其可以掌控石油价格。尽管在得克萨斯州成立，但它对原油价格的控制力无人能及，

TRC 成为石油工业“七姐妹”(Seven Sister）[①]的主要仲裁者。该组织外的国家也想成为全球能源市场的大玩家，于是对 TRC 的行为和效力做了仔细的研究。

20 世纪大部分时候的石油价格相对较低，而且供应充足。TRC 的主要任务就是压缩石油产量，以免重蹈 20 世纪 30 年代得克萨斯油价暴跌的覆辙，当时的油价一度跌至每桶 25 美分。美国主要的产油州（得克萨斯州、路易斯安那州、俄克拉荷马州）的石油产能过剩，为了保证产业利润，TRC 限制了市场的石油供应量，以维持较高的石油价格。有时候，这也不是一件轻松的事，因为对于卡特尔组织而言，总会有成员抵制不住诱惑，违反规定超量销售产品，赚取私利。但是 TRC 的生产比率强制执行制度既强势又具有连贯性，这使得组织内的石油生产商不得不乖乖就范。

从第二次世界大战结束到 20 世纪 60 年代，石油的名义价格在每桶 2.5 美元 ~ 3 美元之间小幅波动；受通货膨胀因素影响，调整后的波动范围也是在 17 美元 ~ 19 美元之间。石油及其副产品生产以美国为主，而且价格低廉，这大大推动了大型、高油耗的美国汽车的畅销。无论是开车还是用汽油供热的房子都不需要太在意能源消耗，因为美国的石油多到已经不知道该怎么用了。

就在这个时候，即 1960 年，伊朗、伊拉克、沙特阿拉伯、科威特和委内瑞拉 5 个成员国成立了 OPEC，所以从一开始 OPEC 就不是一个单纯的中东国家组织。在其后的十年间，陆续有其他国家加入，包括阿尔及利亚、利比亚、尼日利亚、卡塔尔、印度尼西亚、阿拉伯联合酋长国等。所以，尽管 OPEC 带有鲜明的阿拉伯色彩，但是它的成员国其实已经横跨了三大洲。

OPEC 也绝非人们想象中的无所不能。相反，它也受制于 TRC 的定价

---

① 1975 年，一位英国记者写了一本关于石油历史的书，书中将当时七家极具国际影响力的大石油公司称为“七姐妹”，自此，“七姐妹”成为西方石油工业的代名词，也被称为国际石油卡特尔。——译者注

机制，而且内部成员国之间并不团结，这也制约了它们提高石油售价。整个20世纪60年代，油价一直保持在名义价格每桶3美元左右，但是如果考虑通货膨胀因素，OPEC成员国的石油利润其实越来越少。

到20世纪60年代末，美国自己的石油供应也“到头了”，美国本土的石油开采量开始缩减。为了稳定石油价格，美国石油生产商的产油量限制不复存在。1971年3月，TRC出人意料地宣布不再限制生产商的石油销售量，这也是第一次。这一决定背后的意思很明确：美国没法完全满足本土的市场需求，其他石油生产国此时有了绝好的机会来填补市场空缺。

· 战争和禁运 ·

20世纪70年代早期，一系列看似不相关的事件，以让人无法想象的速度把油价推到了前所未有的高度。

第一件事就是TRC取消生产限制，从此丧失了对能源价格的话语权。

1971年，尼克松政府放弃了美元对黄金的直接结兑，布雷顿森林体系解体，这也意味着美元的直接贬值，导致资产全面通胀。美元价值从金本位脱离之后的短短几年里，木材价格上涨42%，食品价格几乎翻倍，同时石油价格高涨也导致世界地缘政治格局完全改变。

尼克松政府在放弃金本位之后实施了一些价格控制措施，其中包括政府审批国内原油售价。但是这一价格机制仅限于“已有的国内石油”，即已经被发现的石油，新发现的石油则可以随全球原油价格波动。于是美国的石油生产者干脆就不出售限价石油，无端造成市场石油短缺的假象（见图14–1）。

图14–1　几乎一夜之间，加油站的石油已经脱销，无法供应这一过去被人们认为十分丰富的商品

尼克松的价格控制脱离了市场自由波动的正常机制。1973 年上半年，美国老百姓想给汽车加油时常常遇到困难，有些加油站甚至根本没有汽油。根据《纽约时报》当年 6 月 8 日的报道：

> 根据政府调查，1000 多家加油站因为汽油短缺而关门，另有数千家开始限制加油的数量，对这个车轮上的国家的上百万老百姓来说，汽油短缺是显而易见的事实。

接下来原油带来的震动所造成的通货膨胀更为惊人。1973 年 10 月 6 日，叙利亚和埃及对邻国以色列发动战争。

以色列紧急调动战斗机，装配炸药和导弹，启动最高级别的核警报。美国声明支持以色列，而且明确表示会支援以色列自卫所需的武器。

作为报复，OPEC 的阿拉伯分支（名为 OAPEC），宣布对特定的国家，也就是支持以色列的国家，实行石油出口禁运。没有这些石油输出国的原油意味着常规石油产出将减少 7%。供应减少加上战争紧张局势的影响，该年秋天的原油价格被急速推高。而海湾国家在 1974 年 1 月 1 日宣布将石油售价翻倍更是雪上加霜。

毫无疑问，1973 年秋天的石油危机是导致美国经济萧条的最根本原因。这次经济萧条，按照官方说法，是从 1973 年 9 月开始的，1973 年 10 月到 1974 年 1 月，持续了整整 4 个月时间。而在此期间，石油价格翻了四倍。全球各经济体都依赖石油作为日常运转的基础，每天的能源开支一下子暴涨了 3 倍之多，这对它们来说无疑是一个沉重的打击。

这场战争虽然历时不长，但是影响深远。美国国务卿亨利·基辛格与以色列当局谈判，促使双方同意从叙利亚的政治敏感地带撤离。尽管谈判在 1974 年上半年还在进行，但是因为有望与以色列达成和解，所以 OAPEC 在 1974 年 3 月就取消了石油禁运。

虽然战争结束了，但是 OPEC 对世界的影响以及对自己形象的影响，却是长久的。在此之前，OPEC 在世界能源领域的影响还微不足道，如今居然可以凭一己之力推动石油价格暴涨，从而让自己在谈判桌上有更多的筹码。与此同时，西方国家及其公民对 OPEC 行为的怨恨和怒气对未来几十年的政治局势产生了深远的影响。

股市也受到了这些事件的冲击。1973 年上半年，道琼斯指数在 1 月 11 日达到 1067.20 点的高位；同年 12 月 5 日，下降到 783.60 点，市值蒸发超过 25%。20 世纪 70 年代的股票市场波动剧烈，1974 年 12 月 9 日，道琼斯指数最终在 570 点探底（见图 14–2）。

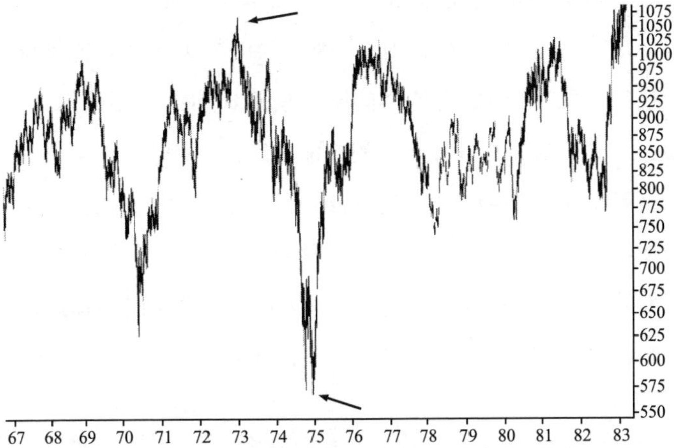

图 14–2　20 世纪 70 年代的道琼斯工业指数在 600 ~ 1000 点之间剧烈波动。在两个箭头中间的两年期间，道琼斯工业指数狂跌 40%，这主要是因为能源危机和随之而来的经济萧条

20 世纪 70 年代，糟糕的股票市场上最有名的事件是 1979 年 8 月 1 日的《商业周刊》的封面故事。该封面故事宣布"股票之死"（事情往往出人意料，"封面诅咒"也不例外，因为在《商业周刊》封面故事之后，在接下来的几十年里，股市经历了 16 倍的增长，这也是金融史上股票市场最有活力的时期之一）。

· 节约能源 ·

高油价造成物价上涨（通货膨胀）和经济停滞，由此衍生出一个新名词来概括 20 世纪 70 年代的经济特征——滞胀。

1973 年石油危机带来的仅有的正面影响就是西方国家终于开始节约能源了，虽然是迫不得已。这种节约表现在很多方面：更小、更节能的汽车；太阳能、风能、地热能的开发；建筑物的保温加强；高速公路限速更低；公众越来越重视相对节能的生活方式。

排队加油对美国公民来说是件新鲜事，因为在一个资源如此丰富的国家，定量配给对大家而言也是新概念。“奇偶数”限号配给的措施在部分地方实行，在有汽油出售的日子由车牌号的尾数决定是否能加油（根据尾数是奇数还是偶数）。即便有这样的限号措施，加油站还是常常供不应求。1974 年 2 月下旬，全美有五分之一的加油站滴油不剩。

联邦政府也不知道石油短缺会持续多久，所以为了以防万一，设计了汽油定量配给券。好在形势从来没有糟糕到需要出示配给券。如果真到了需要出示配给券来购买汽油的地步，可以想象会给人们心理造成怎样的重创。所以配给券计划当时并没有公开（见图 14–3）。

图 14–3　这种汽油配给券由联邦政府设计，但从未流通过

联邦政府在 1975 年设立了美国战略石油储备，并组建了一个全新的内阁级别的部门，称为能源部。过去只有少数国家在战争时期实行过的夏令时制也开始在美国施行。从 1974 年 1 月 6 日到 1975 年 2 月 23 日，美国甚至全年实行夏令时，借以控制其对原油的需求。

能源短缺和初期的节能措施并不只限于美国，其他工业化国家也在寻找减少能源消耗的方法。瑞士、挪威、意大利和英国四国都禁止在周日乘船、乘飞机或者开车。在荷兰，居民的用电量如果超过了政府的限定就会面临监禁。而且，在英国寒冷的冬天，首相希思（Heath）要求广大民众在家只为一间房供暖，一家人就聚集在这间房里取暖。

当日本和美国的厕纸出现短缺时，有趣的事情发生了。有人造谣说造纸的机器需要石油才能运转，所以各种各样的纸巾，包括厕纸这种不能少的东西，很快就会短缺。广受欢迎的电视公众人物强尼·卡森（Johnny Carson）在 1973 年 12 月 19 日对厕纸短缺开了一句玩笑，无形之中加剧了情况的恶化。为期 3 周的抢购卫生纸的风潮席卷全国，人们后来才意识到杂货店的货架上卫生纸总是存货充足。

尽管需要很多年人们才能改变他们的习惯，但人们对购物方式（对更节能的汽车和商品）和生活习惯（节约）的调整也足以让整个经济更加节能。这些努力也让石油进口国更少地受外界能源波动的影响。人们把高耗油的美国车换成节能的进口车，尤其是日本车的大翻身，彻底改变了世界制造业的秩序。这也为日本在 20 世纪 80 年代在全球的崛起奠定了基础。

·伊朗和伊拉克·

到了 20 世纪 70 年代后期，高昂的能源成本已然成为生活的一大笔开销。而后因为两件彼此相关的地缘政治事件的影响，能源价格很快就涨到了最高点（按通货膨胀因素调整后）。

第一件事的主角是伊朗。当时的伊朗国王穆罕默德·礼萨·巴列维（Mohammed Reza Pahlavi）在 1979 年一场声势不断壮大的革命起义中逃亡，新的领袖阿亚图拉·霍梅尼（Ayatollah Khomeini）上台。这次革命使得伊朗这个稳定的能源输出国发生了重大的改变。

吉米·卡特（Jimmy Carter）总统宣布美国不再从伊朗进口石油，这让石油价格再次高涨。失去一个重要的石油出口国，加上美国对自产石油价格的持续严格控制，让高油价更是雪上加霜。卡特通过逐步放松石油价格管制（已经实行 8 年的政策）部分解决了这一难题。随后罗纳德·里根（Ronald Reagan）在上任第一年就将管制彻底解除。

很多汽车司机都经历过 1973 年到 1974 年的石油危机，回想起当年的石油定量配给和加油站的长龙，这些人就如惊弓之鸟般冲过去加油。

美国对本土石油生产商的价格限制最终有了些许松懈，此举鼓励国内的石油开发和精炼，比如阿拉斯加丰富的石油储量，紧张的市场才终于得以缓解。

正在此时，伊朗和伊拉克之间的两伊战争让伊朗再次卷入与能源有关的动乱。历史上，两国分属冷战的两大敌对阵营，美国支持伊朗，苏联支持伊拉克。不过到 1980 年，这些冷战联盟已经大大削弱，两国之间开战没有得到冷战联盟的任何明显支持。

交战双方都装备精良，也有各自盟友多年来提供的充足的军需品。美国因为不想看到伊拉克赢得胜利，所以为伊朗提供了一些非军事装备，也做出了一些重要的外交让步。

此时，伊朗和伊拉克的石油生产实际上已经中断。油价从 1979 年春的 15.85 美元攀升至 1980 年春的 39.5 美元，按通货膨胀调整后计算，这为 OPEC 其他国家带来了史无前例的巨额利润，而且其后几十年间再没有出现过这么高的利润。尤其是沙特阿拉伯，不但远离战火，而且拥有世界最丰富的石油储量，坐收从世界各石油进口国滚滚而来的大量钞票。

同 1973 年时一样，《纽约时报》在 1979 年 5 月 5 日报道了美国紧张、烦躁的民众在加油站排起长龙的情形：

> 这太可怕了，就像五年前一样……今天加利福尼亚大部分地方，尤其是洛杉矶，场面让人回想起 1974 年的石油危机。汽车、大篷车、小火车、房车排成长长的队伍，急匆匆赶来加油，而这都是因为当地汽油供应紧张。

可笑的是，因为这样排队等加油，美国每天浪费 150 000 桶石油，对汽油短缺的心理恐慌本身又加剧了这种短缺。

美国人对 OPEC、中东和石油公司（包括外国的和本国的）的态度变成了憎恶和愤恨。一份由美联社和全国广播公司（NBC News）做的电话民意调查显示，有超过半数的美国成年人认为能源短缺是有人为了提高利润而蓄意谋划的。

那些对高油价表示无所谓的是原本石油储量就丰富的地区。这些地方包括路易斯安那州、怀俄明州、俄克拉荷马州、得克萨斯州和阿拉斯加州。无一例外，这些州的房价飙升，市中心的商业区繁荣，税收充盈。跟 OPEC 一样，这是美国本土石油丰富的州的繁荣时期。随着管制的放松，最好的做法就是找到更多石油，然后尽可能多地开采。

石油高产州和 OPEC 都没想到的是，1980 年居高不下的油价会在以后的几年间暴跌。

导致油价下跌有以下两大原因。

第一，能源价格如此之高，有很多的石油勘探者前赴后继地去寻找新的油藏。一旦新油藏被发现，大量的新石油就可以供应市场。

第二，各种节能行动开始给能源消费者带来回报。更隔热的房子和办公室、小型的节能汽车、更注重节能的行为方式，所有这些变化极大地减少了能源的需求量。小至一个家庭，大到一个国家，任何经济体想要运作和发展都必须注重节约能源。

随着石油消费的下降，油价也开始回落。沙特阿拉伯首先减少石油产量，试图遏制油价下跌的势头。1981—1985 年间，沙特阿拉伯缩减了四分之三的产能，但即便如此，也挽救不了油价持续下跌的势头（当然，如果什么都不做，价格下跌会更快）。

OPEC 并不是真正意义上的卡特尔组织，因为它不能强制其成员国服从其规定的生产指标。那些相对不富裕的国家急于赚钱，并不在意供过于求，所以它们不会减少产量。比如墨西哥和委内瑞拉，两国过去都有过短暂的财政富裕期，现如今却经济惨淡。沙特阿拉伯的减产努力得不到响应，其他国家仍在源源不断地出售它们的石油。

1985 年 8 月，沙特阿拉伯实在无力通过单独减少自己的出口来独自撑起跳水的油价，所以它们也增加了产量。这让已经低迷的油价在 1986 年从每桶 27 美元降到了每桶 10 美元以下。OPEC 成员国及美国的产油区此时都陷入了行业低迷期。在之前石油繁荣期的城市，如休斯敦，“人去楼空”的办公大楼屡见不鲜，租户已无法或者不愿意支付租金，过度建设的市区也被腾空。

· 入侵科威特 ·

20 世纪 80 年代，伊朗和伊拉克之间进行了持续近 10 年的战争，在 1988 年 8 月终于签订了停战协议，两国都付出了巨大的生命和财产的代价。

伊拉克在科威特和沙特阿拉伯两国欠下了巨额债务，两国都在战争中给予了伊拉克大笔的财政支持。被战争拖垮的伊拉克向债主求助，希望能免除其债务，但是遭到拒绝。就像第一次世界大战后的德国一样，战后的伊拉克发现自己不但受到重创，而且欠下邻国巨额债务。

1989 年，伊拉克把注意力转向了科威特，声称科威特应属于伊拉克。伊拉克声称科威特过去曾是奥斯曼帝国的一部分，但是英国在 1922 年重新划分了当时已经独立的科威特的国界，让伊拉克只剩一条狭窄的通道连通波斯湾。于是，科威特的国界划定后，伊拉克实际上成了一个内陆国家。而现在的科威特拥有了大部分的海岸线，临近波斯湾的优势让科威特能更便捷地出口石油。

伊拉克指责科威特至少在两方面滥用其产油国地位：第一，石油产量超出之前协定的配额，从而加剧了油价的低迷（石油是伊拉克至关重要的收入来源）；第二，“倾斜钻孔”（就是指以很小的角度进行地下钻井）能从油井抽取伊拉克领土下的石油。这在伊拉克看来，是盗窃其至关重要的国家资源。

当时整个世界的目光都聚焦在 20 世纪 80 年代末、90 年代初的东欧剧变（如柏林墙倒塌和苏联解体），没有太多人注意到中东国家之间的关系逐渐恶化。很多在伊拉克的外国人遭受偏见和暴力，许多伊拉克过去的盟友，比如埃及，对伊拉克针对其侨民的不公待遇感到愤怒。

当时的伊拉克因为需要经济收入而要将科威特据为己有，所以在 1990 年，伊拉克对科威特采取了军事行动，出动了 30 000 人的部队挺进科威特边境。美国海军也部署在阿拉伯湾，处于高度戒备状态。尽管随着紧张局势升级，期货市场的原油价格节节攀升，但这一事件在当时并没有受到很多国际关注。

伊拉克与其邻国之间的谈判也一直在进行。1990 年 6 月底，萨达姆·侯赛因会见了美国特使爱普瑞·格拉斯皮（April Glaspie）。特使告诉伊拉克代表说："我们不对阿拉伯事务发表意见。"萨达姆将此理解为美国不会对伊拉克采取的任何针对科威特的行动进行干涉。

在采取军事行动之前，萨达姆向科威特索取 100 亿美元作为他们认为的科威特通过"倾斜钻井"窃取伊拉克石油资源的赔偿金。科威特愿意就此进行谈判，并且愿意提供 90 亿美元的赔款。

但是，伊拉克似乎对达成经济上的和解根本没有兴趣，因为它无视双方在数字上的细微差别，直接下令入侵科威特。1990 年 8 月 2 日，伊拉克开始轰炸科威特。

伊拉克有与伊朗鏖战 8 年的经验，科威特在它们强大的军事力量面前不堪一击。科威特只有规模很小的陆军和空军。出人意料的是，科威特的军队早在 7 月 19 日就决定放弃抵抗，完全无视伊拉克张扬的军力部署和咄咄逼人的气势。伊拉克有近 100 万人的部队，而科威特只有 16 000 人；伊拉克有 4500 辆坦克、成百上千架战斗机和武装直升机，还有 20 支特种部队。

伊拉克只用了 12 个小时就攻陷了科威特。科威特皇室逃往国外，大部分内阁成员也逃到南方边境寻求沙特阿拉伯的庇护。现在，伊拉克已经将科威特牢牢控制在手中，同时还把大批部队调往沙特阿拉伯和科威特两国边境，暗示也许这个南边富庶的国家也可能被萨达姆的部队入侵。

外界对此的反应，不论在外交上还是金融市场，都非常迅速。股票市场下跌，但是原油价格飙升。科威特被攻陷，状况堪忧，但更糟糕的是沙特阿拉伯地区的石油产量可能会下降。联合国安理会在入侵的头几天就迅速并坚决地通过了 660 号（谴责了伊拉克的侵略行为，并督促其尽快撤离部队）、661 号（对伊拉克采取经济制裁）和 665 号（授权在阿拉伯湾进行海上封锁）决议（见图 14–4）。

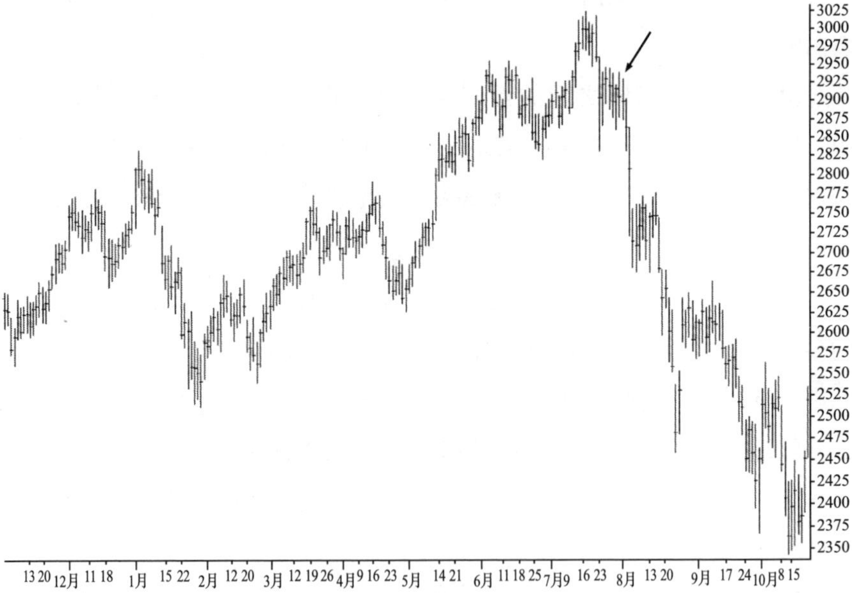

图 14–4 就在伊拉克入侵科威特后（箭头所指），道琼斯工业指数在 3 天内狂跌 20%

西方世界的反应似乎出乎萨达姆的意料，他在 8 月 12 日通过无线广播表示伊拉克愿意撤离部队，但是要以以色列从巴勒斯坦、叙利亚和黎巴嫩撤军为交换条件。萨达姆同时表示美国要从沙特阿拉伯撤军。美国拒绝了这一要求，明确表示伊拉克必须无条件撤军，而且它们绝不让步，直到伊拉克撤离科威特。

对被伊拉克控制的西方人质的忧虑越来越多。伊拉克政府因利用“人肉盾牌”而臭名昭著，他们把普通公民放在重要的军事据点，让敌军无法进攻。有约 350 名日本公民在伊拉克，还有一名和萨达姆同时出现在电视上的英国男孩——很多人都看到了。

当萨达姆摸着他的头发时，小男孩显得非常紧张。萨达姆说："我们希望你在这里做客的时间不会太长。你出现在这里，或者其他地方，都意味着能避免战争的蹂躏。"萨达姆在全球性的电视节目上的此种举动，目的昭然若揭。

备战开始以来，金融市场也一直是高度紧张的。美国上一次卷入的大规模战争还是在越南，关于那场战争的痛苦记忆，以及战争的结局，在公众中引起了广泛争论。

关于萨达姆的军队规模和战斗力的报道充斥着报纸和晚间新闻，着实令人不安。有的报道说伊拉克储存了生化武器，并且会毫不迟疑地使用这些武器。美国已经开始考虑跟伊拉克这样一个强悍而且根基深厚的敌人交战几年，但那样的结果并不明智。

1990 年 10 月 26 日，一则来自路透社的新闻报道就捕捉到了一些这样的焦虑：

> 在美国宣布准备扩充近一倍军队、调动 400 000 兵力对抗伊拉克后，新一轮对海湾战争的恐惧横扫全球石油和金融市场。关于科威特有些油井已被伊拉克的占领军埋下地雷的报道更是让这种焦虑升级，而且华盛顿表示占领军已得到大力增援……美国官方透露，接下来几周他们会将成百上千辆"艾布拉姆斯"式主战坦克从德国军事基地调往海湾地区。到目前为止，与拥有 5000 辆苏式坦克的伊拉克相比，美国在装备上占据 5 比 1 的优势。军事专家认为，具有毁灭性的空军力量是美军的战斗优势，但是在占领沙漠地区时，坦克具有决定性作用……据《金融时报》（*The Financial Time*）报道，为了防止遭到美军领导的多国部队攻击，在科威特 1000 个油井中，有 300 个已经被伊拉克埋下了爆炸物……

该新闻继而报道了面对这样一个邪恶的敌人，西方世界感受到的不安。

报道引用了英国前首相埃德温·希思的话，说“如果伊拉克遭到袭击，总统萨达姆·侯赛因会使用化学武器，而且会虐待俘虏”。伊拉克有世界上最致命的毒气军火库之一，而且劫持了 2000 名来自西方和日本的人质，其中一些人质在战略目标点被当作“人肉盾牌”。美国首席情报官威廉·韦伯斯特（William Webster）表示，有证据表明伊拉克军队拥有进行化学战争时所需的保护装备。

因此，在备战的几个月中，一个强大、肆无忌惮、装备非法武器的敌人形象深深印刻在美国与其联军盟友的心里。

从某些角度而言，海湾战争是比较特殊的。其中有一点则是美国很早就言明的，那些将在这场战争中受益最多的国家——主要是沙特阿拉伯，要为这场战争提供资金支持。沙特阿拉伯毫不犹豫地保证提供所需的数以亿计的美元，将萨达姆这样的威胁及其部队驱逐出它们的边境。

同样特殊的是，美国并不是单枪匹马地去战斗，它集合了澳大利亚、英国等来自 34 个不同国家的武装部队。没有常备部队的国家，如日本和德国，则提供了资金支持（分别为 100 亿美元和 66 亿美元）。虽然美国是联军的公开代表，而且美国派出的士兵数占联军总数的四分之三，但是美国从资金和军事上得到了很多其他国家的支持。

1990 年 9 月 29 日，联合国通过 678 号决议，要求伊拉克在 1991 年 1 月 15 日前撤离科威特，如若不然，将遭武力驱逐。与此同时，联军不会停止其代号“沙漠盾牌”的军事行动，此举意在保护沙特阿拉伯及其珍贵的石油资源。

·一百小时的战争·

然而伊拉克并没有在联合国限定的期限内从科威特撤离。1991 年 1 月 17 日，针对伊拉克的空袭开始。联军共组织了 100 000 架次的空袭，共投下近 100 000 吨炸弹。“沙漠盾牌”行动升级为“沙漠风暴”行动，美军主导的联军试图在地面进攻前几周给伊拉克以重创，从而尽可能削弱其抵抗力量。

此次空袭分为三个目标明确的特定阶段：第一阶段，目标锁定伊拉克的空军和防空火力；第二阶段，针对其指挥和通信设施，切断指挥链和军事系统相互联系的能力；第三阶段，摧毁各种海军设施、武器研究中心和飞毛腿导弹发射塔（伊拉克曾多次用飞毛腿导弹攻击以色列，美军担心伊拉克用剩下的飞毛腿导弹攻击其盟友）。

在 1 月 15 日之前，战争如箭在弦，能源市场的贸易商害怕油价会涨到前所未有的高度。尽管 1990 年入侵以来油价从每桶 17 美元涨到了每桶 46 美元，但是中东的冲突势必会引发大范围的石油短缺，因而有人认为油价会突破每桶 100 美元。未来几个星期和几个月的不确定性导致了狂热的投机，人们都在赌油价到底会飙升到何种程度。

让人大跌眼镜的是，联军刚一开始空袭伊拉克，油价就开始暴跌。局势迅速明朗，伊拉克节节败退，而且联军在反击中几乎没有遭受任何大的损伤。1 月 18 日，开战后第二天，《洛杉矶时报》报道了股票市场的情况，那是有史以来第二高点的涨幅的股市行情：

> 海湾战争会迅速结束的预期，把星期二的华尔街股票推向高点。道琼斯指数收盘时上涨 114.60 点，上涨 4.6%……今天日经指数飙升 1004.11 点，涨幅达 4.5%……在法兰克福，达克斯指数上涨 99.99 点，以 7.6% 的涨幅刷新历史纪录……黄金股遭受重创……当美国总统布什宣布海湾战争取得初步胜利时，2 月纽约商品交易所黄金价格暴跌 30.10 美元，跌至每盎司 374.40 美元，这也是有史以来黄金价格跌幅最大的一天。

持续了数周的空袭之后，终于在 1991 年 2 月 24 日开始了“沙漠之刃”行动——地面攻击。两个海军陆战队和一个陆战排长驱直入科威特城。一路上遇到的伊拉克士兵已经被空袭折腾得疲于应付，也无心反抗。在经历了一个多月的炮击之后，他们恨不得立马投降。

海湾战争的结果并没有像预期那样要面临长期的地面战斗，美军在 100

小时内就完成了解放科威特的使命。萨达姆在1991年2月27日命令撤军，同时布什总统宣布科威特解放。在撤退过程中，伊拉克部队采取了“焦土策略”，向近700个油井纵火，而且在周边埋上地雷，让人无法灭火。

·艰难合作·

原油的价格波动和与之相关的政治游戏还会无止境地继续下去，除非哪天出现可替代性能源将其取而代之。古老的宗教分歧、政治联盟、经济关联性和环境敏感度交织在一起，形成了世界舞台这一极富变化的形态。

从金融市场的角度而言，观察重大事件在为大众所知前的几周是如何被报道的很有意思。比如，伊拉克入侵科威特这件事，在1990年8月2号发生的时候整个世界似乎都大感意外，但是其实期货市场上原油的价格在入侵真正发生前几周就已经开始强势上涨，同时成交量攀升。

毫无疑问，在可预见的未来，原油在所有商品中都将占据独一无二的位置。原油对工业化国家的重要性，赋予其在全球政治格局中的强大作用，这种作用是其他任何金融工具都无法比拟的。如果有一天，廉价、稳定的可替代能源得以广泛利用，那么世界舞台将会发生翻天覆地的变化，即20世纪下半叶形成的许多政治格局和联盟将会瓦解。

15 一个倒下的亿万富翁

20世纪70年代，贵金属市场在经历了令人震惊的牛市之后轰然倒下，那是一段精彩而非同寻常的历史。问题的根源可以追溯到“黑暗”的大萧条时代，时任总统罗斯福颁布了第6102号总统令，该命令宣布美国境内任何个人或团体“贮藏”（即任何形式的所有权）黄金都是违法的。

在该命令颁布之前，黄金与美元有着千丝万缕的联系。美元可以即期兑换黄金，这种可兑换关系可以有效地限制货币流通。罗斯福总统认为激活经济的根本在于增加货币供应，所以采取了判定私有黄金违法的高压手段，从而将贵金属从流通货币中排挤出去。

第一次入主白宫几周后，即1933年8月5日，罗斯福就签署了这项总统令。该命令允许民众在5月1日之前将持有的黄金以每盎司20.67美元的价格兑换成现金。在今天看来，这个价格可能相当低，但是扣除通货膨胀后，这个数字相当于今天的每盎司400美元。当然也有例外：那些以黄金为零部件的专业服务（如艺术家、牙医、珠宝商等）可以买进和使用黄金；而那些稀有的、具有收藏价值的硬币则可以免于像其他普通硬币那样被回收、熔化。

尽管按照要求硬币是该上交的，但是那些拥有大量黄金的美国富人却把它们转移到了海外，尤其是瑞士。虽然这项总统令列明了十分严厉的惩罚措施，但是在美国历史上，还没有任何一个人因为违反这项法案而真正被起诉。

·熔化圣戈登·

一直以来，都是美国铸币局在制造金币，其中包括1907年由著名的雕刻家奥格斯特·圣戈登（August Saint-Gaudens）设计的一款20美元的金币（见图15–1）。该款金币名叫双鹰金币（Double Eagle），由90%的黄金和10%的铜铸成，黄金含量相当于20美元的面值。在今天看来，这是美国历史上铸造过的最精美的金币。

图15–1　这就是鼎鼎有名的奥格斯特·圣戈登双鹰金币，1907年首次铸造

1907年设计完成之后，这款金币被大量生产，即便是在总统颁布了行政禁令之后，美国铸币局依然在生产。这些新铸造的金币并没有流通，而是在1943年下半年都被勒令销毁，只有两枚因为被国家钱币收藏馆馆藏而得以幸免。就美国铸币局目前所知，这是仅存的两枚1933年铸造的“奥格斯特·圣戈登”双鹰金币，其他的都已经被熔化后重新铸造为金条了。

5月1日之后，国库本来是以每盎司20.67美元的价格收购了上交的黄金，不过后来官方将价格抬高了70%，涨到每盎司35美元。这一举措带来了两个直接后果：一是那些按时上交黄金的人发现自己手上的纸币贬值了；二是之前从市民那里购得的金币随即让美国政府获利70%。该笔收益用于在1934年被《黄金储备法案》（*Gold Reserve Act*）批准的外汇平准基金之中。

即便这样还是有漏网之鱼，有一个人没有把他持有的大量黄金存货（5000盎司）上交政府，他是一位名叫弗雷德里克·坎贝尔（Frederick Campbell）的律师。联邦政府以此状告坎贝尔，但是法官拒绝起诉，因为该项罪名基于一个技术性细节：该项法案由罗斯福总统签署，而不是财政部长，所以应被视为无效。坎贝尔最终还是将所有黄金卖给了国库，以免遭受刑事诉讼。

· 亨特的财富 ·

大萧条前几年，美国一个伟大家族的财富种子被播下。哈罗森·拉斐特·亨特（Haroldson Lafayette Hunt）1889 年生于伊利诺伊州。尽管亨特的父亲在他青少年时期为他提供了舒适的生活环境，但这个小伙子还是想自食其力，所以哈罗森 16 岁的时候就去了西部，尝试了各种各样的工作。他做过伐木工人、农场雇员，甚至是骡队的赶骡人。不过与此同时，他慢慢掌握了一项真正的技能：玩扑克牌。

哈罗森天资聪颖，而且具备一个成功赌徒最重要的素质：对风险和收益的直觉。无论是年轻的时候囊中羞涩，还是后来家财万贯，他从来不怕下大赌注。在事业上，他大半生都有着超乎寻常的好运，这对任何人来说都实在太了不起了。离开家乡六年后，哈罗森听闻父亲去世的消息。在继承了父亲的遗产后，他觉得是时候大展拳脚、开创自己的事业了。

他的第一个公司是在阿肯色州东南部的棉花农场。这份事业并没有让他专注多久，随后他又重操旧业去赌博，靠一手好牌技、继承的遗产和土地投机打天下。其间他遇到了第一任妻子莱达，而后移居到阿肯色州的埃尔多拉多，因为听说那里新近发现了石油。

哈罗森还是一如既往地好运，他挖的第一口油井就出油了，他的新公司取名穷小子钻井公司，也在稳步扩张。1925 年，他以高价将这家公司出售并大赚了一笔，随后转战土地市场繁荣的佛罗里达州。在这里他与另一个女人相遇并坠入爱河，全然不顾自己已婚的身份，与这个新欢结为夫妇。他成功地在佛罗里达的土地投机中获利，并且避开了市场的崩盘。他和第二任妻子在路易斯安那州的什里夫波特安了家，距离他的第一个家庭 100 英里。

哈罗森从他一个朋友那里听说得克萨斯州东部的石油租赁生意很有前景。随后他便投身到得克萨斯的钻井事业中碰运气。他很幸运，哈罗森不但钻井事业一帆风顺，而且他的新公司——亨特石油（Hunt Oil）很快跃居美国原油独立生产商的翘首，也占据了美国最大的油田之一的地位。

那时候原油的价格每桶仅有 1 美元。大萧条汹涌来袭时，大量得克萨斯东部的石油涌入市场，价格一下跌到了每桶 15 美分，简直不可思议。尽管如此，亨特石油公司还是存活下来了。哈罗森把他在阿肯色州埃尔多拉多的家南迁到得克萨斯州的达拉斯。

1955 年莱达去世后，哈罗森迎娶了露丝・蕾（Ruth Ray），当时两人已经有了四名私生子女。此时，哈罗森・亨特和三个不同的女人共育有 15 个孩子，在他看来，能把他的“天才基因”传承给他的后代，是在对这个社会造福。

・亨特的子女・

随着子女相继长大成人，哈罗森希望他们能帮忙壮大自己的家族事业。长子哈瑟（Hassie）是他与第一任夫人所生，遗传了自己找石油的运气和精明的生意头脑，在 25 岁时就有了一家属于自己的石油公司。但是后来哈瑟得了严重的心理疾病，不得不辗转各地接受治疗。很不幸的是，当时最先进的治疗方式是完全切除额叶的手术。手术之后，哈瑟丧失了大部分的行动能力，再也没有恢复正常。

如此一来，哈罗森的第二个儿子巴克（也是第一任夫人所生）成了家族的顶梁柱。但是哈罗森没有像喜爱哈瑟那样喜爱巴克，而且毫不避讳地表达他对巴克的情感。

巴克想方设法要向父亲证明自己，但是他的运气简直坏到了极点：他的足迹几乎遍及全球，希望能找到新的石油，却是一口枯井连着一口枯井，耗费了家族数百万美元的财富。更糟糕的是，他的失败加剧了父亲对他的反感。

事情的转机起于利比亚的萨瑞油田。巴克获得了利比亚的两块广阔的油田。因为现金短缺，他把其中一块油田的一半收益卖给了英国石油公司，随后便发现这一区域的石油储量巨大，约有 110 亿到 112 亿桶。巴克突然发现他有 50 亿美元的身家了，他那过去一贯抱怨儿子愚钝的父亲，对他的态度也立刻发生了 180 度大转弯。

·仅次于黄金的好东西·

尽管油价在 1961 年只有 2 美元 / 桶，但是这并不妨碍巴克成为当时世界上最富有的人之一。他把赚到的钱逐步投资到其他领域，包括养牛、糖业、酒店，还有几百英亩的地产。到 1970 年，巴克和他父亲积累了惊人的财富。

正是在那个时候，一位商品经纪人朋友造访巴克，这位朋友问了一个简单但是发人深省的问题，他指着屋内摆设的各种物件说："巴克，这些东西的价格明年会比今年高，你信吗？"巴克承认价格可能会更高。这位经纪人提出的解决办法就是白银。

贵金属用来保值的历史可以追溯到几千年前，而作为最具保值价值的黄金在美国属于禁区，因为富兰克林·德兰诺·罗斯福于 1934 年颁布的禁止美国公民私有黄金的命令在 1970 年仍然在推行，尽管见证过该项命令颁布的人大部分都已经辞世。在这种情况下，"白银"作为穷人的"黄金"成了不错的替代品。

首先，白银便宜。一盎司纯银的价格还不如一桶原油高，除此之外它还有工业价值。除了用于珠宝和工业领域，它也是一种稳定而且简单的投资工具。如果通货膨胀持续恶化（巴克认为这是很有可能的），还有什么比把纸币兑换成"硬通货"白银更好的办法吗？

购买白银的其他合理因素还有很多。1970 年，整个世界都是一团糟，而且还有可能变得更糟。美国正陷入越战泥潭，全国充斥着反战抗议的嬉皮士，中东局势动乱不断。巴克高瞻远瞩，认为整个世界未来的道路并不平坦，而他则想要在世界跌跌撞撞前进的时候保护好自己的万贯家财。

于是，巴克和他的弟弟赫伯特开始囤积白银，他们在 20 世纪 70 年代初就买进了 200 000 盎司白银。虽说对他而言是九牛一毛，但它拉开了一个庞大的贵金属囤积帝国的序幕。

·穆阿迈尔·卡扎菲·

正在这时，一个名叫穆阿迈尔·卡扎菲的上校，与一些激进的武装分子一起夺取了利比亚的政权，而且把油井都收归国有，巴克的生意也包含在内。巴克希望美国政府能采取严厉措施回应这种掠夺行为，但是美国政府却毫无表示，阿莫德·哈默（Armand Hammer，西方石油公司的 CEO）同意出让 51% 的所有权给卡扎菲政府，以换取继续在利比亚经营的机会。

巴克被这种露骨的勒索行为激怒了，而西方石油公司对卡扎菲政府的妥协，更加证明了亨特家族的世界观是正确的。

其他石油公司纷纷效仿西方石油公司，保证将一半的收益上缴给利比亚政府。其他产油国密切关注着这种变相敲诈行为并牢记在心，而 OPEC 也由此应运而生。迫切需要石油的西方世界，现在已经沦落到“任人摆布”的境地。

·囤积白银·

巴克对世界局势将会陷入一团糟的预测从利比亚得到印证，这让他加速了对白银的收购。1971 年尼克松总统取消了黄金和美元之间的固定兑换（兑换价格在每盎司 35 美元），而这似乎预示着贵金属可以按它们自身真正的价值定价。1973—1974 年，亨特在期货市场上收购了 5500 万盎司的白银，占了全球白银供应量的 8%。

但是亨特家族并没有像其他交易商那样执行他们的期货合同，大部分的交易商只是在合同有效期内通过合同价格的溢价进行投机套利，而亨特家族真正想要的是持有这些白银，交货并支付全部货款。他们并不把一纸期货合同当作投机工具，而是想以此锁定他们想要巨量持有的白银的价格。

巴克不想让这堆银山存放在他的地盘，但是又担心尼克松或未来某位总统效仿罗斯福的黄金禁令那样来个白银禁令，那时白银就要上缴国家了。他们的对策就是将财产和远期收购都转移到安全的瑞士仓库，这样美国政府也就鞭长莫及了。

仅通过联合包裹速递服务公司（UPS）把这 5500 万盎司的白银运往国外就是一项大工程。巴克租用了一架 707 飞机专门用来运输这批白银，他还需雇用顶尖的安保人员来为飞机保驾护航。

为此，亨特家族在他们的"圆 K 射击场"举行了好几场比赛，让那些牛仔们争相证实他们有高超的射击技术。最后他们雇用了里面技术最精湛的 12 个神枪手，为那些武装好的卡车和飞机护航，把这批白银安全运到瑞士的仓库。

这批白银的量实在太大，需要 6 个仓库来存放，每年的存储费就达 300 万美元，而从美国运到瑞士的花费更是高达 20 000 美元。但是亨特家族认为，为了能让这笔财产远离美国的管制，这些花费都是值得的。

从某种程度而言，这些存储费和运费也就相当于保险费。3 架 707 飞机已经装载完毕，12 名神枪手将货物平安运抵苏黎世，堪称一次完美的飞行。

· 资产升值 ·

20 世纪 70 年代初期，通货膨胀席卷美国，贵金属价格果然持续高涨。亨特家族原本只是想保护财产，现在变成了收益丰厚的投资。白银价格每盎司从 1.5 美元上涨到 2 美元，然后又攀升到 3 美元，最后在 1974 年春季飙升到 6 美元。关于巴克是背后的大买家、意欲囤积居奇的流言传播开来。

尽管这并非他的本意，但巴克确实是想继续囤积白银，而且还想拉一个合伙人联手将全球的白银尽可能多地纳入囊中，然后让白银价格持续上涨。他把目光投向了中东地区最富有的人群，因为巴克和他们在财富源头

（石油）和财富的级别上（都是亿万富翁）都有共同点。

巴克首先找到伊朗国王，但是没能得偿所愿。于是他计划在 1974 年春季和沙特阿拉伯国王费萨尔（Faisal）会晤。但是这位国王在会晤前几周却被自己亲侄子暗杀。亨特家族一贯的好运气在寻找中东合伙人方面似乎并不奏效，于是他把注意力转向了其他地方。

白银并不是当时唯一涨价的商品，亨特兄弟也投身于其他价格上涨的商品。他们决定以大豆为目标，但是按规定每个交易员只有 300 万蒲式耳的限额，于是他们召集亨特家族其他成员大笔购进 2200 万蒲式耳大豆。

交易所对亨特家族这种打擦边球的做法颇有微词，商品期货交易委员会（Commodity Futures Trading Commission ，CFTC）更是起诉了亨特家族的这种违规行为。事情最终并没有给亨特家族带来太大影响，亨特家族因为买进超量的大豆而狂赚 4000 万美元。

亨特家族在 20 世纪 70 年代大部分的投资都是基于所有物价都会上涨的理论，于是他们把财富分散到畜牧业、房地产、石油、糖业等产业，因为他们认为这些行业会受到通货膨胀的不利影响。正如巴克所言“傻瓜都能开印刷机”（指印钞票），什么都比纸币更值钱。

他们的另一项投机计划与巨额白银计划也有密切关联。就像在大豆交易上遇到的问题一样，他们购买白银的总量是受限制的，不能无止境地买进。但是，如果企业是参与到真正的金属采矿业中，这种限制就不存在了，因为要禁止一个大矿主利用期货合同套期保值是不合情理的。

亨特家族意识到，如果他们拥有矿产，就不需要去理会交易管理局和交易委员会的干预，想买进多少白银就买进多少。于是他们买下了美国最大的银矿——大溪（Big Greek），该银矿原本属于一家名为阳光矿业的上市公司。

亨特家族在股市上买下阳光矿业公司 28% 的股权，并锁定可以在未来买下剩余股票的期权。买下这个银矿不但让亨特家族可以继续购买无以计数的白银，而且这个储量超过 3000 万盎司的矿藏本身也有巨大的金属产出。

·管理层的敌人和阿拉伯朋友·

尽管亨特家族精心挑选了一位名叫米歇尔·鲍斯威尔（G. Michael Boswell）的 CEO 代表家族来管理公司，但是问题很快就出现了：鲍斯威尔及其团队反悔，拒绝按之前商定的以每股 15 美元的价格出售公司剩下的股份。亨特家族觉得这个价格已经很高了，但是公司的管理层却认为这个价格太低了。随着白银的价格一路走高，阳光矿业的资产价值已不可同日而语，所以对鲍斯威尔及其团队而言，之前的购买价实在太不划算了。

鲍斯威尔写信给公司其他股东，劝告他们不要把股份卖给亨特家族，而且提起了一系列的上诉。最后，亨特家族无法完成买下全部股权的计划，于是索性把他们已经持有的 28% 的股份都卖掉了。他们想持有银矿的希望落空，于是还是选择通过购买白银的传统方式累积白银财富。

此时，亨特家族给中东各酋长发出的 50 封信中收到了一些可喜的回复。亨特家族与其他阿拉伯富豪强强联合，成立了一家名叫国际金属的公司，大举收购价格不断攀升的白银。亨特家族和沙特阿拉伯各占 50% 的股份，双方联手后的现金足够购买超过 9000 万盎司的白银。

尽管亨特家族很富有，但是也不是随时都有几百上千万的闲钱可以随便把这桩生意做好。因为他们的资产都分散在各种商业活动或者投资中，于是他们从美国的大银行贷款资助国际金属公司的白银收购活动。1979 年夏天，合作关系确定后国际金属公司蓄势待发，迅速签订了 4300 万盎司白银的期货合同。

整个 20 世纪 70 年代，白银价格都在稳定攀升，从 1.5 美元涨到 6 美元；但是到了 1979 年秋，像丧失理智的市场一样，白银价格从 6 美元疯涨到 16 美元，而且又保持了几个月。当银价稳定在 17 美元后，交易所担心有钱的投资商一直买进是为了囤积居奇。两大经营白银贸易的交易所总共有 1.2 亿盎司白银库存，以目前的架势，国际金属公司很可能会在几周之内买空这两大交易所的库存（见图 15–2）。

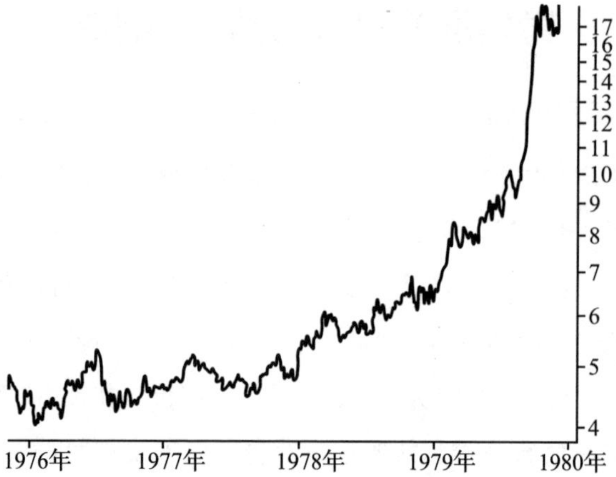

图 15–2　20 世纪 70 年代早期和中期白银价格平缓提高，并在 1979 年迅猛增长，突破两位数后就呈抛物线式飙升

· 改变游戏规则 ·

商品期权交易委员会的官员和两大交易所与亨特家族会晤，询问亨特家族的意图，并试探在如今白银价格高居不下的情况下他们是否会净卖出。毕竟，他们已经获利丰厚。亨特家族表示他们无意出售，不仅仅是因为他们不愿意支付白银交易的高额盈利税款，而且实际上他们想要永久持有这些白银，而且越多越好。

合同上约定的交货肯定是合法的，尽管大部分的期货交易商并不会真的去提货，但是亨特家族选择依照合同规定一手交钱一手交货并无不妥。

即便商品期货交易委员会无法采取法律手段，但芝加哥贸易委员会（Chicago Board of Trade）对亨特家族及他们对白银的贪得无厌已然到了忍无可忍的地步，于是它们改变了规则：不但提高了购买白银的保证金，而且规定白银交易合同不得超过 300 万盎司。

在当时不为公众所知的是，商品交易所董事会中 23 个成员面临高达 3800 万盎司的白银缺口。白银价格每上涨 1 美元，这些成员就要面临共 3800 万美元的损失；而前所未有的价格高涨几乎要将这些委员会成员逼到破产。现在回头再看，这些委员会成员突然宣布改变白银交易规则的时候，也不是什么公正无私的善类。在这种极大的利益冲突驱动下，委员会成员希望亨特家族有所收敛，而且希望白银价格下降。

于是亨特家族和交易所官员之间暗中较劲，白银价格确实在几个月内疲软，维持在每盎司 16 美元 ~ 18 美元之间。一方面，通过提高保证金控制购买力或限制大买家的白银累计购买量，可以打压白银价格；另一方面，交易所对白银短缺明显的担忧，以及这个世界上最富有的人在阿拉伯超级富豪保驾护航下，毫不掩饰想买光所有白银的意图，又使得市场无法太过看跌。白银价格暂时维持平衡，但是谁也不知道，最后打破僵局的结果到底是熊市还是牛市。

10 月，亨特家族和他们的盟友已经坐拥 1.9 亿盎司的白银，远远超出交易所的白银数量。

1979 年冬天到来的时候，白银价格开始上浮，几乎每天都在涨停，这场较量的赢家已见分晓。白银价格冲到了 20 美元，然后是 30 美元、40 美元，甚至更高。

1980 年伊始，白银价格冲到史上的最高位——49 美元，按通货膨胀因素调整后来看，价格相当于涨了 3 倍。亨特家族及其合作伙伴从中收益数以亿计，而期货交易所却慌乱不知所措，不知道接下来还会发生什么。

牛市在股票交易所总是受到欢迎，但商品交易所的牛市却有所不同。白银的疯狂上涨对交易所而言就不是什么值得庆贺的事。因为库存实在有限，它们还不知道能不能对这些交易期货合同履约，所以它们这次不得不采取更激进的办法。

交易所倚靠商品期货交易委员会的支持，宣布了新的规则，更加严厉地限制白银期货投资者的购买量。面对这项新公布的措施，作为白银牛市的代表性人物，巴克表示："市场将转移到欧洲……这个国家的白银市场将成为历史。"似乎巴克对政府针对自由企业干预的担忧正迅速变成不幸的现实。

即便在 1980 年 1 月的极端高价的时候，亨特家族还是持续买进，该年春天签订了额外的 3250 万盎司的白银合同。此时，亨特家族收购的白银总值高达 45 亿美元，其中绝大部分都是纯收益。尽管亨特家族也曾举债，但也就是靠杠杆投机，才积累了前所未有的白银。事实上，从账面看，他们得到的回报远远超出当时的投资。

商用白银的消费者对原材料成本的大幅飙升肯定是不高兴的。著名珠宝商蒂凡尼（Tiffany&Co.）自掏腰包在《纽约时报》上刊登广告，谴责亨特家族对白银的囤积造成白银价格飙升。

广告的一部分这样写道："我们认为任何人囤积价值几十亿美元的白银，以至于把白银价格推高，让其他人被迫支付更高的价格购买白银制品都是不合情理的。"当然，这里没有真的"人为"推高价格，它只是市场现实的反映，但是这么贵的白银，自然让蒂凡尼难以凭具有吸引力的价格把白银制品卖给普通大众。

· 终结 ·

在这个关键时刻，交易所使出了出人意料的一招：简单地说就是，它们禁止白银买进。更确切地说是在 1980 年 1 月 21 日，商品交易所宣布它们只受理清算订单，不能买进，只能卖出。

市场对这一消息已经不可能熟视无睹了。禁止买进后，白银价格直线下降。消息宣布的第二天，白银价格跌到 34 美元。火上浇油的是，美国中产家庭的普通大众也终于意识到白银的超高价格，急着出售任何含银的物件，从家传银制品到帆布袋里的银币，都是待售之物。

据报道，1980 年 1 月和 2 月共 1600 万盎司的银币和 600 万盎司的银废料（包括从全国的一些年纪大的妇女售出的好几套银茶具）涌入白银市场，导致白银价格跌势更快（见图 15–3）。

眼看着每天都有几百万美元蒸发，巴克咬紧牙关，绝不服软。他表示："为什么大家都想卖了白银换纸币呢？我猜他们是懒得每天去擦拭那些银子了吧。"他在媒体面前似乎表现得无动于衷，而他价值几十亿美元的白银每

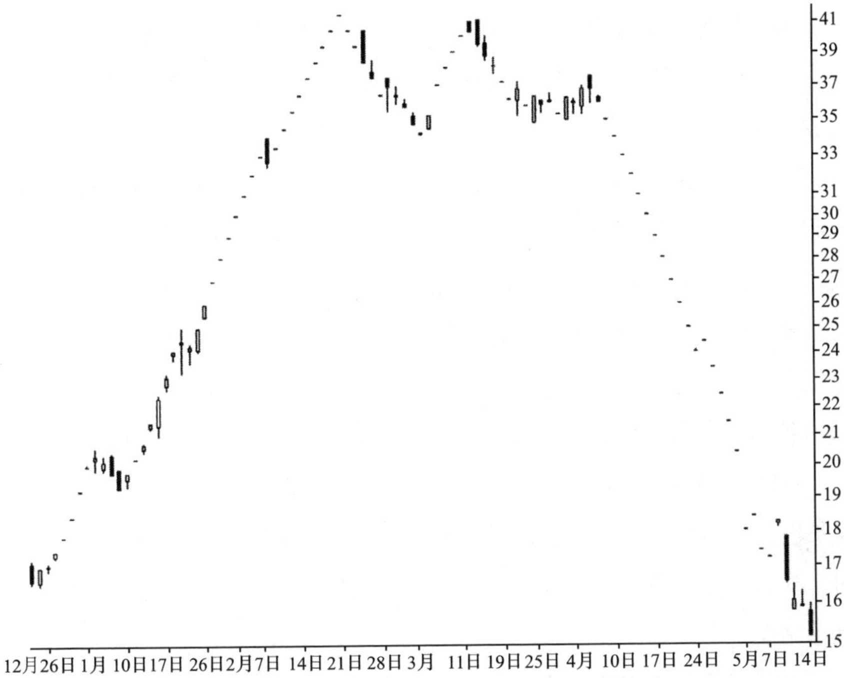

图 15–3 “涨停”的日子很快就被“跌停”取而代之。只要最低交易价合规，在每个交易日一开市，市场就会即刻在最低价报收。正常的价格图标线应该是一天中有高位和低位的，但是在“涨停”或者“跌停”的时候，一个单一的竖线条表示整个交易日就一个开价，实质上也表示当天没有达成任何交易

天都面临跌停的局面。

巴克还是一如既往地表现得相当自信，而且坚持认为下跌只是暂时的，白银价格迟早还要上升。他继续接受纯银现货，甚至买下更多白银期货合同，还买下另一家银矿几百万美元的股票。

他甚至宣称，如果发放红利的时候，这些贵金属已经升值的话，他的员工的红利就用白银或者黄金替代。总之，在这种不利的情况下，巴克使尽浑身解数去维护白银的坚挺形象。

·白银星期四·

仅仅 2 个月后，到 3 月 3 日，白银价格下滑到每盎司 35.2 美元，下跌了 30%。尽管从整体而言，亨特家族还是有利可图的，但收益无疑大打折扣。白银价格每天都在下跌，到 3 月 14 日已经跌至 21 美元，牛市的终结已成定局。

当时的美联储主席保罗·沃尔克（Paul Volcker）已经向通货膨胀宣战，把利率推到了前所未有的高度。如此具有诱惑力的高利率吸引了全球的资金，当然也把现金流从白银等投资中抽离。

亨特家族持有的大量白银需要花费很多钱，比如仓储费等，但现金需求最大的是支付保证金。随着金属价格下降，交易所要求支付的保证金越来越多，这样国际金属公司才能避免强制平仓，被迫出售期货合同。

1980 年 3 月 25 日，形势发生了翻天覆地的变化。亨特家族的白银交易员巴什（Bache）告知国际金属公司合伙人需要 1.35 亿美元的追加保证金时，亨特家族坚决地告诉巴什他们绝不会支付这笔钱。这场白银游戏终于到了尾声。

巴什开始出售亨特家族的白银，与此同时，还被告知商品期权交易委员会关于追加保证金的事宜及其后果，并警告随着白银价格的继续下跌，亨特家族将面临更多的追加保证金，商品期权交易委员会将看到一个极其严重的资不抵债的账户。这个可怕的消息很快就流传开来，引发了贵金属市场的全面恐慌。

作为最后一搏，巴克在巴黎发表声明，表示他和他的四个阿拉伯合作伙伴刚刚购入了 2 亿盎司白银，以这些白银作为支撑，他们将发行价值大小不等的白银债券给投资者。从某种程度上说，巴克发行了他自己的以贵金属为基础的货币，回归到政府现在已经废弃的贵金属本位币的传统。

此次声明的一处明显不足就是没有看到任何大银行的合作参与。公众很快得出了结论：这只是亨特家族"想当然"的计划，而不是一次真正的以白银为支撑的债券的公开发行，因为连一个愿意跟他合作的大银行都没有。

巴克原本是想通过这个声明来拉高白银价格，却不料事与愿违。1980 年 3 月 27 日，即巴克发表声明的第二天，白银开市价 15.8 美元，市场遍布恐慌情绪。毫无根据的谣言流传开来，说亨特家族背负 10 亿美元的追加保证金没法偿还，他们的经纪公司很快就要关门歇业了。

白银价格下跌自然逃不过股票市场的法眼。道琼斯工业平均指数在 1980 年上半年都高于 900 点，但是黄金和白银价格连遭打击也波及股票价格，尤其是传言亨特家族要倾销大量公开持有的白银来满足市场保证金要求之后。道琼斯指数跌至 760 点，下跌 15%，这一天也因此被称为“白银星期四”（见图 15–4）。

图 15–4　因为贵金属市场的卖出浪潮，道琼斯工业平均指数的白银交易受到重创。“白银星期四”创造了一个市场新低，但是反过来也是买进股票的大好时机

随着交易日的继续，损失变得异常惨烈。白银的交易价格已跌至每盎司 10.8 美元，比两个月前贬值了近 80%。道琼斯指数下跌 25.43 点，日跌幅超过 3%，也是近五年来的新低。

投资者开始意识到，亨特家族一手炮制的乱局，其杀伤力已经远远超出了他们热爱的白银。闭市前，那些抄底的投机商再度入市，力挺股票价格，而白银价格还维持在 10.80 美元的低点。

1 月 17 日，亨特家族持有白银 45 亿美元，其中 35 亿为纯利润。“白银星期四”闭市时形势出现逆转，只剩下了价值 15 亿美元的白银和 25 亿美元的负债。亨特家族不得不面对他们最不想看见的局面——1 亿美元的追加保证金。

唯一对“白银星期四”感到窃喜的是那些高位卖出白银而赚个满怀的人。阿莫德·哈默是第一个向卡扎菲政府低头而惹怒亨特家族的人，同时又因为预见到白银价格疯狂飙升，所以在白银崩盘时大赚 1.19 亿美元。

·救局·

因为亨特家族在白银价格低位的时候就入手了，所以平均下来的白银成本也就是 10 美元，这意味着即便白银价格在 1980 年的一二月份已经很低了，他们持有的银条还是有些许利润的。但真正的问题不是那些银条，而是以平均每盎司 35 美元买进的期货合约。

这些期货的债务巨大，而且复杂到没人知道具体的数值是多少，只知道损失在 15 亿美元左右。除此之外，亨特家族还有义务再接手价值 6.65 亿美元的白银现货。他们买进白银时大量使用杠杆，当白银价格大涨时自然大赚，可在崩盘时后果就不堪设想了。

“白银星期四”后的周日，巴克及其团队在达拉斯与英格尔哈德公司（Engelhard）的主要人员会晤，亨特家族应给他们支付 6.65 亿美元的白银现货欠款。亨特家族告诉英格尔哈德公司他们没钱支付这批白银，而在国外的巨额白银已经抵押给其他债权人了。巴克在反思他们天文数字般的损失时说出了一句“1 亿美元再也不是 1 亿美元了”，一直为人们津津乐道。

亨特家族在美国金融市场引起的轩然大波受到了高度关注，于是当天下午亨特家族一行人就飞到波卡拉顿与美国最大的几家银行高层以及美联储主席保罗·沃尔克会面。一般而言，沃尔克不会对那些投机冒险分子施予任何援助，但是在这次，他决定参与亨特家族和英格尔哈德公司与其他银行之间的谈判。

这场谈判持续了一个通宵，一直谈到第二天清晨。衣衫不整、形容憔悴的沃尔克偶尔出现还是穿着一身睡衣，睡衣外面胡乱套了一件正装衬衣。

谈判非常复杂，进行得也非常艰难，最终在周一上午达成协议：亨特家族将 850 万盎司的白银，再加上几个家族油田 20% 的控制权交给英格尔哈德公司。这些油田还没有开发，亨特家族也不知道这些为摆脱困境而放弃的油田到底值多少钱。不过考虑到当时的情况，他们没有其他选择。

和英格尔哈德公司的债务问题解决后，亨特家族就马上着手向各大银行借款来偿还所有的债务。由达拉斯第一国家银行和摩根纽约公司牵头，多家银行共集资 11 亿美元贷款给亨特家族用以还债。

与银行的这项交易中，亨特家族承诺在所有债务清偿之前不得在白银市场进行投机活动。不过从当时的亨特家族的惨状而言，再想从事任何与白银相关的活动也是有心无力了。

令其他亨特家族成员震惊的是，很多家族资产有多少都要被抵押贷款。亨特的其他子女大部分都与白银债务毫无瓜葛，最后发现他们的硬币、珠宝、汽车、石油、油画、皮草、赛马，还有其他值钱的资产突然之间都被抵押了。

尽管亨特家族其他成员没有享受到亨特兄弟获得的这些超级可观（但也转瞬即逝）的财富，但是他们还要和亨特兄弟一起偿还波及整个家族的巨额债务。

·黄金牛市·

几乎在亨特家族的这场白银戏剧上演过程中，黄金也迎来了牛市。黄金不像白银那样受到全世界超级富豪的追捧，但是也有自己的增值空间。

1973 年 5 月，美国政府将黄金价格限定在每盎司 42.22 美元，但是到 1980 年 1 月，也就是白银价格到达顶峰的这个月，黄金价格也涨到了历史最高位——每盎司 850 美元，翻了整整 20 倍！除了 20 世纪 70 年代晚期的通货膨胀，阿富汗政治动荡和美国人质事件导致的伊朗动乱，加剧了全世界的忧虑。这种忧虑促使人们把钱投资到一直以来都很保险的资产上，那最安全的资产就莫过于黄金了。

尽管 20 世纪 70 年代最后几年黄金价格节节攀升，但在 1980 年 1 月达到峰值后就开始疲软，进入一个长达近 20 年的熊市休眠期。1999 年 8 月的互联网股票狂热接近最高点时，黄金价格以每盎司 251.70 美元触底。按照调整通货膨胀计算，黄金在 1980 年上半年的最高值远远高于每盎司 2000 美元！这么高的价格，到本书写作完成之时为止，还没有能与之匹敌的。

·双鹰金币的回归·

在本章前面已经提到过 1933 年出现的双鹰金币，因为政府禁令，应该已经在历史长河中消失很久了，只剩下美国政府保存的两枚样本。但事实上，还是有一小部分双鹰金币从美国铸币局流出，其中一枚还成了史上售价最贵的硬币。

关于这些金币的曲折而漫长的“逃亡”过程本身就是个有趣的故事。可能是美国铸币局内部能接触到金币的人，比如铸造机司库（虽然没有人知道到底是谁），监守自盗了 20 多枚后转手卖给了一个名叫伊瑟列·斯威福特（Israel Swift）的费城珠宝商。这件事本来进行得神不知鬼不觉，直到有一天其中的一枚出现在一次硬币拍卖会上才败露。

一个记者看到这枚不该出现的双鹰金币后觉得很诧异，于是他联系了美国铸币局继续跟踪。铸币局通知了特勤局，于是开始立案调查。

一般人可能会认为，不过是一枚十年前的硬币，算不上什么大事。但是特勤局对这个案件十分重视，而且追踪到了其他七枚金币。这些金币都是十年前回收后应该由铸币局销毁的。后来由于偷窃金币事件过去太久，过了追诉期，瑟列·斯威福特没有被起诉，他真应该谢天谢地。

特勤局不知道的是，1933 年的双鹰金币还流落到了埃及，被热衷于收藏各式各样宝物的法鲁克国王（King Farouk）收藏。他在 1944 年购买了该枚金币，而且十分谨慎地根据法律程序填写了所有出口文件，以保证金币的买卖和运输完全合法。所有这些都发生在瑟列·斯威福特事发前几天，出口证书已经顺利办妥。

尽管财政部试图通过外交渠道追回该枚金币，但是国王没理由上交他合法取得的财产。1952 年法鲁克国王被罢黜，所有财产被没收并公开拍卖。美国财政部要求埃及新政府归还金币，新政府表示同意。但是出人意料的是，金币又一次神秘地消失了。

几十年后，在纽约华道夫·阿斯多里亚酒店（Waldorf-Astoria Hotel），美国特勤局逮捕了硬币商人斯蒂夫·芬顿（Stephen Fenton），当时他随身携带的东西里就有多年前法鲁克国王的那枚双鹰金币。法庭大战多个回合，最终判定这枚金币归美国政府所有，但是可以公开拍卖。解决方案很有意思，和其他双鹰金币不同，这枚金币正如 1933 年所设计的那样可以被用作法定货币。

这枚精致、小巧而特殊的金币的故事还远没有结束。在决定如何储藏这枚价值连城的金币时，财政部最终决定把它储藏在世界贸易中心的金库。在 2001 年 7 月，就在恐怖袭击撞毁这栋大厦前几个月，这枚金币被移送到诺克斯堡（Fort Knox）。

2002 年 7 月 30 日，这枚金币最终在苏富比拍卖公司以 660 万美元的价格被拍卖。15% 的额外费用被支付给苏富比拍卖公司，但很滑稽的是，买家需要外加 20 美元来换取该币本身具有的 20 美元价值（尽管这枚金币将来绝不会被用来买 20 美元的物品或服务）。

于是，最终的中标价是 7 590 020 美元，其中一半的钱（包括金币本身的 20 美元价值）归美国财政部所有，剩下的一半归硬币商人斯蒂夫·芬顿所有。历经 70 年的辗转漂泊，这枚金币最终在一场 9 分钟的拍卖会中被一名匿名买家买走，找到了自己最终的归宿。

最后值得一提的是，通过追踪瑟列·斯威福特的交易，其他十多枚金币也得以重见天日；但是根据之前那场冗长诉讼的判决，这些金币属于美国政府财产，并被储藏在诺克斯堡。到目前为止，还不知道它们最终会被如何处置。

·亿万富翁的破产·

20 世纪 70 年代的通货膨胀实在是对亨特家族和他们的生意的眷顾：大豆、原油、白银、得克萨斯州的房地产，还有其他很多商品都在涨价，让他们大赚几十亿美元。

20 世纪 80 年代对亨特家族资产而言是个大转折。得克萨斯州的房地产贬值，原油价格从 1985 年下半年的每桶 32 美元下降到 1986 年的每桶 10 美元。亨特家族的资产和负债的数额分别是 14.8 亿美元和 24.3 亿美元，他们从世界上最富有的家族变成了世界上负债最多的家族。

1987 年，亨特家族雇用了 15 名律师来处理他们的财产官司，巧的是这个数字和亨特子女的数量一样多。而作为对手的各大银行则聘用了 750 名律师来应对，对打赢这场官司志在必得。最后，在 1988 年，这场诉讼以银行方胜利告终。

除了要应对债务问题，亨特家族还摊上了一个意外的麻烦——在白银上涨期间，一家秘鲁矿产公司的内部交易员擅自卖空，导致公司损失巨大。1988 年，法院判定亨特兄弟赔偿这家秘鲁公司 1.34 亿美元。

巴克·亨特 1988 年递交破产申请，所有程序尘埃落定之后，他仅剩下几百万美元的资产，还有一张税务局 9000 万美元的欠税账单，要在 15 年内还完。这是得克萨斯州有史以来最大的一桩个人破产案，如果几年前有人预言他会破产，一定会被认为这是荒谬至极的笑话。

亨特家族的非凡经历，至少形象地说明了举债经营是把双刃剑，成功时是得力的朋友，失败时是致命的敌人，即便是世界上极富传奇色彩的家族也不例外。

16 拉丁美洲债务危机

伴随着其他国家对南美发展中国家的贷款资助，拉丁美洲国家经济经历了很长一段时间的起伏。虽然出现过几次大范围的债务违约，但是最严重、波及最广泛的还是在 20 世纪 80 年代，这次危机几乎击垮了世界上最大的几家银行。

·健康发展·

在 20 世纪 80 年代债务危机之前，拉丁美洲经历的最大的一次经济动荡是在大萧条时期。20 世纪 30 年代，世界上很多国家都选择脱离金本位，而全球经济低迷的形势也迫使大部分发展中国家干脆宣布债务违约。到 1935 年，拉丁美洲国家发行的债券有 97.7% 都没有兑现；即便是 10 年之后到第二次世界大战的尾声，拉丁美洲国家还有 2/3 的债务没有偿还。

鉴于这次严重的金融危机，金融机构在第二次世界大战后对贷款资助南美洲国家兴趣不大，但出人意料的是，南美洲经济体自己开始复苏发展。从 1950 年到 1980 年，这一地区的农业出口和工业制造都得到了健康发展，国内生产总值翻了 5 倍。

制造业在 20 世纪 60 年代以 7% 的速度健康扩张，南美国家之间以及对外的出口也大幅增长，海外出口的年增长率是 12%，而南美国家间的贸易的年增长率更是达到 16%。

·石油资本投机·

流动资金贷款一直是银行的主要盈利方式，但是到了 20 世纪 70 年代，银行遇到了一个前所未有的问题：几乎没什么大的商业用户想去银行贷款，因为商业票据市场能够为这些信誉好的商业客户提供便利的短期贷款，它们不需要再去银行融资了。

与此同时，欧洲美元（非在美国银行的美元）市场（Eurodollar market）不断增长。“欧洲美元”这个词看上去似乎跟欧洲有什么关联，事实上它表示的只是储存在美国领土之外的美元存款，由此可见，它是不受美联储管辖的。

第二次世界大战结束之后，全球的欧洲美元存款一直保持稳定增长（此处所说的欧洲美元与银行所在地无关，包括亚洲存款），到 20 世纪 70 年代末，共有 38.5 亿欧洲美元的存款；随着 20 世纪 70 年代石油财富的增长，这个数字迅速增长。这样的大笔资金流入银行实在令人羡慕，但是也带来了让人头疼的问题，因为它们想用这些存款进行低风险投资，以获取不错的回报，当时国债被认为是个不错的选择。

大萧条之后，拉丁美洲一直被银行界忽略。相对其他地方而言，到 20 世纪 70 年代，拉丁美洲几乎没有未偿债务。所有拉丁美洲的债务只有 290 亿美元，但是南美洲受到商业银行关注，并引起它们的兴趣。之后，海量资金也随之涌入。到 1978 年底，拉丁美洲的未偿债务增长到 1590 亿美元，年增长率达到 24%。

20 世纪 70 年代中期，所有人都认为流入的资金是安全的。对于贷款的银行来说，为手里上亿的资金找到安全的投资去处能得到稳定的利息收入；对拉丁美洲国家而言，大笔的贷款可以用来进行基础设施建设，投资越来越昂贵的能源工程；而对产油国而言，这种借贷关系提供了一种良性的资金循环——这些靠油气赚来的钱可以“回流”到那些需要资金购买石油的发展中国家。

随着原油价格上涨，持续流入拉丁美洲的贷款逐渐脱离支持高效基础设施建设的初衷，更像是弥补财政赤字。这一地区的国家在这些短期债务上越陷越深，常常到期后无法偿债，只得一次次利利滚利，同时利率也随之水涨船高。

借钱容易还钱难，每年的还款额从 1975 年的 120 亿美元变成了 1982 年的 660 亿美元。早在 1977 年，美国最大的几家银行就开始考虑是不是应该再把大量资金借给拉丁美洲，而且开始减少贷款的规模和数量。其他国家正好钻了这个空子，趁着美国银行减少贷款之际，日本、欧洲和中东国家的商业银行对墨西哥、阿根廷、巴西和其他该地区的国家提高了贷款的信用额度。

从 1976 年到 1980 年，每年有 70 家新银行在这一地区开业。而这段时间也是石油输出国家组织（OPEC）迅猛发展的阶段，尤其是石油收益在 1979 年达到历史最高峰，南美洲的收支平衡问题也因为有中东地区稳定的石油资本输入而基本得到解决。

到 1981 年，随着这些债务国还债的能力越来越差，即便是美国以外的银行，对拉丁美洲放贷的热情也都衰减了。几个简单的数据点就可以解释这一地区财政状况翻天覆地的变化。在 1970 年到 1982 年负债和国民生产总值之间的比例：

阿根廷：从 8.8% 增长到 29.1%；

巴西：从 7.7% 增长到 18.6%；

委内瑞拉：从 8.8% 增长到 29.1%。

整个拉丁美洲地区的债务在 20 世纪 70 年代来了个“大跃进”；到 20 世纪 80 年代早期，贷款拨付现象非常严重：

1970 年：14 亿美元；

1975 年：80 亿美元；

1978 年：246 亿美元；

1980 年：231 亿美元；

1981 年：281 亿美元；

1982 年：246 亿美元。

·利率震荡·

拉丁美洲债务存在的最主要的问题是短期债务，债务一旦到期无法偿还就会利滚利，变成新的债务；再加上通货膨胀，这意味着下一期的利率总是在上涨。这些发展中国家发现自己跟一个没钱还贷款的人没什么两样，因为银行利率上涨，每个月的还款额都在翻番。

通货膨胀问题，尤其是因为能源成本增加引起的通货膨胀情况相当糟糕，而当美联储主席保罗·沃尔克承诺“让通货膨胀回落”而大幅提高利率时，发展中国家的债务环境就变得更加恶劣。工业化国家在努力控制住通货膨胀，这对某些国家而言无疑是个坏消息，因为这不仅仅意味着更高的利率，而且随着时间推移，也意味着它们的出口产品价格会更低（尤其是能源出口）。

事态的严重程度可以用一个很简单的事实解释：1982 年，拉丁美洲的未偿债务增长率是 10%，但是银行的利率却是 16%，这意味着新借来的每一分钱都是用来偿还利息的。这还不够，这些债务国还得拿 6% 的储备金支付利息。从某种程度而言，这些发展中国家开始陷入债务泥潭不能自拔。

事态在 1982 年 8 月 12 日出现转折。时任墨西哥财政部长告知美国财政部长、美联储主席和国际货币基金组织（IMF）总裁，墨西哥将不会支付 8 月 16 日到期的款项，公开宣布暂缓偿付其 800 亿美元的债务。

墨西哥的举动鼓舞了其他国家纷纷效仿。到 1983 年 10 月，拖欠的还款达 2500 亿美元；27 个国家暂停按期偿还其主权债务，虽然并不是所有这些发展中国家都是南美洲国家，但是其中 16 个都是南美洲国家；而且其中最大的债务国是墨西哥、巴西、阿根廷和委内瑞拉，四国总的未偿债务达1760亿美元。

美国的大银行在这个时候面临前所未有的风险，因为这四个国家欠下的上千亿美元的债务甚至超过了这些银行自己的准备金。正如保罗·盖蒂（J. Paul Getty）的名言："如果你欠银行100美元，那着急的是你；但是如果你欠银行1亿美元，那着急的就是银行了。"这些银行确实有麻烦了，但是为了防止引发更大的金融灾难，它们不得不忍着。

1983年不是世界经济具有标志性意义的一年，大部分国家的经济相对健康，但是拉丁美洲国家却经历了一次比大萧条还严重的经济危机。该地区的18个国家在这场危机中无一幸免，而且不像大萧条时期，所有债务以无法收回为理由可以一笔勾销。到此时，拉丁美洲国家所欠下的债务达到了惊人的地步，1970—1980年期间，债务增长率达到了1000%。

IMF不得不介入此事，以拉丁美洲国家同意实行严格的紧缩计划为前提，调整它们的债务偿付方式。拉丁美洲国家的财政缩减政策使已经不景气的地区经济陷入更加艰难的境地，贫富差距拉大、失业率上升；贫穷迫使社会底层的人走上犯罪的道路；谋杀和贩毒越来越多，再没有20世纪六七十年代那样强劲的发展，取而代之的是生活水平的停滞不前，甚至是下降。

资金短缺给地区经济带来了多米诺效应。资金少意味着各国的生产力没有得到充分利用；反过来说，也意味着就业率低、税收少，这对深陷债务危机的政府来说更为不利。这一影响广泛的宏观经济问题后来被人们称为拉丁美洲地区从1982年起"失落的十年"。

像墨西哥和委内瑞拉这样的产油国，在20世纪70年代原油价格极高的时候，经济有过一段时期的繁荣。但是，1982年之后的十年，因为能源价格暴跌，经济受到重创。IMF的缩减计划对解决这些国家的债务问题并非长久之计。

·贝克和布雷迪·

1985 年 9 月，美国财政部长詹姆斯·贝克（James Baker）在韩国与 IMF 及世界银行相关人员会晤，并宣布了一项解决拉丁美洲债务危机的新方案——“结构调整与经济增长”。这个方案要求重新调整出一个可行的债务偿还计划，并且再发放总计 290 亿美元的贷款，以帮助推动这些国家的发展，提高它们自身偿还债务的能力。

但是这一针兴奋剂并没有对这些国家起到多大作用，于是贝克在第二年加大了力度，进一步将债务限额调整为 1760 亿美元，并追加 140 亿美元的贷款援助。但是这一举措也效果有限。

此时，一个新生并且不断壮大的拉丁美洲债务二级市场迅速崛起。在当时的环境下，这些债券的成交价格比票面价格低很多。尽管债务国和 IMF 都装作所有这些债券都能按票面价值偿还，但是现实的二级市场是按照对方愿意出的价格来出售这些债券，而且价格各不相同。于是这些债务国就指出，既然在公开市场中债券可以低折扣购买，那它们也没必要按照票面价值来偿还债务。

于是，在 1987 年，贝克计划有了新举措，即允许以折扣价清偿债务。这是五年来负责解决这次债务危机的官方机构首次承认的一个事实，那就是 100% 偿还这些债务是不可能的。

新一任美国总统上台后提名了新的财政部长，即尼古拉斯·布雷迪（Nicholas Brady），他在 1989 年提出了自己的方案。布雷迪计划提供大量的现金资助那些债务国去买下它们的折扣价债券，其中世界银行和 IMF 提供 240 亿美元，日本政府提供 60 亿美元。有效的债务减免机制和足够的资金让这些国家能够回购债券，金融危机终于得到缓解。

布雷迪计划的重要部分是各国达成的一个协议，即参与国同意进行经济改革以推动国内经济发展，从而提高持续偿还债务的能力。在总计 1910 亿美元的未偿债务中，有 1/3 被免除，而这些损失由发行债券的银行承担（见图 16–1）。

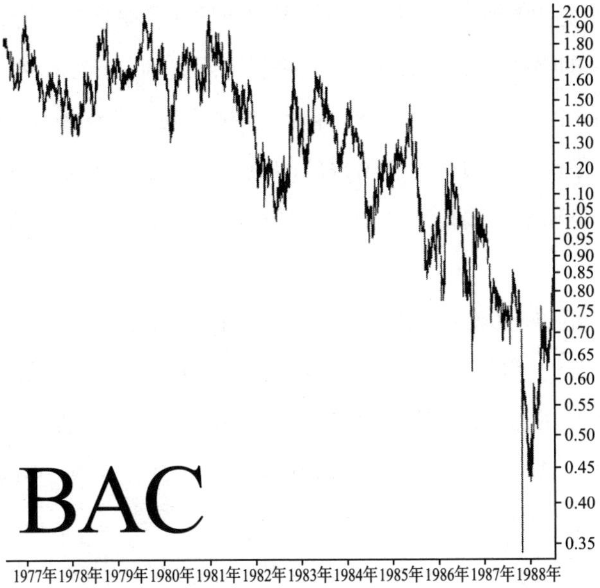

图 16–1 20 世纪 70 年代，因为受到南美洲国家的巨额债务负担拖累，像美国银行这样的大型金融机构的股价都在下跌

评级机构并没有忽视这些损失对银行财务状况的影响。从 1977 年到 1988 年，美国银行（Bank of America）的长期债务评级从 Aaa 降到了 Ba3，华友银行（Chemical Bank）从 Aaa 降到了 Baa1，汉华实业银行（Manufacturers Hanover）从 Aaa 降到 Baa3，股价也受到了不小的影响，不过比起被这笔庞大的债务拖累，布雷迪计划的实施显然对银行和股民的钱包更为有利。

· 恶性通货膨胀 ·

到 20 世纪 80 年代末，债务危机最终得到解决，但新的问题接踵而来，通货膨胀开始在一些南美洲国家出现。1972 年之前，绝大部分拉丁美洲国家的通货膨胀都极其轻微，从 1972 年一直到 20 世纪中期，平均通货膨胀率保持在 2% ~ 4%。

在 20 世纪 80 年代，拉丁美洲的平均通货膨胀率显著上升，并在 1990 年达到 40% 的峰值；在此之后就一直平稳下降，到 20 世纪 90 年代末回落到 5% 的中间值。在通货膨胀率回落到正常值之前，恶性通货膨胀对玻利维亚、巴西、秘鲁、尼加拉瓜和阿根廷的经济产生了极其恶劣的影响，而墨西哥、乌拉圭和委内瑞拉三个国家更是经历了短暂的三位数的通货膨胀率时期。

得益于国际财团有序地解决了债务和通货膨胀问题，20 世纪 90 年代初期迎来拉美地区的恢复期。GDP 从 1990 年的 –2.1% 增长到 1991 年的 0.8%、1992 年的 0.6%，到 1993 年已经恢复到 2.1%。与此同时，通货膨胀率从 1990 年的 648.3% 下降到 1991 年的 162.5%、1992 年的 140%，到 1993 年降至 25.3%。

随着对这一地区经济发展信心的回升，自墨西哥 1982 年发表声明之后被全盘切断的资金这时候又回流了。从 1989 年到 1991 年，流入的资金从 50 亿美元增长到 400 亿美元。

但是这并不意味着之前的动荡没有付出任何代价。从 1980 年到 1990 年，贫困人口大幅增加，从总人口的 40.5% 增长到 48.3%，而那些虽然有工作的人，实际工资降幅最高也达到了 40%；想要将贫困水平下降到 1980 年的程度，还需要花费 14 年的时间来发展经济。

·次贷危机的“同门”产物·

这次债务危机是拉丁美洲历史上最严重、影响最深远的一次危机。从某种程度而言，从参与者和具体情形来说，这次危机与 20 年后美国的次贷危机有很多的相似之处。如果拿 20 世纪 70 年代的这次危机与 21 世纪早期的那次危机的参与者相比：

- OPEC 成员国、追求高投资回报率的有钱投资商，变成了购买金融衍生工具的固定收益资本；

- 发展中国家的低信誉者寻求融资，变成了次级房贷购买者；
- 商业银行变成投资银行；
- 短期自动滚动利率贷款变成可调利率按揭贷款；
- 利率攀升一浪高过一浪，在两次事件中表现一样，其对债务人的影响也一样糟糕。

在这两次危机中，那些表面上被评级为 AAA 的机构（20 世纪 70 年代是主权债务，21 世纪是次级贷款作担保抵押的债务工具）最后被证明其实是完全不可靠的，而且在两个时期，那些借钱融资的机构最后都无法还款，也都不得不依赖政府救助。

17 里根改革及其失败

到 20 世纪 80 年代，美国人即使对未来抱有些许疑虑也是情有可原的，毕竟过去二十年美国经历了内乱、总统遇刺、高通胀、经济停滞、“铁锈地带”的落后工业、越战泥潭、第一次总统辞职和冷战的僵持等一系列波折。

尼克松、福特和卡特的领导成就也乏善可陈。20 世纪 70 年代接近尾声时，美国虽然还保持着“超级大国”的地位，但是经济却萎靡不振，普通民众似乎也承认，最好的时代已经过去。

在此背景下，整个国家已经准备好驶向新的方向，而这一历史任务将由新总统罗纳德 · 里根来完成。这时候的美国人想要听的是：美国可以再度成为一个伟大的国家。里根承诺一个更精简的政府、更低的税收、更重视商业，这引起了选民的强烈共鸣。吉米 · 卡特连任竞选失败，里根在 1981 年年初开始了他在白宫的 8 年任期。

· 通货膨胀的终结 ·

如果用一个词来描述 20 世纪 70 年代的经济，那一定是通货膨胀。只要有通货膨胀，就不要期待一个国家的商业有实质性的发展，而通货膨胀几乎贯穿了整个 70 年代的美国经济。

里根上任时的美联储主席是保罗·沃尔克，沃尔克意图通过限制货币供应来“屠杀通货膨胀这条恶龙”。美联储的这一举动虽然是不得已而为之，而且耗时漫长，但是最后还是非常有效果的。货币供应减少后，利率飙升，一些按揭贷款利率甚至涨到了 20%。美国人眼睁睁地看着自己的房贷利率节节攀升（见图 17–1）。

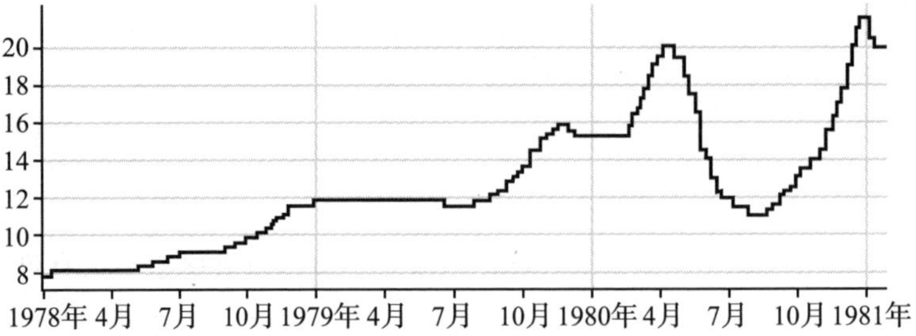

图 17–1　为了打破通货膨胀对经济的影响，最优惠利率逐步从 8% 涨到了超过 20%

在里根总统第一届任期的前两年，利率上升导致了美国经济的严重衰退。那些投票把里根送进白宫的民众开始深深怀疑自己当时的选择。通货膨胀率是下降了，但是失业率超过了 10%，而且过高的贷款利率让中产阶级越来越难以承受债务的压力。里根的民众支持率因此暴跌，但是当初美联储迫使美国吞下的这碗苦药，最终还是把通货膨胀的病给治好了，通货膨胀率从 1980 年的 13.5% 降到了 1983 年的 3.2%。

通货膨胀的回落，为美国 20 世纪 80 年代到 90 年代的经济腾飞打下了牢固的基础。这一基础推动了镀金时代以来最强劲的资本主义崛起，而且对接下来 20 年的资产价格持续上升产生了积极的影响。

·股市重生·

20 世纪六七十年代对美国社会和经济而言是灰暗的 20 年，股票市场也同样萎靡。按调整通货膨胀后计算，从 1967 年到 1982 年，股市的回报率是 –70%。如果当时有人在美国进行投资，15 年后，3/4 的资产会蒸发。这个例子足以说明当时美国股票市场有多糟糕。

股票在 1981 年到 1982 年衰退期的表现同样也不尽如人意。在 1982 年 8 月 12 日，按照调整通货膨胀后的道琼斯工业平均指数计算，股价在 776.92 点探底。利率在 1982 年 4 月达到最高值，最优惠利率（银行给最安全、最信任的客户的最低利率）也超过 20%。在股市连连受挫而计息账户付息很高的状况下，不难解释为什么大家都对股市毫无兴趣。但是在 1982 年夏季，股价开始攀升，而且这次是持续几十年的上涨。

· 重商主义国家 ·

所谓的里根改革有几个重要的原则：低税收、放松管制、改善就业。

20 世纪早期，美国一些所得税税率超过 90%；里根主政后，最高税率也达到 70%。里根采纳了拉弗曲线理论（laffer curve）的主张，该理论认为所得税税率高到一定的临界点，人们宁愿在家待着也不会去工作，把边际收益贡献给政府。

拉弗曲线理论认为降低所得税税率，反而可以扩大整体的应税收入（税基），政府收入就会不降反升。换句话说就是，虽然所得税的饼小了，但是整体的饼变大了，由此达到一个双赢的局面：更多的税收（对政府有益）和更低的税率（对民众有利）。

于是，通过一系列措施，里根政府把最高税率从 70% 大刀阔斧地削减到了 28%。与此同时，利得税也大幅降低，这意味着投资者只需把一小部分投资收益缴纳给政府。当然，这也意味着减税造福更多的是位于财富和收益顶端的阶层。

如果忽略这种财富再分配，美国经济确实增长了，而且创造了很多就业岗位。从 1982 年 9 月到 1989 年 9 月，美国新增岗位达 19 000 000 个。在短短七年时间里，没有哪个国家能像美国这样创造那么多就业机会。美国的失业率（在里根第一次当政时的低潮期失业率最高接近 11%）也相应地降到了 5%，这在很多经济学家看来已经可以算作美国的“全民就业”（见

图 17–2）。

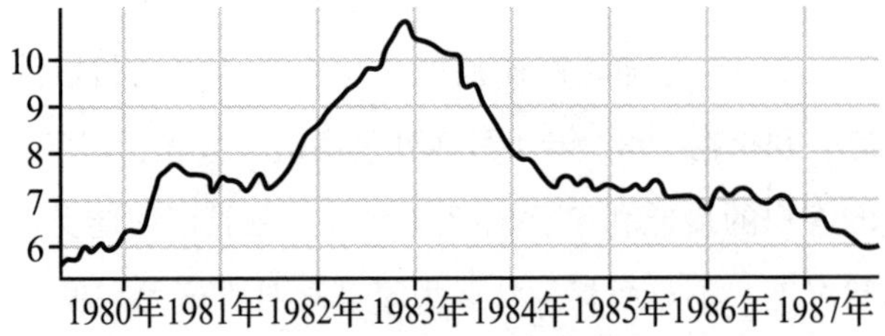

图 17–2　里根第一届任职中期的失业率高达两位数，但之后就平稳跌到最高值的一半

经济的繁荣也带动了生产力的提高。在里根当政的那些年，美国创造了 30 万亿美元价值的货物和服务以及 5 万亿美元的个人财富，尽管增加的这些资产大部分都属于上层阶级，但是就业的增加和生活水平的提高惠及了各个阶层。

里根高明地（或者幸运地，或者兼而有之）将经济改革的难题放在第一届任期的前两年，因为到 1984 年末，美国的经济形势已经非常乐观，这为他增添了不小的民众支持率，也赢得了压倒性的连任竞选胜利。

· 变革的标志 ·

与过去 20 年相比，20 世纪 80 年代的一个可喜变化是投资大众已经习惯了一个稳健上涨的市场。从 1982 年 8 月到 1987 年 8 月，标准普尔 500 指数最差的情况也只是 1983 年年底和 1984 年年初出现的 13% 的回调，相对于百分之几百的上涨，这点轻微的下滑对大部分投资者而言是无关痛痒的。而在整个美国的股票市场上，从来没有出现过这样平稳的上涨，也没有出现更严重的下跌（见图 17–3）。

图 17–3　从 1982 年到 1987 年，股市稳步上涨。除了箭头处的轻微下跌，其他时段都是上涨

到 1986 年年底，利率开始微涨，标志着人们对资产通货膨胀问题的担忧开始升温。繁荣的经济开始促使债券价格下跌，企业和消费者支付的利息更高。股票市场却对利率问题视而不见，在 1987 年上半年涨到新高（见图 17–4）。

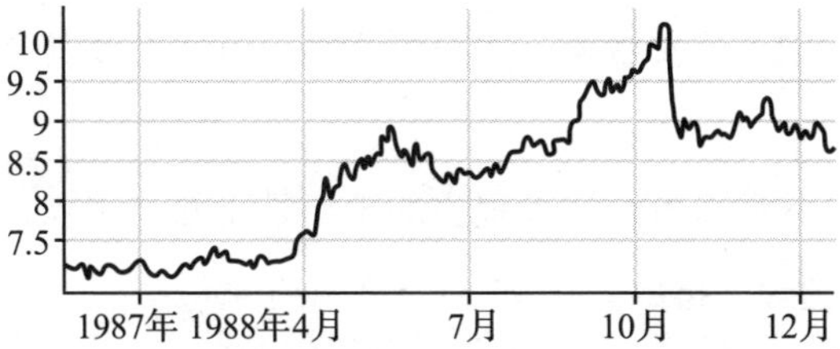

图 17–4　1987 年春季利率开始攀升，也由此抑制了债券价格

债券市场往往先于股票市场转弱，如今债券市场已经发出不利的信号，大众投资者当时对此可能并没有意识，于是股票市场还在 8 月 25 日以 2722 点闭市，这是此后两年的最高值，而且比 5 年前的低谷增长了 2000 点。

一些基本面经济数据开始提醒大众谨慎投资。大部分人还是比较熟悉以市盈率来简单地衡量基本面价值的方法。比如，一只 50 美元的股票表示一家公司可以带来每股 5 美元的收益，那么该股票的价格 / 收益比就是 10。该价格 / 收益比的倒数，就可以用来比较股票盈利和其他盈利工具的优劣。在这个例子中，这只股票的市盈率就是 10%。

到 1987 年年中，股市的平均市盈率是 4.75%，创 30 年来最低值。与此同时，人们投资无风险债券的利率是 9.4%。那市盈率和无风险债券收益之间的差距就达到了 4.65，创 35 年来纪录。简而言之，就是无风险债券的投资收益比普通股的投资收益要高，所以继续投资普通股已经不是明智的选择了。

· 10 月的三天 ·

从 1987 年 8 月底的高点到 10 月 13 日，股市的市值蒸发了约 10%，虽然下降得并不明显，但是流失却非常稳定。即便如此，这一年的道琼斯指数还是上涨了 25%。

在美国政府每个月发布的贸易逆差报告中，1987 年大部分的报告都不乐观。接连数月，人们对贸易逆差的期望都比报告的实际数据要低，大众投资者开始担心美国的经济引擎陷入衰退。美国消费者购买越来越多的海外产品，远超国外消费者购买的美国产品，由此导致资金外流现象非常严重。

10 月 14 日的最新贸易逆差报告的预期是 140 亿美元，而官方公布的 156.8 亿美元，道琼斯指数下跌 95 点，跌幅约 4%，也是当时道琼斯指数最大的点数跌幅。高利率和不断恶化的贸易逆差开始动摇多年来人们对股票的乐观态度。

引起抛售的另一个原因是立法。美国国会提出了一项法案，取消有关基于债务的公司合并的赋税优惠。20 世纪 80 年代的“合并之风”是推动股价的重要因素，而减少公司合并的吸引力毫无疑问会带来股票需求的锐减。

股市的疲软一直持续到第二天，道琼斯指数又下滑了 58 点。10 月 16 日，星期五，这一天是期权到期的日子。股市往往在到期日波动更大，这个星期五也不例外。当日道琼斯 30 指数下降了 108.35 点，创下单日跌幅的新纪录，当天也刷新了交易量纪录。标准普尔 500 指数也在这一周下跌了 9%。

· 阴霾的周末 ·

面对这样的跌幅，投资者的紧张情绪笼罩了整个周末。财政部长詹姆斯 · 贝克（James Baker）此时又来火上浇油，他表达出希望美元贬值的愿望，希望以此来缓解不断增加的贸易逆差的压力。他表示，美元贬值能够刺激美国出口产品的需求，最终减少贸易逆差。财政部长的言论引发海外投资者加紧抛售以美元计价的资产。

更让人不安的是，越来越多的人意识到 1987 年的股市动荡与 1929 年的股市风波有着惊人的相似之处。像对冲基金经理保罗 · 都德 · 琼斯（Paul Tudor Jones）这样的重要投资者，在几个月前就已经开始研究股市在这两个时期的共同点。以每日的股市表现衡量，这两年的股市状态与大萧条之前有着非常相似的地方，正如都德在股市崩盘之后所言：

> 股市崩盘是我们人生中最刺激的一段时间。我们从 1986 年年中起就开始预测股市会有一次重大的崩盘，并且制订了相应的计划。到了 10 月 19 日星期一，我们意识到这一天终于来了。

其他的一些基金经理没有这样的预见性，在 10 月 17、18 日的周末，基金经理史丹利 · 德鲁肯米勒（Stanley Druckenmiller）拜访了传奇人物——基金经理乔治 · 索罗斯。索罗斯向他展示了保罗 · 都德 · 琼斯对 1929 年与 1987 年股市的对比模型。在杰克 · 施瓦格（Jack schwager）2008

年出版的《新金融怪杰》（*The New Market Wizards*）一书中，德鲁肯米勒回忆说："当晚回家的时候我的胃一直疼。我意识到我已无力回天，股市就要崩盘了。"

·黑色星期一·

周一开市前，《华尔街日报》公布了一个自己的图表，比较了 1929 年股市曲线与 1987 年股市曲线，并指出了其中惊人的相似之处。对已处于股市崩溃边缘的投资大众而言，从《华尔街日报》而不是其他渠道得知股市已具备又一次灾难性危机的所有条件，这简直就是一个噩耗。

祸不单行，当时美国有两艘战舰在海湾炸毁了伊朗的一座钻井平台，以报复伊朗用导弹袭击美军军舰。当远东开市的时候，股票价格严重下跌，人们都准备好了迎接美国股市上的又一个低谷。

开市钟声一响，股市就下跌 8%，因为卖单实在太多，所以尽管股市指数已经很低迷，仍不足以体现实际的损失。

股市交易员手里的卖出委托单比买入委托单多的时候，这种买卖不平衡导致部分交易员在开市钟声响起后都无法开始交易，价格行情跟前一天闭市时候一样，没有变化。很多纽约证券交易所大型股的交易员直到敲钟后一小时才开始交易。

即便是道琼斯 30 的股票，开市钟响后有 11 只都没有动静，标准普尔 500 中的 30% 市场资本在 10 月 19 日星期一那天开市后半小时也都没有任何交易，因此用来计算各指数的价格行情都是虚假的。

这些表面的数字计算导致纽约证券交易所的价格指数和芝加哥期货价格之间产生巨大的差异。通常套利交易商会利用差价，大举买入期货，并在股票开盘时抛售等量的股票订单。它们这么做的理由是：实际股票和期货合约之间的价差迟早会回归零，因为这样才合乎常理，而交易商则可以从归零的过程中套利。但是他们没有意识到的是，他们现在看到的股票行情并不是市场的真实反映。

当股票终于开始交易时，实际交易价格远比当初投机分子的报价要低，套利交易商损失惨重。尽管股票开盘，但是交易所的交易量实在太大，计算机无法同时处理那么多交易，所以股市行情是比实际报价滞后一小时的。在这种情况下，没人知道股票的实际价格是多少，交易员无法根据实际信息下单。交易员们都没有意识到，他们所依据的价格数据根本不是实时报价，而是早就过时的（见图 17–5）。

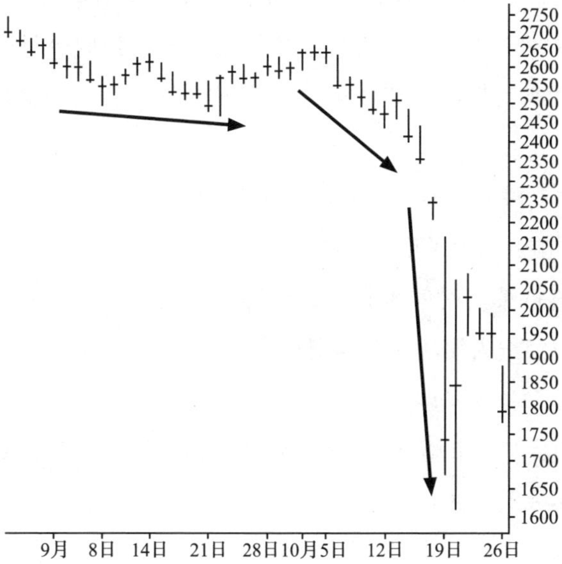

图 17–5　1987 年 9 月和 10 月美国股市经历了一次比一次剧烈的股价下跌

该交易日继续，道琼斯指数下跌严重，美国证券交易委员会主席当天有个公开演说，他在演说结束后不经意说了句：“当股市跌到某个点的时候，当然我现在也不确定会是哪个点，我可能会宣布纽约证券交易所暂时，我说的是暂时，中止交易。”于是关于交易所会闭市的消息迅速传播开来，这进一步加剧了恐慌，因为交易商都想清算股票，而不是被套牢。

闭市钟声响起时，道琼斯工业指数下跌 508 点，以 1738.74 点结束交易，这意味着创下单日跌幅 22.61% 的历史新纪录。

全世界各大电视台、报纸的头条都是美国股市崩溃的新闻。既然 1929

年股市的行情模型跟今天的相似得如此诡异，许多受人尊重的经济学家开始谈论又一次严重的经济萧条将席卷美国的可能性，就像 20 世纪 30 年代的大萧条一样。

· 逆转的星期二 ·

为了安定市场，美联储在开市之前发布了一个简短的声明："美联储，作为美国的中央银行，将始终如一地履行职责，我们今日宣布，美联储将提供流动性来支持经济和金融系统。"这短短的一句话就是声明的全部内容。

尽管该声明没有任何明确指向，但是美联储清楚传达的"支持"信号，却在开市钟声响起时给了市场一颗及时的定心丸。

只是买入持续的时间不长，股市再度式微，买卖不平衡的问题又一次出现。因为经纪人无法完全匹配买家和卖家，总共约 7% 的股票交易被取消。

芝加哥期货交易市场充满了恐慌情绪，标准普尔 500 指数跌到 181 点，远比纽约的实际股价便宜。芝加哥期货一度只以纽约实际股票价格的 88% 出售，而事实上二者之间的正常价差应当为 0。

股市报价滞后的问题持续了一天还没有解决，芝加哥期权交易所和芝加哥商品交易所不得不分别在 10 月 20 日 11 点 45 分和 12 点 15 分暂停股票指数期货交易，这在交易所历史上是仅有的一次。这两个交易所在一小时后重新开市，随后很多大公司都宣布了回购股票计划，股市最终回归正常，并且在当天上涨。道琼斯工业指数在星期二的成交最高价和最低价相差 400 点，相对于指数的绝对值，这个差价区间可谓巨大。

· 重整思路 ·

1987 年的股市崩盘造成了严重的损失。七周内，道琼斯工业指数下跌

36%，标准普尔 500 的期货交易合同下跌 47%（尽管部分下跌是因为市场恐慌和股市报价滞后导致的合同售价远低于现金价格）。

每次金融恐慌之后都需要有人为此承担责任。在大众看来，这次市场崩溃来得毫无征兆，股市上涨一年的成果在几天之内化为泡影。更糟糕的是，媒体大肆鼓吹又一个大萧条的来临，就像 1929 年股票暴跌后一样。

投资组合保险是最先被揪出来的罪魁祸首。这里的“保险”其实是一种被广泛使用的投资策略，它通过计算机模型对投资组合计算出最优股票分配，然后使用股票指数期货来增加或降低风险。

在正常的股市交易中，因为基础资产和期货价格是非常接近的，投资组合保险就是十分有益的工具。但是在 1987 年 10 月的股灾中，因为实际价值（股票价格）和理论价值（期货合同）出现严重不对等，投资组合保险便成了帮凶，不但没有调节投资组合的风险，反而心急火燎地抛售股票，进一步加剧了市场的抛售压力。

《华尔街日报》在这一点上非常具有前瞻性。在 10 月 12 日，也就是在股市崩盘之前的一周就指出，投资组合保险很可能“滚成撞毁股市的大雪球”。在这场股市崩溃中赚得盆满钵满的基金经理保罗·都德·琼斯认为，投资组合保险是“迟早会发生的灾难”。

除此之外，不断变化的经济形势，比如巨大的贸易逆差和不断攀升的利率，才是 1987 年夏天的高股价被一下抽空的根本原因。有意思的是，经济基本面受到冲击最严重的一刻，也恰恰是投资大众的热情空前高涨的时候。

1987 年 5 月，德崇证券（Drexel Burnham Lambert）决策者民调显示，各机构对股市行情的判断是 40.2% 看涨，27.1% 看跌。随着股市继续上涨，到 1987 年 8 月，这一比例变成了 57.2% 看涨、19.6% 看跌。在绝对应该看跌的时候却找不到几个看跌者。

股市崩盘之后这些数据发生了急剧变化，1988 年 1 月各机构对牛市与熊市的行情判断变成了 12.4% 和 48.2%。尽管大家情绪都很悲观，但是此时的股票却开始平稳地上涨，而且约在两年后，股价又回到了 1987 年 8 月的水平。

大萧条并没有如预测的那样出现，尽管投资者在 1989 年 10 月又经历了一场惊吓。当时恰好就在股市崩盘的两年后，日本主导的融资收购美国联合航空公司的计划失败，导致道琼斯指数在一天内下跌近 7%。《巴伦周刊》（*Barron's*）的周末封面标题就是“哦！不！不要再崩盘了！”，反映出当时人们经过 2 年的恢复，生怕另一场股市灾难降临的忐忑不安的心情。

1989 年的股市下跌只是一时的意外，尤其是交易所开始实行“熔断条款”来防止不可遏制地抛售，即当股市遭受到一定损失时，根据受损程度，交易所会被要求暂时关闭或者当天即时起不再交易。有了这个下限条款，投资者们可以不用担心股市会像 1987 年那样突然无限度地崩溃。

日本投资集团意欲购买美国联合航空公司的计划失败，因此带来的美国股市动荡只是一个正在海外酝酿中更大的危机的预警。在下一章，我们将继续探索在日本发生的经济奇迹及其随之而来的熊市。与这个比起来，20 世纪 80 年代在美国发生的故事只是小巫见大巫。

18 日本的崛起和陨落

1945 年的夏天即将结束，此时的日本已然变成一片废墟。在过去几年，日本除了对外作战，日本本土也遭到了敌方猛烈打击，最后的高潮当然是美国在日本岛上投下了人类有史以来绝无仅有的两颗原子弹。日本曾一度梦想统治太平洋地区，当年却沦为世界上最贫困、受损最严重的国家之一。

战争时期，美国是日本的劲敌，但战后美国却反过来要重建这个国家。尽管此时的日本 25% 的住房变成了废墟，国家电网和工业基础设施已瘫痪，在接下来半个世纪上演的这一幕，堪称人类历史上最令人惊奇的经济奇迹，同时也是前所未有的灾难。

· 早期经济结构 ·

作为一个岛国，日本几百年来一直处于与世隔绝的状态。最初是因为受四面环海的地理环境所限，后来则是受保守文化的影响。日本一直以来都是一个努力自给自足的农业国家，在 19 世纪晚期，当时的日本与高度发达的工业国家，如美国和英国有着天壤之别。

作为一个以农为本的社会，日本的现代化重点在提高农业的机械化和现代化水平。从 19 世纪 80 年代到 20 世纪初，日本大力提高粮食产量，从而与其他国家交换更多所需的自然资源和其他商品（见图 18–1）。

图 18–1　直到 20 世纪中期，绝大部分日本人都从事农业生产

此时，几种重要的商业思想在日本人的意识中逐渐形成。第一，日本作为一个岛国，需要从国外进口商品来满足国内人口的温饱需求，于是一个精明而活跃的贸易国家应运而生，频繁与海外国家开展贸易往来；第二，受益于贸易伙伴的先进科技，日本善于向贸易伙伴学习并提高自己的技术和工艺；第三，从文化上讲，日本的阶级分立明显：一边是地主（只占总人口的很小一部分），另一边就是为地主劳作的佃农。

从某种程度而言，日本直到 20 世纪早期都还是农业封建社会，与几百年前的欧洲中世纪没有多大差别。此时的日本，绝大部分人口从事农业劳动，而在土地上劳作的人大部分都不享有任何权利，也没有多少收益。

·战后余震·

第二次世界大战让大多数日本劳动力脱离农田，被派到前线作战。战争结束时，近 800 万从战场回来的劳动力需要离开部队回归平民生活；加上战时从事武器、交通和其他战时制造所需产品的劳动力，外加 150 多万从海外回到祖国的日本人，所以，战后总共有 1300 多万人需要回归工作岗位。

此时的日本对食物的需求空前巨大，大片的农田等着这些人去耕种。农业生产解决了 1800 万人的就业问题，但问题是，就像以前一样，农业生产的收入并不高，整个国家的生活水平倒退到温饱线上，而几百万从事农业生产的人也只是勉强糊口而已。

能源短缺是日本面临的又一个大难题。虽然日本煤炭资源丰富，但是因为当时那些被驱使去采煤的韩国和中国战俘已经返回各自的国家，所以没有熟练的工人和必要的设备，采煤量也满足不了本国的能源需求。

总而言之，几百万的日本人需要工作、食物和能源，而 1945 年到 1946 年的冬天，全国性饥荒已显端倪，让这个已历经战争恐慌的国家又陷入恐惧之中。

就是在这样的时代背景下，又一个根深蒂固的文化准则受到推崇——小家庭。在一个人多粮少的国家，长远的解决之道就是降低出生率。

·美国的援建·

美国非常清楚在亚洲有个健康、繁荣的盟友比一个满目疮痍的国家更有价值，于是美国开始着手支援和重建日本。为此美国相继推出了三个改革政策，在接下来的几十年重建其文化和经济体系。

第一个改革是打击财阀，这些企业集团受到政府的优待，在任何竞争中都处于绝对优势地位。这些集团享受低税率、大笔政府贷款和补贴的特殊待遇，在政府合同中可以优先中标。政府与这些企业集团有着密切而腐败的关系，资本主义是不可能与这些封建残余共存的。

财阀的解体有多种形式，大部分的解体都是为了建立公众和一个组织管理层的平等关系。这些集团要把股份卖给公众，如果有必要，还要拆分成多个小的独立的单元，而不再以一个庞大的组织来运行。这为实现真正的竞争打下了根基，反垄断法也确保不会再有大公司成为经济复苏的绊脚石。

第二个改革是土地改革，对以农耕文化为主的日本尤其重要。这次改革的目的同样是为了实现农业个体的民主，终结地主 – 佃农关系。政府买下地主的大片土地，然后把这些土地分成小块分给佃农。农民在属于自己的土地上耕作会更加勤劳，而且更能物尽其用，因为这些劳动所得都是属于自己的。

土地改革的推行，迅速改变了日本的第一产业。仅仅几年之间，拥有自己土地的农民比例从 50% 上升到 90%，不仅复兴了日本的农业，而且也消除了人们在战后对饥荒的忧虑。

最后，通过一系列颁布的律法条例，工人的地位在日本发生了转变，而且推动了日本工会的兴起。第二次世界大战结束时，日本还没有任何工会，工人也没有任何实质性的权利。一旦工人有机会团结起来去谈判和罢工，工会的力量就凸显出来了，而且迅速壮大，工会成员从 1945 年的 0% 增长到 1949 年的 60%。

现在的日本雇员有了自己从未有过的表达意愿的机会——他们可以组织起来集体谈判或者抗议任何危险或不公平的管理措施。另外，日本商界流行起一种独特的终身雇佣制，只要雇员愿意为企业辛苦卖力，那他就可以在退休前保住一份有偿的工作。就这样，日本雇员从没有任何权利到一下子拥有了全世界雇员都渴望享有的最慷慨的权利。

在所有这些重要改革中，有另一个方面对新日本非常关键——禁止拥有军队。这在当时似乎是一个受辱的战败国不得不接受的妥协，但最终却证明这是日本经济的一大幸事。一个不需要供养军队的国家，也就免除了非生产性的巨额开销。

· 从道奇到独立 ·

20 世纪 40 年代末，美国面临一场新的战争，即冷战。在亚洲有一个强有力的盟友对此时的美国来说异常重要。尽管此时的日本已经走在复苏的轨道上，但美国还是想加速这种复苏，在底特律银行家约瑟夫 · 道奇（Joseph Dodge）的帮助下，致力于战后日本政府的货币和经济领域。

日本的通货膨胀开始有失控的迹象，道奇制定了三条法规（也称为

“道奇路线”）来解决这个问题：第一，要求政府预算平衡；第二，停止向重建金融银行贷款，过去银行贷款的现金流启动了日本的经济恢复，现在却开始对日本经济产生不利影响；第三，取消政府补贴，因为政府补贴会干预经济的自然增长。

道奇的指导稳定了日本经济和货币，而且他在经济领域的领导才能在接下来很长一段时间内都广受称道。裕仁天皇在 1962 年亲自为道奇授勋，以表彰他在日本经济复苏期间的贡献。

日本的另一个更大的福音充满了讽刺意味，那就是另一场战争。1950 年朝鲜战争爆发，日本享有两大经济优势：经济重建颇具成效，使之成为成熟的而且有力的工业资源；从地理上而言，日本是朝鲜半岛的战略重地。

正如美国经济因为第二次世界大战而免于陷入萧条，日本经济的快速复苏同样得益于朝鲜战争。1952 年，日本已经牢牢地站稳了脚跟，于是美国停止了对日本的占领。仅仅几年之内，日本从美国最凶残的敌人变成了值得美国信赖的舰船和飞机基地。

·“造物”者·

20 世纪 50 年代，日本专注于所谓的“优先生产”，就是重点关注煤炭开采、钢铁生产和造船等基础工业。这不仅为接下来几年的全面工业化夯实了基础，还把日本从之前偏重农业的方向转移。在现代社会，对像钢铁这样的工业领域的精通比粮食产量的边际增长更有价值。

日本人发现他们在“制造”方面天赋异禀，整个国家到处是一两个人在备用卧室、车库和空余办公室里经营小作坊，生产着各式各样的他们认为会有市场的东西。

最初，“日本制造”等同于廉价的、劣质的产品。当时的日本在制造高质量产品方面并没有什么经验，也没有适当的基础设施。但是外界没有意识到的是，日本正在默默努力，并将逐步变成一个不可忽视的竞争对手。尽管日本的资源有限，但是日本民众向外国学习思想、产品和技术，在学习的基础上精益求精、加以提高的精神成了这个国家最大的资本（见图 18–2）。

图 18–2　20 世纪 50 年代的日本产品都是便宜的玩具和非常简单的家用电子产品，“日本制造”在当时是“廉价”的代名词

尽管战后几年的艰苦奋斗让日本人免于挨饿，但日本仍然是个穷国，而且大部分国民也只是勉强温饱。1950 年，日本的人均收入水平与埃塞俄比亚和索马里不相上下。朝鲜战争的爆发为日本带来了经济利益，而且日本又不至于被战火波及，这是一大幸事，不过一旦战争结束，日本能否在世界舞台上靠其廉价、低劣的产品与经济强国竞争而继续繁荣，尚未可知。

这一现实被美国国务卿约翰·福斯特·杜勒斯（John Foster Dulles）简要地概括为日本“……不可能在美国有很大的市场，因为它们做的东西我们不想要”。这句话在当时并没有错，但是很快就变了。

·腾飞的 60 年代·

朝鲜战争让日本有了足够的资源和理由建立起更坚固的工业基础设施，促使国家更多地投资到工厂和设备上。在后来的几十年中，参观那些世界上更发达的国家并向它们学习，然后把它们的技术带回日本本土，成为日本人的家常便饭。随着时间的推移，不断进步的日本比当初模仿的对象效率还要高，而且成本更低（见图 18–3）。

图 18–3　日本开始在摄影器材和家用电器领域建立起国际声誉，如这台早期的晶体管收音机

20 世纪 60 年代早期，日本的经济复

苏和国际声望都得到了很大提升，东京赢得了 1964 年奥林匹克运动会的举办权。在不到 20 年的时间里，日本从一个满目疮痍的废墟变成了一个生机勃勃的国家。

20 世纪 60 年代，日本在经济领域取得了惊人的成绩。当时世界上工业发达国家的正常年增长率约为 2.5% 或 3%，但是日本的经济年增长率达到了两位数。20 世纪 60 年代晚期，日本的经济年增长率是 11%。十年前谁也不会想到，1968 年日本跃居世界第二大经济体的位置。此时的日本仅次于曾经的敌人，同样也超过了扶持日本经济走上正轨的美国。

尽管第二次世界大战后美国要求打破政府与财阀的关系，日本当局在政府和国内企业之间还是重建了多元化的、健康的、普惠的关系，其中最重要的是国际贸易和工业部，它担当了日本重要产业的智囊团、金融助手和顾问的角色。

与此同时，尽管财阀被取缔，一种新形式的企业集团（Keiretsu）开始出现，这种企业集团支持关联公司的整合。战略性产业（如电力、煤炭生产、钢铁生产和造船）得到了国际贸易和工业部大力支持和指导，在这些领域的骨干企业之间的交叉所有权也得到了积极推行。

企业集团避免与西方竞争者在短期问题上斤斤计较，而是关注长期的经济增长和盈利，“长远眼光”才是国际贸易和工业部关心的重点。终身雇佣制和工会的广泛发展，这些都是有利于长远利益而不是短期结果，也让日本经济在世界舞台上独树一帜。

· OPEC 和日本小轿车 ·

20 世纪 50 年代早期的朝鲜战争让日本意外得利，20 年后的能源危机又为日本带来了新的契机。20 世纪 70 年代早期石油输出国组织重拳出击，原油价格飙升，底特律从有汽车概念开始就是世界汽车生产的领头羊，到油价上涨的时候还在生产数以百万计的宽敞、超重、高油耗的汽车，这些汽车很快就被消费者摒弃。

日系车的存在让购车者有了新的选择。小型、低成本、节能的日本车以前在美国并不受欢迎，在石油危机的背景下却受到了青睐。达特桑（Datsun，现名尼桑）、本田和其他日本汽车制造商趁机向受到高油价影响的海外市场销售它们的节能汽车。

当美国人开始接受日系车的时候，日系车的其他优点也渐渐被更多人注意到。比如，日本制造商的工厂机器人技术非常先进，机器人不会罢工，而且不会犯人工会犯的错误。这样生产出来的汽车比美国车质量更高。另外，因为日本的生产效率更高，像本田这样的生产商对汽车的定价比美国福特汽车和通用汽车更便宜（见图 18–4）。

图 18–4　早期的日系车样式有点奇怪，但是等到达特桑和本田这样的汽车制造商的技术更精良，对美国市场有更多了解之后，它们的汽车就可以超越美国对手，而且威胁到底特律这个汽车城的地位

日本不断取得的成功，正映衬着美国的退步。美国一度引以为豪的钢铁和汽车产业正以惊人的速度衰败。“铁锈地带”这个名词就是用来形容美国那些一度遍布中产阶级工人的地区。美国人越来越多地抱怨日本通过“不公平的”低价竞争，出售比美国同类产品更高效、更受欢迎的产品。

·电子产品巨人·

和日系车一样成功的是日本在电子产品领域不断壮大并走上主导地位。索尼公司在 1955 年就开始出售晶体管收音机，到 20 世纪 70 年代末，最受尊敬和最具创新性的家电产品制造商都是日本的。例如，索尼公司首次推出随身听的时候轰动了全世界，就像 20 多年后苹果的 iPod 问世一样。

安居乐业的工人、24 小时运转的制造基地和世界上寿命最长的国民，让日本获得了“当代乌托邦”的美誉。人们开始推断日本最终将替代美国，因为当时的美国经济不断衰退，劳动力报酬过高，产品质量不高，产业萎缩，美国作为第一大经济体的位置很快就被日本取代。

图 18–5 磁带录像机在很长一段时间内只有专业人士才会使用，但是到 20 世纪 70 年代价格相对便宜的家用磁带录像机开始流行，为日本开拓了一个新的电器市场

20 世纪 70 年代晚期到 80 年代晚期日本生产了丰富多样的家用电器，如电视、音箱、收音机等，这些产品都大受欢迎。Betamax 和 VHS 录像机、摄影机和个人电脑相继问世（见图 18–5）。

日本几乎涉足了所有的电子产品品类，尤其是半导体、计算机部件和印刷电路板，并且只在集成电路（由美国英特尔公司主导）和软件两个领域不占据主导地位。但是人们相信日本很快也会在这几个领域拔得头筹，毕竟它在其他领域的表现已经所向披靡。

美国企业开始嫉妒日本企业的非凡成就，很多美国组织反过来开始效仿它们曾经不屑一顾的竞争对手日本，结果却往往适得其反。比如，在日本很多蓝领工人早上会先做体操，然后才开始一天的工作，于是一些美国公司就让它们的员工在工作前也开始做体操。这是典型的搞不清相关性与因果关系区别的范例，这种做法当然不会在美国创造什么令人惊喜的变化。

与此同时，日本的财富也在不断增长。日本是世界上最大的债权国，也一直保持着世界最大出口国的地位。日本的经济奇迹被广泛研究、讨论和模仿，尽管离 20 世纪结束只有几年时间，学术界甚至已经展开了关于“美国世纪”（20 世纪）让位于“日本世纪”（21 世纪）的可能性的讨论，正如美国结束了曾经的“英国世纪”。

· 泡沫膨胀 ·

日本经济的飞速发展，在股票市场上也有明显体现。日经 225 指数从 1970 年 5 月 31 日的 1929 点稳定增长到 1973 年 1 月 31 日的 5359 点，增长了 177%；到 1981 年 8 月 31 日，日经指数又增长到 8019 点，相比 1970 年增长了 315%。虽然股市的收益如此高，但从日经指数的长期股市走势图来看，这种增长还是相对稳定的，跟接下来的泡沫完全不可同日而语。

此时的美国股市一片低迷，直到 1982 年才出现较长时间的牛市。20 世纪 80 年代，美国和日本的股市都经历了迅猛增长，但是美国股市的增长远远逊色于日本股市。即便是在 1987 年 10 月 31 日全球股市崩溃的时候，日经指数还维持在 26 646 的高点，比 1970 年高出 1200%。

商人、学者和政治家都在密切关注着日本，既有敬佩之情，也有警惕之心。后来在学术界和联邦政府都担任过多种重要职务的劳伦斯 · 萨默斯（Lawrence Summers）在 1989 年 12 月说：

> 今天的日本是世界第二大经济体，一个以日本为首的亚洲经济集团正在形成。这让大部分的美国人觉得现在日本的威胁甚至比苏联还大。

到 1989 年 12 月日本股市的市值有 4 万亿美元，比整个美国股市高出 50%。作为国家而言，日本在领土、人口和经济方面都远不及美国，但是却创造出了比美国股市体量更大的估值，日本股市甚至占了全球股市估值的

50%。

跟所有的泡沫一样，总有各种说辞来解释这种超乎寻常的股价。其中最流行的说法是，日本的会计工作极其保守，因此收益被大量少报。而事实正好相反，日本的会计工作灵活度很高，经常用各种手段掩盖不足。

这种会计手法有个专门的名词叫“财术”（Zaitech）或者“财务工程”。所有有利的财务信息（如股票交易或其他风险活动的获利）都体现在利润表里，而那些不利信息（如资产贬值）就不会出现在资产负债表上。随着股市不断攀升，那些原本跟投资风马牛不相及的企业都会想办法借巨额利率的贷款投资到日本股市，希望通过这种股票投机获利来增加自己的收益。

仅从表面上看，股市的基本数据就已经高得吓人：日本的平均市盈率是 60，相当于美国的 4 倍，而单个公司的估值同样令人吃惊。NTT 公司（日本电报电话公共公司）类似于 AT&T 公司（美国电话电报公司），其市值相当于 AT&T、通用汽车、通用电气、埃克森石油公司和 IBM 市值的总和。

一个小国的一家单一的电话公司，市值居然超过了世界上最大、最知名的 5 家公司，这无疑是令人震惊的。但是几乎没有人愿意承认这家屡战屡胜的日本公司存在“泡沫”。

· 地产大繁荣 ·

日经 225 指数已经是不可思议了，而更不可思议的是日本房地产价格的增长。日本房价在日本金融机构宽松的借贷刺激下呈抛物线式递进，其中东京的房价，尤其是众人垂涎的市中心地段，上涨的幅度是几年前无法想象的。

到 1990 年，日本房地产的总值预计已达 20 万亿美元，是世界上所有股市总值的 2 倍。换个角度理解，这意味着当时日本的土地是地球上所有上市公司总价值的 2 倍，包括那些昂贵的日本本土公司（当然，这些日本公司也是上述房地产的重要所有人）。

房地产之间的比较还有其他惊人的数字。比如，美国的国土面积是日本的 25 倍，但是 1990 年美国的房地产价值只有日本的五分之一，也就是说，日本的土地价格是美国的 125 倍。

放款人对借款人的还款期限延长得越来越长。美国的标准按揭还款期限一般是 15 到 30 年，但是日本的"跨代"贷款非常普遍，可以是 90 年甚至 100 年的还款期。日本家庭买下一栋房子甚至连未出生的儿孙两代人都得还贷款。

1989 年和 1990 年，媒体上对日本的股票和房地产估值的报道司空见惯，其中最常提到的是日本皇室所占用地的价值相当于整个加利福尼亚州。如果日本觉得加州还不够的话，理论上讲，他们可以用东京买下整个美国，而且这在当时属于等价交换。

高尔夫球场在当时的日本成了一个特殊而且受到追捧的地产形式。在最高峰的时候，日本的高尔夫球场市值高达 5000 亿美元。日本城市的地价如此之高，建筑商想方设法在越来越小的地块上修建有市场的建筑，于是"铅笔建筑"蓬勃兴起，这些建筑小到每层只能有一个办公室。

如果你对此时日本高到不能再高的地价已经变得麻木，另一个有意思的事可以让你了解当时的状况狂热到了何种地步：东京市中心最黄金的地段是银座购物区，这里一个小到 3 平方米的毫无商业用途的地方，都能卖到 600 000 美元。这点小空间只够放下一个睡袋，然后躺在睡袋上，再没有多余的空间（见图 18–6）。

图 18–6　日本东京市中心有名的银座购物区的房地产价格之高可谓闻所未闻

日本人的购房热已经不限于国内，还延伸到了夏威夷和美国大陆，对昂贵的艺术品的追捧也是一样。梵高的《盖实医生肖像》（*Dr.Gachet*）以8250万美元的拍卖价创下新纪录。这个日本买主承认拍卖价比他预想的要高出3000万美元，但是赚钱太容易了，尤其是像他这样的亿万富翁，多付3000万美元拍得这幅作品也是值得的。

富有的日本公司疯狂地买下洛克菲勒中心、帝国大厦、圆石滩高尔夫球场和派拉蒙电影城这样的地标，更别提那些成百上千的规模小且不知名的地产和公司，这让美国人越来越不安。看起来日本不单单是要在经济上超越美国，似乎还有将其收入囊中的意思。

·日本可以说“不”·

有逆向思维的人总是寻找特定现象或情况的社会意识最高点，并以此判定事态反转的时机。“封面诅咒”就是这样一个简单的例子：当一个社会活动、个人，或其他文化现象开始成为各类出版物的封面故事时，运气逆转或人气暴跌就会不远了。

另一个极端的例子不是封面故事，而是一本专著。1989年，在日本经济、股票和房地产泡沫出现最高峰的时候，由国土交通大臣、重要立法人物石原慎太郎和索尼公司联合创始人盛田昭夫合著的《日本可以说“不”》（*The Japan That Can Say No*）完成并出版了。

该书一经出版立即引起了轰动，因为该书中一个重要观点非常具有争议性，即愚蠢的美国工人已经被勤劳而且训练有素的日本竞争者打败了，美国人很快就会发现他们会被日本永远地甩在了后面。

全书充满了对美国的蔑视，作者认为日本应该对美国说“不”，想想美国在过去40年为日本经济繁荣奠定的基础，这些说法当真匪夷所思。

以下是书中的部分观点：

- 美国在日本投下原子弹是出于种族主义，否则这颗原子弹应该是对付德国的（这里显然遗漏了一个事实就是欧洲战场还在交战的时候，原子弹还没有研制和试验成功，美国研制原子弹的目标原本是德国）；

- 美国企业太过注重金融工程和企业合并，而不是对生产高质量产品的创新；
- 美国生产的产品令人失望，所以它们总是出现贸易逆差；
- 日本人的性格优于美国人；
- 美国工人素质不高，尤其与受过良好教育的日本工人相比，所以美国产品质量也不高；
- 日本可以利用其技术优势作为战略谈判武器，比如日本可以威胁把重要的新技术提供给苏联，以迫使美国答应日本的一系列要求。

带有这么多这种论调的书自然会引来很多炮轰，更何况美国对日本这个飞速发展的经济火车头已经有诸多不爽。但是这种担忧很快就消散了，而且美国不用对《日本可以说“不”》这种书的论调作任何回应，因为日本就要准备迎接一段漫长而且毁灭性的劫难。

·大灾难·

1989 年最后一个交易日，日本股市涨到历史最高点。日经指数在年尾走强，大部分股市观察人士都认为股价没有被高估。股市在那么长的时间里一直都这么稳健而且强劲，他们没有理由不相信 1990 年会赚更多。

但是日本银行眼看着股市和房地产价值的爆发式增长越来越担忧，于是在 1990 年 1 月采取了措施，提高了利率。这一动作迅速影响到股票，到 1990 年，股东不但没有捞到那些眼看就要到手的丰厚收益，股价反而直线下降，到 1990 年年底的时候市值蒸发了一半。

股市的大跌对任何一个市场来说都不是好消息，尤其像日本这样高举债企业、银行关系错综复杂，同时交叉持股严重的经济体，影响更是恶劣。就像金融工程的创新在股市上涨的时候，所有资产都一本万利，现在股市下跌，资产增值的唯一动力日经225指数也在缩水。

房价对利率上涨的反应相对滞后。1990年的大部分时间，超高房价整体维持在高位（10年之后的硅谷也出现相似的状况，因为当时极高的住房价格，尤其商用地产没有立即跟着纳斯达克指数下跌，而是撑到了泡沫破灭一年之后）。

房产持有者们很快就会开始心痛了，过去几年的房价增长了100倍，现在这部分的资产价值如果贬值也不足为奇。到1992年8月，日经指数跌到了14 309点，股价损失约2万亿美元；与此同时，房地产资产也从最高点下跌了8万亿美元。

即便对资产价值造成了如此恶劣的影响，日本银行也没有撤回它们的决定。相反，日本银行还在提高利率，直到1991年7月，可怕的影响已经迅速蔓延席卷全国之时，才下调了利率。

· 破坏性的人口增长 ·

随着日本股市和房地产的核心资产暴跌，对于日本将主宰全球的憧憬自然破灭，人们关注的不再是日本有什么良机，而是将要面对什么挑战。

日本的生育率很低，这种状况最初只是为了第二次世界大战后避免全国性的饥荒，后来演变成了日本文化的一部分。这种人口状况的表现是劳动力越来越少、退休人口越来越多，劳动人口无法供养那么多的退休人口。日本人口年龄的中位数相对较高，而且会越来越高，这种趋势并不利于支撑国民福利体系。美国也面临同样的问题，但是比日本的状况好很多。

同时，在市场需求下降、价格缩水的环境下，企业没有足够的财力保证不裁员，所以横跨数十年的终身雇佣制开始动摇。过去很多年日本的失业率都为0，但是从1992年开始到1996年，有100万个制造业就业岗位被裁退，失业率增加到4.2%，上涨了两倍。2001年失业率增加到了5.6%，对一个已经习惯了人人享有稳定、有偿工作的国家来说，这样的失业率实在是太高了。

日本长期的经济问题还有一个敏感的文化因素：极度怕丢面子。那些大企业，作为日本文化的人格化符号，不愿意承认自己严重的过失，也不愿意公开非常严重的损失，索性漫长的修正过程也可以省略了（而且，就在几十年后写这本书的时候，这些问题还是没有得到正视）。

艾伦·格林斯潘在其2008年出版的《动荡年代》（*The Age of Turbulence*）一书中写道："为了避免很多企业和个人颜面尽失，日本选择了经济停滞，代价是巨大而昂贵的。"比如，银行把不良贷款转到子公司账上，这样虽然表面上就抹掉了一笔负债，但是现实问题终究无法逃避，因为这笔债肯定最后也还不上。

在资产价格上涨的时候，会计手段可以用来填补利润；而当资产价格下降时，在掩盖不良资产上自然更是花招用尽，自欺欺人地希望将来某个时候问题可以迎刃而解。

德意志银行东京办公室的首席经济学家肯·柯蒂斯（Ken Curtis）把日本资本的金融架构形容为"喜马拉雅山一样的资产负债表和撒哈拉沙漠一样的收益"。换句话说，当初拔苗助长累积的巨额债务，让这些微薄的利润简直不值一提。

·失去的20年·

20世纪80年代末，人们关于日本成为世界第一经济体的推测很快就被推翻。相反从1990年到2010年，日本的GDP一直保持在5.7万亿美元没有增长。而同期的美国（当然美国也没有免于自身的金融和政治问题）经济实现了大跨步，从7万亿美元增长到15万亿美元。到2010年，占据世界经济第二位的还是亚洲国家，只是不是日本，而是中国。

尽管日经指数大面积崩盘发生在熊市的最初几年，但是下跌一直没有停过，2008年10月公布的日经指数不到7000点，相比20多年前的最高值

39 000 点下降了 82%。美国股市用了 30 年的时间才恢复到大萧条前 1929 年的水平。经历过这次危机，日本也需要很长一段时间才能恢复到 1989 年的水平（见图 18–7）。

图 18–7　本图列出了近 40 年的日经指数。从 2000 点攀升至近 40 000 点花了 20 年的时间，而跌到 7500 点只用了 13 年。虽然稍有恢复，但是要达到 1989 年的高度还需要几十年的时间

虽然日本企业的财会部门努力避免公开不利的财务状况，但一些企业和个人不得不下血本出售他们几年前才刚刚购入的资产。

夏威夷的威斯汀度假酒店以 2.9 亿美元买入，2000 年卖出时的价格还不到买入价的一半；另一个有名的夏威夷地产是格兰瓦雷阿酒店，2000 年的出售价是 3 亿美元，跟十年前日本地产繁荣时期的买入价 6 亿美元相去甚远，损失近一半；美国大陆有名的圆石滩高尔夫球场也同样以较低的价格折本出售。

那些被日本大集团收购的企业也没有好多少。当日本三菱公司收购美国的洛克菲勒中心——纽约最有名的地标性建筑时，标志着日本对美国掌控的加深。1996 年三菱以净损失 20 亿美元的价格卖出洛克菲勒中心。索尼对哥伦比亚电影公司的收购更是不幸，损失达 27 亿美元。

不管日本的会计手段如何高明，日本政府的财政状况是没法作假的，同时也是非常令人担忧的。日本政府以前是有盈余的，现在却不得不靠发行债券来支撑国家的福利体系和提供各种就业岗位项目。

1990 年日本政府的债务占 GDP 的 60%，2005 年达到 200%；而到撰写本书时为止，这一比例占到了 230%，并且还在不断扩大。如果用日元来表示的话，就要用百万的四次方来描述了。

有人可能会想日本政府增发上万亿的货币来解决经济问题，肯定会引发通货膨胀。但是事实却正好相反，天文数字般的债务像个无底洞一样吸纳了所有新增货币，通货紧缩在日本持续了 20 多年。日本人用“失落的 20 年”来形容资产贬值、经济增长疲软和通货紧缩压力。

·漫长的复苏·

每个央行行长都不愿意看到两种不利局面的出现——通货膨胀和通货紧缩。通货膨胀会导致购买力萎缩，工资、物价上涨，商品和服务成本上升会引起大众的失望情绪。提高利率通常可以缓解这些问题，如 20 世纪 80 年代初期美联储就曾大幅提高利率。

通货紧缩是更棘手的问题。商品和服务价格持续走低听起来似乎对人们的生活有好处，但这只是假象。这种经济环境会促使人们更多地储蓄，因为这是资产增值的唯一方式，这意味着经济活动中的流动资金骤减，对就业、薪资和经济增长都不利。毕竟，如果一台新电视一年后只卖 1000 美元，那就不必要现在花 2000 美元买了。

这种通货紧缩的经济环境正是日本所经历的，而且持续的时间不是几个月或者几年，而是长达 20 年之久。日本民众对职业前景、薪水和未来都习惯性地悲观。长时间的通货紧缩还让民众对经济非常没有信心，而且诉诸宿命论和悲观主义。

但是这并不意味着日本，尤其是日本政府在扭转经济颓势上没有任何作为，只是很多的努力都没有取得成绩。比如日本国际贸易及工业部的“第

5 代”计算机项目，20 世纪 80 年代，一些业内专家相信日本最终会由此控制从半导体、存储器到硬件的整个计算机产业。

该项目承诺在超级计算技术和人工智能方面有重大突破，把世界其他国家甩在后面。日本计算机产业在这个倒霉的项目上投入了 4.5 亿美元，但是这个项目最后无疾而终，日本国际贸易及工业部只能把已经开发的东西都免费赠送给需要的人。美国的软件和硬件公司可以高枕无忧了，日本还是可以继续为它们生产芯片和电路板，而且韩国和中国还能分摊这部分代工业务。

日本企业的终身雇佣制已然成为历史，越来越多的企业以临时雇佣代替长期雇佣，因为临时雇佣可以轻易解聘而且企业没有职工福利负担。到 2009 年，日本的劳动力有三分之一属于“临时雇佣”。

这些普通市民还有资产泡沫中遗留的问题没有解决，他们当中很多人都在房地产疯狂时期贷款买了房，最后被套牢。泡沫破灭的时候，一家人在 1990 年花 500 000 美元买的小公寓，十年后贬到了 140 000 美元。就在撰写本书的时候，住宅地产跟资产泡沫的高峰期相比贬值 90%。贷款购房的家庭所还的贷款远比房子本身的价值高。

住宅地产贬值 90% 的潜在冲击无疑是毁灭性的，但是商业地产的损失更是惨不忍睹。1990 年东京最热门的商业地产售价每平方英尺[①]139 000 美元；而 25 年后，同样的面积价格比顶峰期跌了 99%。总而言之，在 1990 年到 2010 年之间，日本的股票持有者和房地产持有者经历了 20 万亿美元的贬值，这在世界经济舞台上足以令所有人咋舌。

日本的“死要面子”，在资产泡沫破灭后没有采取必要的清算和调整，这反倒给亚洲邻国提供了绝好的商机。20 世纪 90 年代对日本来说是可怕的，但是对世界上其他大部分工业化国家来说却是一段美好时光，像三星这样的韩国公司把之前索尼这样的电子工业领军企业甩在了后面。

与此同时，日本政府还在不停地印钞来支撑一些银行和企业，于是全

① 1 平方英尺 ≈ 0.092 平方米。——译者注

国产生了很多“僵尸”公司，这些公司从财务上而言几年前就该宣布破产了。在1991年到2001年日本政府还在各种公共工程上花费了10万亿美元，以此来稳定就业率。这些工程项目让日本的政府债务陷得更深，但是从某种程度上而言，其实是没有必要的。

日本在20世纪50～70年代的经济复苏是商业史上的传奇之一，一个几近变成废墟的国家能够从失败中站起来，而且还一度有希望坐上世界经济的头把交椅。

但是，日本巅峰时期的骄傲，不计后果的借贷，以及银行、企业和政府之间暧昧的关系，所有这些导致了惊人的泡沫，而泡沫破灭造成的冲击一直延续了二十多年。

20世纪最后的十年和21世纪最初的十年，对日本和大和民族来说是屈辱的。美国在面对自己的财政问题和未来的福利债时，日本的地位从过去要取代美国世界第一位置的威胁，到如今变成了大家借鉴如何治理国家金融才不至于遭受如此毁灭性的打击的现实教材。在美国国会大厅里，立法者口口声声指出美国不该走日本的老路。至于两个国家最终怎样从自己制造的问题里走出来，答案只能交给时间了。

19 储贷危机

20世纪 80 年代的储蓄和贷款危机在当时是美国大萧条以来最严重的金融危机。利率变动、政府费力不讨好的刺激政策，加上人为松懈的监管环境，造就了美国政府历史上一次重大的乱局，为此纳税人要付出上亿美元买单。

当一切尘埃落定，一半的互助储蓄机构破产，整个美国的金融系统也经历一次脱胎换骨。

·良好初衷和增长动力·

人们都知道现代美国人有三分之二的人拥有自有房产，三分之一的人租房生活，而在大萧条刚刚开始时，情况却恰恰相反，自有房产往往是中产阶级富有家庭才有，而这个群体只占美国人口的三分之一。

罗斯福政府想要通过提高自有房产比例来推动房地产建筑业，但住房贷款期限只有五年，这让大部分购房者望而却步。这样的按揭，在到期前借款人要支付一大笔钱，很多工薪阶级无法承担。联邦政府成立了很多机构，其中最主要的是联邦住房部（Federal Housing Administration），用来推动按揭贷款市场，包括付款期限长达 30 年的新贷款方式。

30 年固定利率贷款为房地产市场带来了前所未有的变化，数以百万计过去都没有想过买房的美国人现在开始考虑要不要入手房产。第二次世界大战结束后，住房需求量急剧上升，推动了住房贷款的迅速发展，很多工薪家庭开始向当地互助储蓄机构申请贷款。

互助储蓄机构也称为储蓄贷款组织［Savings and Loan（S&L）Organizations］，是18世纪后期在英国兴起的，当时称之为建筑和贷款组织［Building and Loan（B&L）Organizations］。最初这种组织是合作社式的，邻里之间联合把存款集中起来为内部成员购买住房提供贷款。这些合作社都是非营利性质的，用以推动合作、责任、工薪阶级的勤俭精神，同时也为他们购房提供了帮助。这种组织对整个社会是有益的，并不是捞钱的好机会。

美国本土的储蓄信贷组织在19世纪发展得十分缓慢，到大萧条的时候很多这样的组织逐渐消失了。1945年之后，不断膨胀的中产阶级加上住房建设产业的蓬勃发展为互助储蓄机构在美国的壮大提供了沃土。

储蓄信贷组织的商业模式很简单。他们替组织成员保管存款，并用这些存款为成员提供住房贷款。同商业银行一样，这些存款有联邦政府担保（见图19–1），只不过商业银行存款的保险公司是联邦存款保险公司（Federal Deposit Insurance Corporation，FDIC），而为储蓄信贷组织提供存款保险的是美国联邦储蓄与贷款保险公司（Federal Savings and Loan Insurance Corporation，FSLIC）。

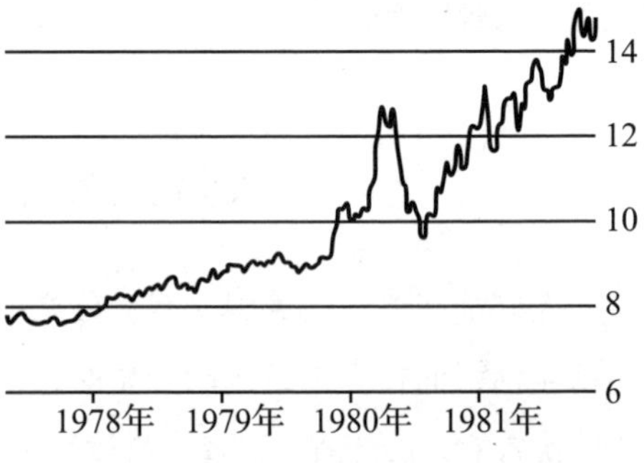

图19–1　在大萧条之后联邦政府开始为储蓄提供担保，这为广大储户带来了安全感

关于储蓄信贷协会的银行家，有一种老掉牙的“3–6–3”法则：他们对存款支付3%的利息，按揭贷款则收取6%的利息，然后下午3点就可以下班去打高尔夫球了。

为了吸引储户，互助储蓄机构常常进行“利率大战”，想方设法要稍微高出竞争对手的利率。商业银行和互助储蓄机构在为储户提供更优惠的利率方面互不相让，在竞争白热化时，联邦政府出台了一项重要法案——设定最高利率，各银行的利率不得高于最高利率。该法案终结了利率大战，但是互助储蓄机构也失去了吸引储户的撒手锏。

·陷入败局·

随着商业票据的流行和货币市场的壮大，商业银行面临着吸收存款的难题。对有固定收入的储户来说，这种新的投资工具比商业银行更有吸引力，于是储户的钱从传统的银行和互助储蓄机构流向了新的投资工具。

互助储蓄机构对存款的利用非常有限，故而容易受到利率波动的冲击。这些问题在 20 世纪五六十年代还是无关紧要的，但是到了 70 年代，通货膨胀抬头，互助储蓄机构开始感觉日子不好过了。

“短期储蓄，长期放贷”的模式让银行的收入（固定利息贷款的利息收入）和支出（给储户付的利息）不成正比。行业术语称之为“期限错配”，因为储蓄（短期）和贷款（30 年）的期限差距非常大。

卡特政府试图通过颁布《储蓄机构放松管制和货币控制法案》（*Depository Institutions Deregulation and Monetary Control Act*）来协助银行业。该法案取消了银行利率的最高限额，这意味着银行又可以通过利率竞争来争夺市场中有限的存款了。

尽管法案的出台完全是一片好心，但是互助储蓄机构却因此陷入困境。为了与同行竞争，银行不得不向储户支付高额利息，而且 20 世纪七八十年代初期的利率大幅上涨，于是导致互助储蓄机构在总账上的支出剧增。

与此同时，银行总账上的收入却毫无起色。在 1981 年之前，联邦法律禁止浮动按揭利率，这意味着即便有通货膨胀或者市场利率上浮，银行都只能按当时约定的 5% 的利率收息。

给储户支出的利息和从贷款收取的利息之间的差额是银行赖以立足的根本，因为利息差构成了银行的营业利润。

但是到 20 世纪 80 年代初期，这种利息差逐渐消失，并演变成了负数，1981 年平均值为 –1.0%，1987 年平均值为 –0.7%。入不敷出，让这些银行经营步履维艰。

1981 年和 1982 年，储蓄贷款组织报告称该行业一共损失 90 亿美元，从客观的会计角度来评估的话，整个行业不但存在负资产，而且还变得一文不值。起初，团结社会力量让更多工薪阶层拥有自有住房的努力，如今变成了几十亿美元的烂摊子。

· 放松管制 ·

根据当时的联邦法律和会计准则，政府应该关闭大量互助储蓄机构，因为其中有很多已经处于破产状态。客户储蓄损失过于严重，最终会导致美国联邦储蓄与贷款保险公司破产。但是相关负责部门并无意正面应对危机，同时大型储蓄贷款组织的高层和上级监管部门又关系密切，政府当局也有监管不力的责任。

不但不切实监管，联邦监管部门反而允许银行做假账，通过在账目中加一项“商誉”来弥补资产负债的差距。“商誉”本是用来表示银行在某个业务领域的专业和权威，而用在这里实际上是利用会计技巧让公司看上去还有偿债能力，而且账目清晰。

华盛顿认为储蓄信贷协会行业只是需要时间在一个监管宽松的环境中自我调整。事实上，互助储蓄机构几十年来都没有受过什么严格的监管，虽然曾经有利率上限的限制，但是自从《储蓄机构放松管制和货币控制法案》和 1982 年的《储蓄机构法案》（*Garn-St. Germain Depository Institutions Act*）通过后，互助储蓄机构的运作框架已完全不同。

现在互助储蓄机构可以利用自己手里的资金投资任何领域；过去它们只能以固定利率从事住宅地产贷款，现在它们可以把钱投资商业地产、投机地产交易、新的商业投资，甚至是垃圾债券。

同一时期，国会通过了一些重大税收改革方案，给房地产投资者提供了可观的税收优惠，大大刺激了贷款需求，尤其是商业地产贷款的需求。

为了缓解储蓄贷款组织的财务压力，监管部门减少了它们的存款准备金基准。过去的准备金基准线是 5%，到 1980 年 9 月降到了 4%，1982 年 1 月再次下调到 3%。这大大增加了互助储蓄机构的可贷款数额，但同时也容易受到经济低迷的影响，因为它们一直在提高资金杠杆。

对储蓄贷款组织的监管原本就很宽松，里根政府放宽监管的执政理念让这种监管进一步弱化。联邦政府的银行审查人员薪水很低——1983 年的起薪是年薪 14 000 美元，而且缺乏专业培训。联邦住宅贷款银行委员会（Federal Home Loan Bank Board）同样面临人手严重不足的问题，在这种情况下，数以百计的互助储蓄机构多年来连最基本的审查也没有接受。

另一条放宽审查的标准是对储蓄贷款组织至少要有 400 名持股人的要求。互助储蓄机构的起源就是几百名社区居民以非营利合作社的方式组织起来的，它们将集体的存款用于社区居民购房贷款。从法律上而言，这些合作社至少要有 400 名持股人，其中必须有 125 名是当地社区居民，而且个人持股都不得超过总股份的 10%。

新的监管条例将人数降到最低可以是 1 个人，在这种新的监管环境下，个人或者企业要兼并或者控制这些互助储蓄机构是轻而易举的事情。储蓄贷款组织作为以社区为基础的居民合作社的理念已经被抛诸脑后。

互助储蓄机构现在可以选择作为州特许的或者联邦特许的机构。就像它们过去通过利率竞争吸引人来存款，现在州政府可以通过向银行收费获利，所以各州开始竞争互助储蓄机构在本州内设立营业点。

比如加利福尼亚州，在 1982 年通过了《诺兰法案》（*Nolan Bill*），为互助储蓄机构提供了比联邦条例还宽松的环境。该法案生效后，加利福尼亚州特许的储蓄贷款组织可以把全部存款投资到任何领域。

而对储户来说，银行是州特许的还是联邦特许的毫无区别，因为他们的存款已经得到了联邦政府最高 100 000 美元的存款担保（里根总统新法律出台前，最高是 40 000 美元）。

这种情况导致的道德危机是非常明显的：互助储蓄机构现在可以吸收

任何它们想要的存款，而储户的存款只要不超过 100 000 美元就不会有任何损失，与此同时这些互助储蓄机构可以利用这些资金做任何想做的事情，不管投机风险多高都可以。

资金来源不存在亏本风险，就算出问题互助储蓄机构负责人也不用担责任，因为有联邦政府为储户买单，这对雄心勃勃的商人（或者说“大忽悠”）来说简直是太完美了。

· 地产泡沫破灭 ·

储蓄贷款组织行业的运气反转了。它们 1981 年损失 46 亿美元，1982 年损失 41 亿美元，但 1983 年盈利 19 亿美元，1984 年和 1985 年分别盈利 10 亿美元和 37 亿美元。从表面上看，放松监管拯救了整个行业，将一场潜在的、波及范围广泛的灾难扭转成了美国重要的金融领域的新机遇。

20 世纪 80 年代早期的突出问题，到了 80 年代中期虽然有宽松友好的大环境粉饰，但还是无法掩盖危机，金融根基腐化的问题很快就会显现。其实当时已经发生了几起重大的破产事件，如得克萨斯州帝国储蓄的 3 亿美元破产案（得州以银行监管松懈闻名，因此当地的利率也较全国平均水平为高，人称“得克萨斯溢价”）。

1986 年，美国国会颁布了新的税法。该税法的颁布对整个房地产行业是一次重大打击，因为许多由 1981 年的法案带来的商业地产和住宅地产的投机便利都被取消了。由此，房地产行业的繁荣戛然而止。得克萨斯州的互助储蓄机构因为过于依赖房地产和石油，如今房价和油价的暴跌令其损失惨重。

1987 年，美国 50 个州的储蓄贷款组织的损失有一半是得克萨斯州“贡献”的，“人去楼空”的办公室随处可见，得克萨斯州的房地产空置率超过 30%，互助储蓄机构行业损失最大的 20 家银行当中，得州占了 14 家。

银行业的新环境中最令人不可思议的是：开一家银行需要的钱真的是太少了。大部分美国人都会认为开一家新银行需要成百上千万美元，但事实却并非如此。

对银行业毫无经验的人都能意识到互助储蓄机构蕴藏的机遇：获取的资金有联邦政府担保，到手的钱可以用于任何投资，包括个人投资项目。

这比从苛刻的投资人那里集资要轻松得多，投资人还要求投资的企业家让投资升值，而互助储蓄机构的这种经营方式相当于拿着联邦政府提供的几十亿美元零风险的资金到处投资。

互助储蓄机构的投资早已偏离固定而且可预测的住宅地产贷款市场，而这一领域曾经是它们存在的根本，如今它们的投资涉足滑雪胜地、汉堡连锁店、垃圾债券、另类能源风投（比如一个公司试图把牛粪便转化为沼气）等。

花样百出的投资都出自那些监管最松懈的州，即加利福尼亚、佛罗里达和得克萨斯。但是整个储蓄贷款组织行业闹剧中最声名狼藉的却是另一州——亚利桑那。

·基廷的林肯储蓄银行·

20 世纪 70 年代中期，查尔斯·基廷（Charles Keating）作为美国金融公司的高级执行官不仅遭到股东质疑，而且遭到公司投资者的多起起诉。证监会也亲自组织调查，指控基廷和其他高级职员伪造报告，欺骗投资者。

1976 年 8 月，基廷辞职，离职协议中有一条是用 300 000 美元买下亚利桑那州凤凰城的一家叫美国大陆之家（American Continental Homes）的住宅建筑公司。虽然这家公司经营得不怎么样，但是基廷认为凤凰城正处于快速发展阶段，他要抓住这个好机会，把公司做大做强。

基廷不愧是一名资深经理人。到 20 世纪 80 年代，美国大陆之家就已经成为凤凰城和丹佛地区最大的住房建筑商，它的账面上不再是亏损，而是数百亿美元的盈利。基廷让其家族成员担任公司高管，他依旧享受着成功企业的优厚待遇，甚至包括三架商务机和一架直升机。

当时《财富》杂志有一篇文章引用了一句话：“实在找不到谁会真的喜

欢查尔斯·基廷。”作为维护声誉的回击，查尔斯·基廷印制了 5000 个徽章，上面还写着“我就是喜欢查尔斯·基廷”，然后把这些徽章送给那些愿意佩戴的员工或者客户。

基廷是一个精明的商人，他将里根政府彻底放松监管的政策视作购买储蓄贷款组织的绝佳机会。后来凯萨琳·德（Kathleen Day）在其《储蓄贷款组织地狱》（*S&L Hell*）一书中引用了他的话：“我深谙这个行业，而且我一直认为，不受约束的储蓄贷款组织是这个世界上最大的印钞机。”

当时有一家名为“林肯储蓄贷款”的银行正在出售，而且这还算得上是一家经营谨慎的储蓄银行。这家机构一直专注于传统的住房抵押贷款，过去每年都略有增长，近期盈亏不定，但幅度不大。

基廷以美国大陆之家公司的名义买下林肯银行，收购价为 500 亿美元。他向监管部门承诺会维持现有管理层不变，但是收购后没几天就把他们开除了，然后像美国大陆之家那样，安插自己的亲戚朋友担任高管。

林肯银行便开始了业务转型，从无聊而且不刺激的住宅按揭贷款抽身，转而一头扎进地产开发项目和垃圾债券，在短短的四年内，资产从 11 亿美元涨到 55 亿美元。

即便监管环境宽松，林肯银行的增长和动作如此迅速，还是引起了全国银行委员会的注意。委员会发现林肯银行有 1.35 亿美元的损失没有上报，同时其操作的自由度已经远远超出了联邦政府对互助储蓄投资的允许范畴。

基廷通过大手笔的竞选捐款早已收买了地方政要，如今他如法炮制，巴结任何对他有利的重要人士。他花钱请当时还只是一名独立经济学家的艾伦·格林斯潘，让他写一篇支持林肯银行及其投资的文章，他还为国家银行委员会成员及其配偶安排工作。

但是这些手段都没有让监管部门放弃对林肯银行的调查，于是基廷只好转向其他目标，花 13 亿美元的大价钱支持 5 位参议员，分别是加利福尼亚州的艾伦·克兰斯顿（Alan Cranston）、亚利桑那州的约翰·麦凯恩（John Mc- Cain）和丹尼斯·迪康斯尼（Dennis DeConcini）、俄亥俄州的约翰·格伦（John Glenn）和密苏里州的唐纳德·里格尔（Donald Riegle）。

这五位参议员后来也被称为“基廷五护卫”，他们卖力向全国银行委员会游说不要再调查林肯银行的事情。

基廷对麦凯恩的游说最厉害，多次邀请麦凯恩及其家人乘坐自己的商用机前往基廷在巴哈马的度假别墅，但是麦凯恩却不愿意过度反对联邦对林肯银行的调查，这惹恼了基廷，他在背后称麦凯恩为“胆小鬼”。

这五位参议员确实约见了全国银行委员会并建议他们放过林肯。不管这次会面对林肯的短期命运有没有实质性的作用，但对这五位参议员未来的政治生涯确实产生了相当大的损害。

林肯银行还在继续扩张，建立起了拜占庭式的错综复杂的业务和发展网络。到 1988 年 10 月，基廷开始了其最大的房地产投资—— 一个 3 亿美元的腓尼基度假胜地项目。同时他还参与了（但是没有真正意义上动工）一个名为爱丝特雷娜的大项目，这是一个占地 20 000 英亩（约 8.09 平方千米），集住宅、办公楼、工业厂房、学校、购物中心、度假村和医院于一体的地产开发项目。如果建成的话，爱丝特雷娜预计能安置 200 000 人。

有趣的是，基廷虽然在商业活动和政治手腕上强势，但他在道德上却异常保守。他成人后的大部分时间都反对色情影片，他对爱丝特雷娜项目的居民有明文规定，有过堕胎或看过色情影片的人不得入住。当他的法律团队告诉他这些根本不具有可操作性后，他才把这些规定删除。

随着林肯储蓄银行的财务状况越来越危险，基廷对资金的需求更加迫切。负责林肯银行的会计事务所安永表明了对公司某些做法的担忧，不过基廷不但没有化解这种担忧，反而让罗斯会计事务所取而代之。

更严重的是，林肯储蓄银行要求分公司的经理们鼓动他们的储户把联邦保险的存款来换购美国大陆公司的债券。它们的销售文件上公然地告诉员工：“永远记住，那些弱势、温顺、无知的人永远是好猎物。”

于是，那些在林肯储蓄银行有联邦政府担保存款的人，被鼓动着放弃这个安全的保值港湾转而投入林肯债券。他们不知道的是，林肯债券早已被独立评估机构评定为资不抵债。

因为储户们是在联邦担保的银行内进行资产转换，所以很多人错误地认为他们购买的债券也是受到担保而没有风险的，这些储户中大多是老年人，而且没有被告知自己的行为所承担的风险。最后，这些债券变得一文不值。联邦存款保险公司主席威廉·西德曼（William Seidman）后来评论，这种换购是“现代史上最无情和残忍的欺骗”。

基廷还把手伸到了外汇交易，试图投机获利，但是一个月内就让公司损失了110多亿美元。林肯储蓄银行的现金危机不断恶化，基廷招权纳贿也变得不那么灵光，监管机构再也不能坐视不管了。

1989年4月，美国大陆公司宣布破产，林肯储蓄银行也被联邦住宅贷款银行委员会接管。共有23 000名储户上当受骗，把他们的存款换成了不受联邦担保的美国大陆债券，这实在令人难以置信，各家报纸都充斥着老年人一辈子的积蓄遭到损失或者倾家荡产的故事。其中有一张流传很广的照片是一位老年妇女在法庭与基廷愤然对抗，债券持有人蒸发了近3亿美元。

美国纳税人要为林肯储蓄银行储户损失的34亿美元买单。基廷花了公司5000万美元专门用来跟监管部门抗衡，但最后还是到了清算的日子。基廷并不以收买参议员为耻。1989年4月，基廷告诉记者：“在最近几周的很多问题中，有一个问题是关于我的资金支持是否影响到了几位政要对我的案子的态度，我的回答是毫无疑问的，我当然希望有影响。”

针对基廷的犯罪指控和诉讼迅速堆积起来。1989年9月，基廷收到联邦政府11亿美元欺骗和敲诈勒索的起诉书，并在11月被传唤到国会接受调查，但他对每个提问都引用美国宪法修正案第五条而拒绝回答。

1990年9月基廷受到加利福尼亚州42条不同罪名的指控，并在1991年被判欺骗、敲诈和阴谋罪。1992年4月基廷被法官兰斯·伊藤（Lance Ito，多年后因主持O.J.辛普森的审判而声名大噪）判决在美国最高戒备监狱服刑10年。

1993年1月，基于73项不同的欺骗、阴谋和诈骗指控，联邦决定对基廷加刑。1993年，基廷被判在联邦监狱服刑12年零6个月，并赔偿政府1.22亿美元。资产重组信托公司同样收到了针对基廷的43亿美元的简易判决。

基廷把自己说成是受害者，宣称自己是美国的“政治犯”。如果监管部门不插手，他的所有投资者现在都成“富翁”了。

虽然恶行罄竹难书，但是基廷在 1996 年时来运转，以自由主义著称的联邦第九巡回上诉法庭在旧金山推翻了针对他的多项指控，没有重罪指控的基廷最后在监狱服刑了 4 年半就重获自由。

· 新根基 ·

1986 年的储蓄贷款组织行业无疑是病入膏肓，但联邦政府还是没有采取必要措施解决问题。里根政府筹资 150 亿美元救火，但要填这个大窟窿需要至少三倍的钱，即便如此，国会也没有通过这项救助请求。于是里根政府转而向窘困的美国联邦储蓄与贷款保险公司注入 108 亿美元，但是因为储蓄贷款组织高管们和国家领导层关系密切，没有同时出台任何监管改革措施。

到 1988 年年底，约有 250 家储蓄贷款组织共计 810 亿美元的资产资不抵债。1989 年 2 月 6 日，新总统就职，乔治·赫伯特·沃克·布什（George H. W. Bush）宣布了解决危机的新方案。这一提议以《金融机构改革、复兴与强化法案》（*Financial Institutions Reform Recovery and Enforcement Act*, FIRREA）的形式出台。

美国政府最后采取了严厉措施解决危机：以没有尽到对纳税人应有的职责为由，取缔了联邦住宅贷款银行委员会和联邦储蓄与贷款保险公司，并由更稳健的联邦存款保险公司代替其职能；成立重组信托公司（TRC）处理储蓄贷款组织破产后留下的上千亿房地产债务。

《金融机构改革、复兴与强化法案》取消了 20 世纪 80 年代推行的自由化改革，重新恢复到 20 世纪 70 年代的有效监管。把对银行的存款准备金率从 3% 提高到 8%，互助储蓄机构首次和其他商业银行一样要接受准备金率的监管。这些人随心所欲的日子已到头。

重组信托公司还有个极为艰巨的任务：从 1989 年到 1995 年，它们要卖掉已经关闭的 747 家互助储蓄机构的 4000 亿美元的资产。一开始，重组信托公司只是简单地在公开市场上出售地块和开发项目，但是这样的成交价格非常之低。它们后来找到了一种新的而且非常成功的方法，它们在地产捆绑的基础上设计权益合伙计划，然后部分出售。

这些权益合伙计划部分出售给投资者，重组信托公司保留其余部分，投资者可依据实际的市场价格出售房产，随后参与双方都能从收益中获利。

这种新思路让重组信托公司和想在海量出售的房产中获利的投资者在利益上达成一致。之前联邦政府在处理储蓄贷款组织的问题上漏洞百出，重组信托公司的创立和执行显然是个好的改变，因为资产处置非常成功，而且给广大纳税人带来了实惠。

从 1986 年到 1996 年，储蓄贷款组织的数量从 3234 家减少到了 1645 家（约减少了一半）。整个行业在一场“政府制造”的七年闹剧中还是存活了下来，但却是以 1600 亿美元为代价，美国交的学费实在过于昂贵了。

20 苏联解体

1991 年苏联解体对当时的金融市场几乎没有影响，反而是在接下来的几年逐渐显现出其重要性，因为这次国际事件从根本上改变了全球政治格局和资本主义世界的版图。

俄罗斯有 70 年的时间处于共产主义政治体制之下，而整个世界有近半个世纪的时间都围绕着苏联和美国之间的冷战运转。连最精明的专家都没法预料，几乎一夜之间，旧的世界秩序就这样崩塌了。

· 回到苏联时代 ·

20 世纪 80 年代的人们几乎没有不知道苏联的，苏联囊括了广阔的国土和大量人口，而且与地球另一端的美国对峙了几十年。

当然，在 20 世纪两国有过冲突，但这也只是两个超级大国之间的代理战争，美国和苏联从未直接交战。对第三次世界大战爆发的忌惮和“同归于尽”式的战争结果让双方都不敢轻举妄动。

苏联是一股强大而且稳定的政治力量，两个超级大国都手握核武器，让整个世界从 20 世纪 50 年代到 80 年代都处于紧张状态。苏联与美国的军备竞赛开始时不分上下，但是几十年下来，苏联的经济并不稳健，问题频发，而且越来越疲软。

到 20 世纪 80 年代，苏联经济很大一部分都服务于军事，70% 的工业产出都用于军事目的。里根总统加大美国军事建设力度，尤其是提出太空导弹防御计划后，苏联把更多的资源放在了军备上，尽管其本身资源已经很有限。虽然苏联当局意识到军备竞赛给经济带来的巨大压力，但是为了在竞争中生存也只能勉力支撑。

1983 年 7 月，里根总统在一篇演讲中称苏联为“恶魔帝国”，这对苏联军事系统的人来说竟然是一个好消息，因为他们知道这样一来自己获得的财政支援力度将进一步加大。对那些参与到苏联军事系统中的人而言，里根总统可以算得上是个“福星”，尽管乍一听这个说法有点匪夷所思。

苏联的收入来源主要是出售自然资源，尤其是原油。20 世纪 80 年代后期，原油价格呈螺旋式下跌，让苏联财政吃紧。苏联不得不向西方世界的银行借债来购买粮食以养活国内人口。

· 戈尔巴乔夫 ·

20 世纪 80 年代，苏联经历了多位领导人的更换。勃列日涅夫（Brezhnev）在 1982 年 11 月去世之后，尤里 · 安德罗波夫（Yuri Andropov）接替苏共总书记职位。在里根总统发表“恶魔帝国”演说的同时，尤里 · 安德罗波夫辞职。接着，苏联官方新闻机构回应里根的演说，称其为“狭隘的对抗和挑衅思维，疯狂的反共产主义”。

1984 年，年迈的尤里 · 安德罗波夫逝世，接替他的是 71 岁高龄且健康状况欠佳的康斯坦丁 · 契尔年科（Konstantin Chernenko）。此时的苏美关系还是非常严峻，美国抵制 1980 年莫斯科奥运会，而苏联则抵制 1984 年洛杉矶奥运会。康斯坦丁 · 契尔年科于 1985 年去世，任职时间跟他的前任一样短暂，其继任者就是戈尔巴乔夫。

戈尔巴乔夫是苏联推动改革的动力，他明白要在苏联的体制内进行运作才能推动变革进程。他坚持“开放”和“改革”是变革的必要手段，而他认为通过变革“这个国家将呈现新的精神面貌”。

戈尔巴乔夫面临的问题是棘手的：贿赂、贫穷、腐败、食品短缺、失业和职业道德问题等，最后一项用当时常被提到的一句话总结就是“我们假装工作，他们假装付我们薪水”。戈尔巴乔夫努力将苏联带到健康的道路上。他并不想推行一场激进的变革，而是想把苏联这条严重倾斜的大船导向正确的航向。

戈尔巴乔夫以《合作社法》（*Law of Cooperatives*）从经济上打开改革的局面，该法在服务业、制造业和外贸业允许私有制的存在，并于 1989 年实施。那些压抑了几十年的企业家终于可以合法经营商店、餐馆、进出口公司或工厂等其他生意了。

早在 1987 年，波罗的海的国家就表达了他们想脱离苏联的想法。爱沙尼亚、格鲁吉亚、摩尔多瓦、乌克兰和其他共和国开始鼓动独立。一个国家接一个国家宣布独立，苏联开始瓦解，而戈尔巴乔夫似乎只能眼睁睁地看着苏联解体。

·八一九事件·

苏联政府中的保守派对戈尔巴乔夫的改革和正在发生的解体极其愤怒。戈尔巴乔夫提出使苏联正式解体并变身为多个独立共和国联邦的建议，并且在 1990 年 6 月 12 日宣布俄罗斯为主权国家，将苏联正式变成共和国联邦的《新联盟条约》定于 1991 年 8 月 20 日签署。

几个保守派组成了紧急状态委员会，他们与戈尔巴乔夫对峙，要求他宣布国家进入紧急状态并呼吁恢复秩序。戈尔巴乔夫拒绝了他们的要求，按原定计划于 8 月 4 日开始休假，并计划在 8 月 20 日返回签署协议。

保守派试图阻止协议的签署，因为他们已经预见到苏联的解体会损害苏联的利益，于是在 8 月 19 日，他们在戈尔巴乔夫度假期间与其会面，强烈要求戈尔巴乔夫宣布苏联进入紧急状态。再次遭到戈尔巴乔夫的拒绝后，这些保守派采取了行动，切断了戈尔巴乔夫的通信线路，要求其维持休假状态，并告诫克格勃特工不得放任何人离开。

保守派下令收集了 25 万副手铐和 300 000 份逮捕令。克格勃特工都被召集起来整装待命，副总统根纳季·亚纳耶夫（Gennady Yanayev）以戈尔巴乔夫健康状况欠佳为由宣布由他自己代行总统权力。

但是，在这次政变中，紧急委员会没能成功囚禁鲍里斯·叶利钦（Boris Yeltsin）。叶利钦在 8 月 19 日到了议会大厦宣布了政变的事实，并勒令军队保持克制。他要求戈尔巴乔夫向他的人民发表讲话，并在莫斯科城内散发传单宣告紧急委员会的行为是公然造反。

亚纳耶夫继续称总统只是在“休养”，“过去几年总统非常劳累，所以需要一段时间调养身体”。但是没人相信他的话，而且军队表示不参与事变。

保守派试图与戈尔巴乔夫对话，但遭到拒绝。戈尔巴乔夫与莫斯科取得联系后，宣布解除所有参与“政变”者的职务，并宣布他们的行动是违法且无效的，保守派的“八月行动”宣告失败。

·私营企业·

尽管俄罗斯人民渴望经济繁荣，但其实他们并没有做好准备。

俄罗斯政府确实试图以民主的方式分配国家财富，而且还为此成立了俄罗斯联邦国有资产管理全国委员会。该委员会建立了付款凭单制度，俄罗斯人民可以从委员会指定的国有企业中选择分得一点所有权。事实上，所有俄罗斯人都通过凭单付款，从国家财富中分得一部分权益。

但是人民群众普遍生活在贫困中，很多凭单持有人对凭这样一张纸分得一点点企业未来的利润没有什么兴趣。他们需要的东西更实际，比如把食物端上桌。

于是，上百万的俄罗斯人把他们的付款凭单以低价卖给商人，而这些精明的商人很清楚地知道他们可以把收购价格压得再低一些，企业的高管们更清楚这些付款凭单最后的价值会是多少，于是便用他们急需的钱换取他们的付款凭单。

20 世纪 90 年代前期，无比混乱的经济给俄罗斯人民带来了很多麻烦。繁荣的自由企业经济天堂并没有出现，人们甚至开始怀念过去国有计划经济的日子。四分之一的人口生活在贫困线以下，企业更换装备和重组之后，整个国家的生产力严重下降。由于经济问题极其严峻，以致 1996 年叶利钦竞选连任总统时受到对手的严重挑战。

最终让俄罗斯经济打了翻身仗的是大宗商品价格的不断升值。俄罗斯盛产工业金属、原油、贵金属和宝石，莫斯科成为世界上生活成本最高的城市之一，那一小部分从苏联解体中获益的寡头统治集团成员现在已成为世界上最富有的人。

俄罗斯的贫富差距巨大，在 2006 年的民意调查中，三分之二的俄罗斯人认为后悔苏联解体了，国家资源的开放并没有成为普通老百姓的机遇，反而成了当权者攫取的财富。

·飘零的卫星国·

苏联解体最大的输家是其曾经的卫星国，这些国家过去依赖苏联的慷慨援助，弥补了经济上的不足。苏联解体后，古巴损失了 80% 的进出口业务，GDP 也下降了三分之一。

美国在 1962 年对古巴采取过短暂的海上禁运，试图掐断古巴的经济来源，但是效果远不及 40 年后俄罗斯的船舶不再停靠古巴来得猛烈。失去俄罗斯的原油进口之后，古巴的主要出口商品，如甘蔗、水果和工业金属等，市场需求也大大减少。

朝鲜的情况更糟。古巴至少全年日照充足，还有肥沃的土壤可以耕种。朝鲜自然条件恶劣，本来就不多的 GDP 从 1988 年（苏联的最后援助时期）的人均 2800 美元降到十年后的 1200 美元。

现在冷战已经结束，整个世界的注意力都已转向了 20 世纪 90 年代的主要活动去赚钱。很多国家都准备拥抱创业精神。

有句老话讲："人须当心自己许的愿（因为实现了也未必是好事）。"这句话适用于美国：随着美国和苏联的对峙变成历史，美国企业会发现它们如今面临的竞争比过去更为激烈了。

21 亚洲金融风暴

第二次世界大战之后，日本的奇迹崛起以及成为世界第二大经济体无疑是商业传奇，而且从 20 世纪 60 年代之后，日本一直都是亚洲最富有的国家（至少在中国还没有占据第二的位置之前）。

令人意想不到的是，像新加坡和马来西亚这些国家，在 20 世纪 50 年代还是落后的第三世界国家，已发展成了世界上增长速度最快的经济体。亚洲地区，尤其是“亚洲四小龙”经历了数十年的高速发展，直到 1997 年遭受突如其来的货币和金融危机。

· 蓬勃 30 年 ·

从 20 世纪 60 年代初期到 20 世纪 90 年代，有几个亚洲国家和地区表现出了惊人的发展速度，集体转型为全球最具活力的经济体，其中以新加坡、中国台湾、韩国和中国香港的经济发展最为突出，因此赢得了“亚洲四小龙”的称号。

大部分发达国家的年增长率一般是 2% 到 3%，但是亚洲“四小龙”的年增长率均超过了 7%，而且每年都如此，一直持续了几十年。例如，中国香港和新加坡把自己建设成了世界级的金融中心，韩国在高端电子产品领域拥有像三星这样的杰出企业。

像新加坡这样的小国，不可能依靠本身极少的人口发展成很大的经济体。于是这些发展中国家把重点放在出口上。这些在世界经济舞台上崭露头角的亚洲国家或地区都强调一套相同的价值观：

- 重视出口；
- 采取以低税率和人性化监管环境为特点的亲商的行政管理；
- 行政管理层积极为关键产业提供金融和战略指导；
- 大力投资教育，把高素质的劳动力当作长久繁荣的关键。

那些繁荣的亚洲国家和地区的另一个共同点就是，即便没有政府行政上的明令要求，民众的储蓄率依然很高，同时大家普遍认同政府能为孩子提供教育机会的重要性。

有意思的是，创造“亚洲奇迹”更多靠的却是“受更好的教育、努力工作、尽可能多地储蓄”等价值观。从某种程度上说，这些国家和地区不断上升的年增长率证明了这些价值观的有效性。在这些国家和地区里经济繁荣、人口寿命延长、居民的身体健康水平得以提高。

·自由借贷·

随着这一地区经济的繁荣，全球很多银行都想把钱借给这些快速发展的国家和地区。日本和欧洲的银行尤其迫切地想把几百亿美元借贷给中国香港、新加坡、印度尼西亚、马来西亚，还有其他快速发展国家的银行，而这些本地银行则把贷款借给本地的企业。

这些国家和地区的政府意识到投资界不太愿意把钱放在通货风险太大的国家或地区，于是各国中央银行通常将本国货币与美元挂钩，因为美元是世界公认的储备货币。

亚洲银行还有一条生财之道，就是从国外银行借入美元，然后以本国货币贷给本地企业。通过这种方式，这些银行用马来西亚吉特林、韩元、菲律宾比索或其他本地货币计算的贷款利率更高，而从欧洲、日本或美国以美元计算的借款利率则较低。这两者之间的利率差是这些银行利润的主要来源。

1985 年广场协议（Plaza Accord）之后，各国一致同意美元相对其他货币贬值，随后日元开始稳步升值。日本借此机会大力投资东南亚国家，如马来西亚、泰国和印度尼西亚。

世界银行的一份报告曾被广泛引用，该报告称亚洲的发展中国家的基础设施至少需要上万亿美元的投资。这笔地区建设刚需且有利可图的贷款，让很多银行（尤其是日本的银行）想从中分一杯羹。

尽管把上百亿美元投入到发展中国家有一定风险，但这些银行自认为有国际货币基金组织和世界银行作为后盾，二者都致力于防止金融危机的出现。20 世纪 80 年代的拉丁美洲债务危机和 1994 年的墨西哥货币危机都是在得到了世界货币基金组织和世界银行的大量财政资助之后，最终才得以摆脱危机的。所以私人银行家理所当然地认为即便某个国家遇到困难，也不会引发金融危机。

有关亚洲地区的借贷还有一个重要特点，就是银行与政府和行业巨头之间的暧昧关系。政府推动银行向政府看重的战略重点行业贷款，而不同程度的"裙带关系"让有社会关系的商人获得了他们想要的贷款，不管这些贷款会不会有风险或者是对经济发展是否有重大作用。简而言之，想投资到这里的钱远比这一地区真正可行且有保障的项目要多得多。

·不易察觉的经济放缓·

在经济不断发展的表面下，隐藏着严重的资源错配问题，资本被过度分配到房地产开发和一些好高骛远的工业项目，包括世界最大的水坝和世界上成本最高的钢铁厂，都获得了商业银行的融资。

单从股票市场和银行贷款总额一类的外部数据看，经济形势一片大好，但其实早在 1993 年就出现了经济放缓的信号。作为出口主导型经济，有一个经济指数比其他任何指标都重要——经常项目余额（The Current Account

Balance）。

一个国家的私营企业和国有企业在一定时期内进口和出口一定价值的产品和服务，总体而言，如果出口大于进口，那么国家财富会增加，这一时期就是国际收支经常项目顺差。

反过来，如果进口大于出口，换句话说就是他们花得多、赚得少，那么就是国际收支经常项目逆差，国家的财富会减少。

经常出现经常项目逆差的国家不一定贫穷。美国就经常出现贸易逆差，而且背上很多债务，但是因为美元是世界储备货币，美国也是世界上信誉最好的债务国，所以经常性逆差对美国而言影响并不显著。但是亚洲的发展中国家就没有这样的便利了。

如果一个国家的经济一直都处于经常项目逆差状态，而该国的货币又与外币挂钩，那么该国货币会越来越难于维持与外币的固定汇率。这和戴尔公司在 2005 年 3 月宣布其股票可以与苹果公司的股票一比一互换大致相似。这在当时是合理的，因为当时两家公司的股价是一样的；但是随着苹果公司股价上涨，戴尔公司股价一直停滞不前，这种“挂钩关系”就不合理了。

在这个有些牵强的比喻中，苹果公司相当于美国（价值相对稳定增长的实体），戴尔公司相当于那些货币与美元挂钩的亚洲国家。对后者而言，由于一直处于经常项目逆差状态，经济基础会被不断削弱。20 世纪 90 年代早期，一些亚洲国家和地区的出口市场增长非常可观：马来西亚是每年 18%，泰国是每年 16%，中国香港地区是每年 14%，新加坡是每年 15%。

这些出口不仅体现在数量上，也体现在质量上。亚洲国家和地区由过去像纺织品这样的初级工业制成品，转向出口门槛更高、更贵的产品，如半导体、高端电视、计算机和芯片等。

泰国是第一个经常项目出现逆差的国家。泰国在 1993 年的经常项目逆差率是 5.7%、1994 年是 6.4%、1995 年是 8.4%、1996 年是 8.5%。不断增长的逆差引起了想在货币价值大幅波动中获利的货币投资者的注意。

因为泰铢与美元挂钩，而泰铢的官方汇率与客观经济评估中的实际价值差距越来越大。

如果泰铢是自由浮动货币，就不会存在这样的问题，因为市场汇率会实时更新。现在泰铢既然是与美元挂钩的货币，投机者认定这种挂钩关系迟早会重新设定，于是开始抛售泰铢，买进美元。

1995 年，马来西亚的逆差占到了 GDP 的 8.8%，开始感受到经济拮据的压力。马来西亚首相马哈蒂尔·穆罕默德（Mahathir Mohamad）无视经济基础的削弱，推出了到 2020 年实现从一个发展中国家变成一个受全世界认可的工业化国家的伟大计划，他称之为“愿景 2020”。

就像 20 世纪 70 年代美国西南部的建房热潮和 2005 年的房地产泡沫，整个亚洲在 20 世纪 90 年代也出现了商业和住宅地产开发的热潮。有些地方的房地产价格每年增长 25%，加上盲目追求增长的政府给出的税收优惠，银行有足够的理由把大笔资金贷给房地产企业，而完全无视出口的放缓。

这种状况自然而然地会导致过度建设。到 1997 年上半年，仅曼谷就有 365 000 套新建公寓被空置。即便住房严重过剩，还是有 100 000 套公寓项目在建。

建筑工程并不仅限于住房和仓库。很多大型的工业计划也在进行，比如成本高达 80 亿美元的马来西亚政府中心，还有巴贡水电站，是马来西亚有史以来最大的发电工程项目。

马来西亚的邻国印度尼西亚也保持了稳定的经济增长，不过经济增长带来的好处大部分都被以总统苏哈托（Suharto）为首的第一家族占有，苏哈托是有名的腐败而且自私自利的独裁者。

苏哈托家族掌控了印度尼西亚几百家相互关联的公司，然后把这些公司有策略地分给几个家族成员或者朋友掌管，苏哈托控制下的政府可以为其家族企业提供垄断、税收优惠、关税保护等便利。印度尼西亚的银行业也尽可能满足总统的要求，把上百万美元投入到需要现金来支持增长的公司。

·泰铢炸弹·

第一次严重的危险信号是在 1997 年 2 月 5 日。尽管曼谷的股市已经连续几个月下跌，但是并没有出现任何严重的商业破产或货币问题。但是 2 月 5 日，泰国一家有名的地产开发商 Somprasong Land 宣布无力偿还 800 亿美元债务的 310 万美元利息后，事态发生了剧变。Somprasong Land 贷款违约，原本已经从 1996 年的高峰期下降 45% 的股市，一下又下跌了 2.7%。

Somprasong Land 宣布拖欠债务后，泰国其他的房地产开发商也相继公布了他们的债务问题。单单几个开发商也许不会给泰国经济带来严重威胁，但是如果泰国最大的银行之一第一金融（Finance One）有任何风吹草动，就会牵一发而动全身。

第一金融是房地产开发商和国际银行之间的主要媒介。它从国外银行借入美元，然后以泰铢放出贷款。在经济繁荣时期，这种借入贷出的方式是非常有效的盈利方式；但是现在开发商无法还贷，第一金融也就越来越难偿还国外银行的债务。1996 年，第一金融的投资组合中不良贷款的数量翻了一倍；而到 1997 年第一季度，又翻了一倍。

在这种情形下，货币交易商抛售泰铢更加理所当然。在过去的 13 年里，泰铢对美元的兑换汇率一直固定在 1 美元兑 25 泰铢，而随着泰国经济形势的恶化，卖空型投资者纷纷加大力度做空泰铢。

泰国政府为了稳住大家对泰铢的信心，决定动用美元外汇储备力挺泰铢不贬值，它们抛出国库里的 50 亿美元试图击退空头投资者。但是国家储备是有限的，而且官方公布的美元外汇储备余额只剩下 330 亿美元，这是近两年来的最低值。

尽管会影响到国内的企业，但是为了提高泰铢对投资者的吸引力，泰国政府不得不把利率提高 25%。通过提高利率来支持因为经济低迷而疲软的货币是非常冒险的，因为提高利率本身会对经济造成不利影响。但是泰国政府的决心就是用尽浑身解数也要打赢这场泰铢保卫战。

除了少数几位政府内部人士之外，外人并不知道泰国政府有意隐瞒了实际的外汇储备。政府对外承认的美元外汇储备是剩下 330 亿美元，这已经是不小的问题了，但政府手里实际上的外汇储备只有 10 亿多美元，其他的 320 亿美元为稳定泰铢已挪用到期货交易。泰国政府的外汇储备已经接近弹尽粮绝。

1997 年 7 月 2 日，泰国政府宣布它“发现”自己只剩下 10 亿美元了，不得不让泰铢汇率自由浮动。消息一出，泰铢立马下跌 18%，而且在接下来的几个月持续下跌，这让那些做空泰铢的投资者欣喜若狂（见图 21–1）。

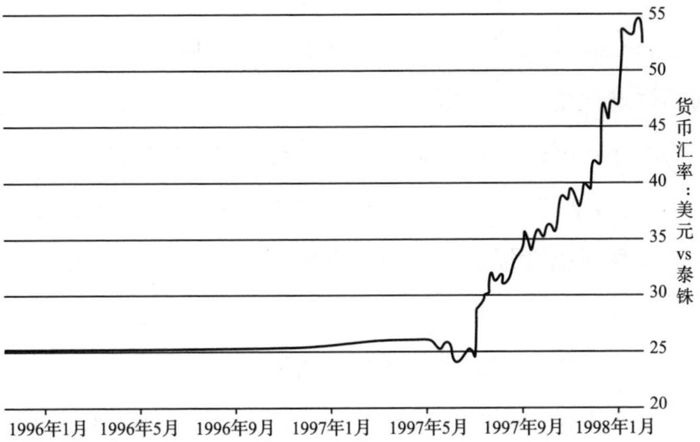

图 21–1　泰铢与其他货币汇率自由浮动后，泰铢对美元的汇率从 25：1 翻了两倍多

·债务暴涨·

货币贬值国家的债务人银行面临的核心问题是它们的还债机制，即本国货币没有以前值钱了。如果一国货币贬值 25%，那么以外币计的同样的负债就会立即增加三分之一，因此要多支出三分之一的钱去还债。如果贬值 50%，那么负债就会翻倍，即便货币面值没有任何变化。

这正是泰国政府和泰国银行面临的问题。泰铢暴跌，已经受挫的经济又遭受重大打击。7 月 28 日，泰国政府请求 IMF 提供紧急资金援助。众所周知，IMF 向来要求被援助国家在政府支出、税收和商业行为方面采取重大调整后才愿意提供贷款援助。

果不其然，IMF 同意借贷 172 亿美元给泰国，但是要求泰国政府削减公共开支、提高税率和利率，同时关闭所有破产的金融机构。很多亚洲发展中国家的银行过去有政府的“免死金牌”，因为政府认为尽管这些银行经营不善，但通过必要的会计手段来掩盖破产，要比关闭那些大银行的危害性小很多。

迫于 IMF 的要求，到 1997 年 12 月，泰国政府关闭了 56 家不同的金融机构（导致 16 000 人失业），这使得股市下跌 57%，比上一年 45% 的跌幅还惨。

就像 Somprasong Land 承认自己存在财务困难后，其他房地产开发商也相继披露同样境况变得更容易一样，泰铢宣布贬值后，其他因将本国货币与美元挂钩而导致财政吃紧的亚洲国家也被带动着先后效仿，虽然这么做并不容易。印度尼西亚卢比、马来西亚林吉特、新加坡元都相继贬值。

这些货币贬值幅度很大。以印度尼西亚卢比为例，从 1997 年 8 月到 1998 年 1 月，四个月的时间卢比兑美元从 1∶2400 降到了 1∶10 000，大幅度的贬值让欠海外银行的贷款凭空翻了四倍多。

多年的过度建设、政治腐败和裙带关系带来的影响开始显露，尴尬的政府官员开始猛烈抨击外界的阴谋论、种族歧视等言论，借以为自己辩解。

马来西亚首相马哈蒂尔·穆罕默德点名指责著名的基金经理人乔治·索罗斯就是货币贬值的罪魁祸首。首相称货币贬值和股市下跌都是因为带有种族歧视的做空者想要降祸给马来西亚。

马哈蒂尔公开表示那些传播关于马来西亚的负面信息的人都是骗子，应该以密谋叛国的罪名枪毙，在他看来，整个马来西亚的经济基础还十分稳固。就像很多国家政府曾经尝试过的一样，马哈蒂尔也试图颁布法律禁止做空，但是同样没有起到救市的效果（做空实际上为市场的平衡起了至关重要的作用，当市场触底的时候，唯一需要平仓买进的正是之前那些做空的人。金融史上禁止做空从来都不会有多大作用）。

印度尼西亚政府的腐败同样需要遏制，而且对现金的需求比泰国还要大。1997 年 10 月 31 日，IMF 和世界银行宣布为印度尼西亚提供价值 370

亿美元的一揽子救援计划，同时要求印度尼西亚政府关闭一些经营困难的金融机构，保证消灭财政赤字、削减公共开支、公开苏哈托及其家族的生意往来。

苏哈托从来都不是一个正直的人。当市场对印度尼西亚政府一系列承诺和保证的质疑逐渐加深时，印度尼西亚卢比和印度尼西亚股市的回升消退了。到 12 月，穆迪将印度尼西亚的评级降为“垃圾级”。

几周后，即 1998 年 1 月 5 日，苏哈托总统向新闻媒体公布了印度尼西亚 1998 年到 1999 年的财政预算，该预算盲目乐观到让那些了解印度尼西亚经济的人觉得不可思议。要达到该预算计划的目标，印度尼西亚的 GDP 一年需至少提高 4%，通货膨胀要从当时的 20% 下降至少一半，同时卢比对美元汇率还需要升值 20%。一个经济处于苦苦挣扎状态下的政府，提出如此不切实际的预算，立即遭到了金融市场的惩罚——卢比对美元汇率再贬值 50%。

美国财政部二把手拉里 · 萨默斯（Larry Summers）在 IMF 工作组的陪同下，紧急飞往雅加达协商解决不断恶化的危机。1 月 15 日，印尼政府公布了一个可行的财政计划，同时获得了美国的支持。

具体来说，该计划采取了一系列措施让印度尼西亚脱离苏哈托及其家族的腐败独裁统治，拥有更实际的民主体系：削减预算、放松管制、金融体系改革、清除政府腐败等。这些措施受到国际金融界的欢迎，被看作积极而有意义的革新。

尽管经历这么多波折，苏哈托还是在 1 月 20 日宣布他会继续连任总统，这是他第 7 次就任总统。货币交易商又一次大量抛售卢比，卢比兑美元的汇率跌到了 14 500 : 1，因为大家之前都以为苏哈托会退出政坛。在当时的背景下，苏哈托与印度尼西亚捆绑在一起，这对印度尼西亚的声誉和经济都没有好处。

· 大国经济衰退 ·

像马来西亚这样的小的新兴经济体面临经济危机是一回事，但是在全球经济中举足轻重的国家，如韩国和日本也遭遇经济危机就大不一样了。亚洲的经济大国并没有免于邻国经济危机的影响，经济紧张迹象来得相对比较晚，但还是来了。

韩国的企业，尤其是那些大型跨行业的企业集团，向全球各地的银行贷款数百亿美元。这些贷款大部分都是短期的（也就是到期时间不超过一年），贷款到期通常会利滚利，再以类似期限形成新的贷款。这些所谓的短期贷款其实都是名义上的。

绝大部分贷款都是短期贷款，其中隐藏着一个很大的风险，就是放款人不再以利滚利的方式还款，而是要求一次性付清。

一家韩国的大企业——韩宝钢铁公司（Hanbo Steel Corporation）就是被一次性还款压垮的。这家公司欠债 5 万亿韩元，在当时相当于 58 亿美元。韩宝钢铁是世界排名第五、韩国排名第二的大型钢铁制造商，但是在 1997 年 1 月底，韩宝钢铁宣布暂停偿还一切债务。

更多的坏消息还在后面。当年 7 月，韩国汽车制造商起亚宣布需要紧急贷款来维持运营。如果是两年前，肯定会有很多银行争先恐后地提供贷款，但是在越来越紧张的金融环境下，没有哪家银行愿意提供贷款。10 月，韩国政府接管了起亚的破产管理人，就像美国政府在 2008 年金融危机时接管破产的通用汽车一样。

韩国政府接管起亚后，意想不到的是标准普尔指数直接将韩国主权债务降级，导致韩国股票市场当天下跌超过 5%, 而且韩元兑美元跌到了新低（约 1000 韩元兑 1 美元），出现了货币危机。

面对货币危机，马来西亚动用了美元外汇储备来支撑受困的本国货币；同样地，韩国也决定使用自己的 300 亿美元外汇储备，在自由市场用美元换韩元，但是这一招只是暂时延缓了韩元崩盘，韩国政府在花了 150 亿美元的外汇储备之后，这一举措并没有对市场走向产生实质性影响。

韩国的情况因为 12 月有全国性的选举而变得更加复杂，三位候选人都想登上总统宝座，而时任总统金泳三（Kim Young-sam）也依据宪法将不能再连任。

小国面对同样的问题都会迫不及待地向 IMF 寻求帮助，但是韩国为了维护民族自尊心并没有这么做。1997 年 9 月 13 日，韩国政府表示不需要 IMF 的任何援助，因为它认为日本和美国会立即予以援手。但是几天后，眼看着美日都没有帮忙的迹象，韩元进一步贬值；到 9 月 21 日，韩国最终还是向 IMF 申请 200 亿美元的援助。

通过评估韩国的经济形势，IMF 清楚地知道要想给韩国经济止血，即便是 200 亿美元的巨额贷款也是杯水车薪。到 12 月 3 日，IMF 和韩国领导层通过协商，终于达成申请金额差不多三倍的贷款额（550 亿美元）的协议，但这是以韩国向更多国际机构开放市场和所有权为前提的。这一协议的达成，让韩国股市大涨 7%，这是韩国证券交易所历史上单日涨幅最高的一天。

IMF 要求三位总统候选人都签署一份遵守与 IMF 的协议的保证书，其中的两位候选人同意签署，但是候选人金大中（Kim Dae-jung）从中看出了政治机遇，公开表示他不会签署这样的文件，因为与 IMF 的这一协议"损害了民族自尊心"。他还表示会与 IMF 重新谈判，避免因为协议而导致裁员。

一位主要候选人的这种威胁让金融市场再次震荡，这次韩元对美元的汇率跌到了 2000 比 1。韩国的债务人像马来西亚的债务人一样，因为本国货币的大幅贬值，债务比之前翻了一番。

金大中因为自己的言论，导致如此大的损失及市场动荡而陷入麻烦，只能让步表示他接受 IMF 的条款，并且承诺如果当选总统会遵守该条款。12 月 18 日，金大中在总统角逐中险胜其他两位候选人，并且把韩国债务问题作为当务之急。

新上任的总统既然明确表态愿意履行 IMF 的改革承诺，金融界也开始向韩国敞开大门。1998 年 1 月底，13 家海外银行同意延长韩国短期贷款的还款要求；韩国政府也提高利率以吸引外国投资人。韩国政府表示为了稳定就业，韩国企业应该更有国际竞争力，而不是依赖政府保护。

这次改革是韩国的一个重要转折点。韩国的美元外汇储备在危机最严重时曾一度低到不足 90 亿美元，但是十年后，韩国的外汇储备超过了 2500 亿美元。

在隔海相望的日本，日本银行不安地关注着在马来西亚、印度尼西亚和韩国所发生的一切，还有其他正经历着货币危机、房地产供给过剩、产业衰退的国家。

日本银行借出了数百亿元的贷款给很多亚洲国家（仅泰国欠债的一半就是来自日本银行的贷款），而且日本自己也在 1989 年以来动荡的金融体系中苦苦挣扎。如果再经历一次重大的金融冲击，一定会波及其他欧洲和北美的发达国家。

1997 年 11 月 3 日，三洋证券（Sanyo Securities）宣布申请破产。三洋证券虽然算不上是世界金融领域的大鳄，但是它是日本排行第七的证券经纪公司；而且一周之后，日本排行第十的银行——北海道拓殖银行（Hokkaido Takush- oku）也宣布破产。不到两周，一家更大的证券公司山一证券（Yamaichi）也一同走向了破产法庭（见图 21–2）。

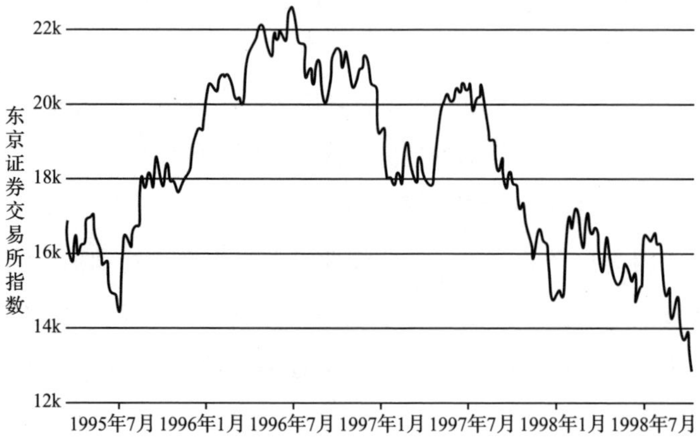

图 21–2　日经 225 指数反映的日本股市清楚地显示了 1997 年亚洲金融危机的影响

虽然亚洲大部分国家都深陷困境，但是原因各不相同：泰国是因为房地产过剩；韩国是因为工业规划急于求成；印度尼西亚是因为政治腐败。

而日本是因为多年来“掩盖”银行体系的深层次问题，因为日本房地产已经大幅贬值。如果日本银行能遵循严格而且真实的会计准则，它们早就已经破产了。除此之外，日本给邻国的大笔贷款此时也变成了沉重的负担，一旦这些国家发生大规模债务违约就会引发系统性风险。

日本不像其他亚洲国家，不大可能出现货币风险。日本财力雄厚，尤其在几十年的贸易顺差中积累了巨额美元外汇储备。尽管也有自己的问题，但日本一直都是亚洲地区的领头羊，因此日元最不可能像其他邻国货币那样严重贬值。

·世界经济大拐点·

到 1997 年底，亚洲地区的股民遭受重大损失，一些国家的股市惨跌 75%，有些股票贬值 100%。而且各国人民面临着高利率、货币严重贬值，还有更多过去闻所未闻的对未来经济迷茫的问题。

20 世纪 80 年代初期，因休斯敦而出名的“空置建筑”一词在亚洲多地频现：雅加达的空置率为 10%，曼谷是 15%。神秘的“亚洲资本主义”神话，尤其是政府与私营企业的合作产生的强大协同作用突然消失了。企业主、政客和各国央行行长“合作”的“成果”是债台高筑、房地产和基础设施建设过剩，最终结果是浪费和无效的资本配置。

IMF 成了亚洲地区的救星。IMF 的宗旨是为国际收支失衡的国家提供暂时援助，在 1997 年和 1998 年的亚洲金融危机中，IMF 确实多次成功地提供了援助，为印度尼西亚、泰国和韩国提供了共 1100 亿美元的贷款，而且这三个国家的经济和本国货币最终恢复稳定并且偿还了贷款。

1998 年初，IMF 一共给全球 75 个国家提供了贷款，每个接受贷款的国家都履行了政府改革、改善地方经济、税收、利率和其他经济层面运行的承诺。

这次危机的积极意义在于，让这一地区国家的政治和执政更公开、公正。过去封闭的行业开始接受外部投资和参与，“裙带资本主义”最坚实的壁垒被打破。

但是也正因为有 IMF 的干预，潜在的道德危机也越来越明显。这次危机的发生，银行、建筑商、企业都负有不同程度的责任，但是当经济危机袭来的时候，最后还是 IMF 和世界银行帮它们收拾自己一手造成的烂摊子。那么现在既然有了 IMF 这道安全保障，将来受到诱惑后是否依然不计后果地行事，犹未可知。

随着时间的推移，亚洲地区的经济已经从危机中痊愈。金融危机时提高的利率也开始恢复到危机前的水平。股票市场变得坚挺，经过几年时间，一些小国又回归到高增长、高收益的状态。到 1999 年，不断缩水的 GDP 开始出现正增长，经济复苏。

跟历史上许多的金融危机一样，亚洲金融风暴发生的根源在于资金泛滥而真正有价值的项目匮乏。持续多年的亚洲奇迹带来了极其丰厚的经济回报，但即便在这样优越的经济状况下，亚洲各国依然难逃危机的爆发。这次危机留下的伤痕还会长久地被人们铭记。

22 1998年俄罗斯经济危机

苏联解体后，资本主义世界认为俄罗斯非但不是一个被击倒的对手，而且是一个潜力无限的生意伙伴。既然亚洲经济奇迹（比如日本）和欧洲经济奇迹（比如德国）都是在第二次世界大战的废墟上创造了普遍繁荣，那么俄罗斯在冷战结束后创造一个俄罗斯奇迹也是有可能的。

日本、德国、韩国、新加坡，还有其他发展强劲的经济体与俄罗斯有本质区别：俄罗斯需要面对许多历史遗留问题。与这些国家相反，俄罗斯面临的挑战不是一切从零开始，而是试图从根子上改造一个千疮百孔的失败经济。在苏联时期已病入膏肓的行业并没有消失，俄罗斯需要重新制订计划，淘汰中央计划经济，让自由企业经济在世界舞台上竞争。

·苏联解体后·

苏联在一片混乱中宣告解体，很多成员国还处在混沌不解的状态中，当然俄罗斯除外。很多加盟苏联的国家都是小国，在全球经济中影响力并不大，所以解体之后的命运各不相同，主要还是看该国的自然资源是否丰富、与贸易国的关系，以及它们自身的经济基础设施条件。脱离苏联之后，这些国家都把20世纪90年代当作一个很好的发展契机。

俄罗斯的境况则大不一样，因为独立之后的俄罗斯不仅继承了苏联时期遗留下来的大笔资产，而且还包括了巨额债务。国际货币基金组织、世界银行、美国和日本政府都认为俄罗斯需要财政支援和指导，才能成功完成从计划经济到市场经济的转型过渡。

俄罗斯的社会福利水平很高，老龄人口占比较大，而且经济单一，主要靠能源出口。对于一个带有很多历史遗留问题的新生国来说，用来解决深层次经济问题的时间真的不多。

· 债务增长 ·

对一个发展中的经济体而言，只有增长才能提高国力。商业发展、经济增长、金融加强、税收增加、政府货币储备增加。随着时间的推移，这个国家就建立起了良好的信誉和低投资风险的声誉。这种繁荣需要具备几个基本要素，包括一个健全的法律体系以提供公平的竞争平台、充足的资金和一个商业协定可以得到认可和执行的环境。

而这样的情况在 20 世纪 90 年代早期的俄罗斯是不存在的。与克里姆林宫关系密切的极少数人在俄罗斯宣布独立的那段混乱时期攫取了巨额财富。虽然俄罗斯政府试图通过广泛发放付款凭单给民众“分配财富”，但是这并没有达到“平均分配”的预期。

相反，那些企业的内部人士从民众手里低价收购这些付款凭单，进一步增加了他们的财富，巩固了他们的势力。俄罗斯逐步变成了一个在极少数超级富豪和绝大部分勉强度日的民众之间形成鲜明对比的国家。

IMF 通过贷款的形式来支持实际的经济增长。但是 IMF 对俄罗斯并没有使用其为国际收支不平衡的国家提供短期现金时的惯常做法。相反，IMF 将独立后的俄罗斯看作一个百年难得一遇的、帮助建立一个潜力巨大且至关重要的自由市场的机会，为了实现这个目标，即便提供数十亿美元的贷款也在所不惜。

1992 年 4 月，IMF 提供给俄罗斯的第一笔贷款为 10 亿美元；1993 年贷款 15 亿美元；1994 年又贷款 15 亿美元。贷款一笔接一笔，到 1995 年已经超过了 100 亿美元。几个月之后，1996 年 3 月 26 日，IMF 又宣布了 102 亿美元的贷款计划，超过了之前所有借款的总和。这也是 IMF 有史以来第二大单笔贷款。

不同以往的是，IMF 这次没有对俄罗斯提出金融改革、改善商业法律框架、加强税收的要求，或者其他 IMF 为避免贷款风险而提出的调整。为打消这种顾虑，IMF 执行总裁表示："支持俄罗斯是我们的职责所在，也是我们的道义所在。"

所有这些贷款的幕后主力是美国克林顿政府，正是克林顿政府敦促 IMF 对俄罗斯放款。俄罗斯联邦的稳定和成功最终是有利于美国的，当时也只有作为 IMF 最重要的成员国（也是唯一拥有一票否决权的国家）的美国，才有能力让 IMF 为俄罗斯提供那么多无条件贷款，这是其他国家无法享受的。

· 欢迎加入俱乐部 ·

IMF 的无条件贷款并不意味着俄罗斯在经济私有化和整顿商业领域的道路上没有任何进步，俄罗斯承诺最终会还清苏联时期的旧债；而且尽管偶尔出现类似恶性通货膨胀的状况，但是到 1995 年，俄罗斯在控制通货膨胀方面还是取得了实质性进展。

解决苏联时期债务问题的首要目标是建立俄罗斯的信誉，虽然主权债务是源于旧体制，但树立起一个可以信赖的商业伙伴的国际形象是必要的。俄罗斯竭力避免重蹈 20 世纪 20 年代魏玛政府的覆辙，用印钞来还债最后导致灾难性的恶性通货膨胀。俄罗斯领导层一再表明将债务货币化不是可行之道，也正因为此，俄罗斯的通货膨胀率从 1995 年的 131% 降到了 1996 年的 22%，继而再降到 1997 年的 11%。表面看起来，俄罗斯似乎在很短的时间内就解除了一些严重的财政漏洞危机。

俄罗斯也因其所取得的进步而被邀请加入巴黎俱乐部。巴黎俱乐部是一个定期会晤解决债务国问题的非正式的国家集团，邀请俄罗斯加入该集团意味着肯定俄罗斯偿还苏联时期600多亿美元债务的方案是可行的。俄罗斯对海外贷款方开放债务市场，其中包括其短期债务市场（GKO）。

与这一大好消息同时存在的是其他几个挥之不去的重大问题。

- **税收。**俄罗斯联邦政府征税远低于应缴数额，部分原因是俄罗斯税收制度过于分散。为了打击腐败，俄罗斯过去不是由中央税务局统一征税，而是专门成立了分散各地的地方税务部门。这些地方税务部门既征收地方税也征收联邦税，而且有义务将联邦税收上交莫斯科。但是事实上，地方税务官员与地方企业勾结低报收入的做法大行其道，减少了地方上交联邦的税收，从而增加地方政府的收入。整体来看，这种做法可以减少企业缴税，增加地方政府收入，但是这会减少中央政府的正当税收收入，导致莫斯科的财政状况不断恶化。有些人估计联邦政府只拿到了实际应得税款的一半。
- **拒付工资。**因为雇主或者政府无力支付工资，有很多为私营企业或者国有企业工作的人只能得到部分工资或者压根儿没有工资。过去苏联时期的笑话“我们假装在工作，他们假装给我们发工资”，对现在的很多市民来说变成了半真半假的笑话，因为他们确实完成了自己的工作，但是工资却遥遥无期。这毫无疑问会引发民众的不满，而且普通俄罗斯人越来越买不起生活必需品了。
- **有限的收入来源。**俄罗斯是一个资源丰富的国家，在能源和金属价格很高的时候，比如2008年上半年，收入会随着不断攀升的能源和金属价格而剧增，这些资源就相当于一座宝藏。但是这也让俄罗斯经受不起这些商品价格下跌带来的冲击；而且出口产品的单一化让俄罗斯受制于全球商品价格，俄罗斯对此也无能为力。

尽管存在诸多问题，俄罗斯的未来潜力还是被国际社会看好的。新兴市场的投资者把他们的注意力转移到了这个苏联的重要成员国后开始哄抬股市，股票价格开始快速上涨，俄罗斯成为全球股市表现最好的市场之一，大盘指数涨到三位数，这在几年前是不可想象的。

GKO 市场同样越来越受到外籍人士的欢迎。GKO 的利息非常高，而且俄罗斯通货膨胀温和，这对俄罗斯本国人和外籍人士而言都是赚钱的好机会。1997 年年中，GKO 债券的利息高达三位数，俄罗斯政府的税收收入都不够支付利息，这对政府造成了巨大的压力。

·克里姆林宫的压力·

1997 年年终，随着金属和石油的价格大幅下跌，俄罗斯的出口收入开始缩水。面对出口萎缩和税收瓶颈，俄罗斯政府草拟了新税法，以建立一个更简单、更公平、更容易执行的政府收入体系。该税法提交俄罗斯的立法机构杜马（Duma）后获得通过。

叶利钦总统随后不久便以腐败罪名解除了维克多·切尔诺梅尔金（Viktor Chernomyrdin）的总理职务，震惊了全国。不但如此，他还解散了整个内阁，同时任命谢尔盖·基里延科（Sergei Kiriyenko）领导新内阁。

基里延科担任俄罗斯总理的任命让很多观察人士费解，因为他非常年轻（只有 35 岁），而且他的工作经历大部分都是在银行和能源公司，政府工作经验不足一年。杜马没有立即同意这项任命，但是在叶利钦威胁把杜马也解散后，他们做出妥协，同意这位年轻人入主总理办公室。

1998 年春天，一系列的沟通失误让投资者开始感觉紧张。首先是俄罗斯中央银行行长与几位部长会面，表示如果不采取积极措施减少财政赤字，俄罗斯政府几年内就会面临债务危机。这位央行行长当时并不知道会议有记者在场，关于央行担心俄罗斯面临债务危机的消息很快在媒体传播开来。正值波及广泛的亚洲金融危机才刚刚舒缓几周，全球投资者此时对任何可能存在债务问题的发展中经济体都异常敏感。

基里延科总理在公共关系领域缺乏经验的问题很快暴露出来。他在一次采访中提到财政预算超过税收收入达 26%，而且表示俄罗斯政府现在“相当穷”。他以此开始讨论自己减少政府开支和制定新税收方案来增加财政收入的主张，但是媒体关注的重点却是政府到底有多“穷”，而不是采用何种方案来挽救这种状况。

第三次失误发生在美国财政部代理部长拉里·萨默斯访问莫斯科的时候。拉里·萨默斯来到基里延科总理的办公室并要求与其会面。当时一名不了解拉里·萨默斯的助手觉得这样一位代理部长无足轻重，直接对他说总理不会与他会面。考虑到美国的政治支持对俄罗斯的重要性，以及美国和 IMF 的密切关系，这种做法确实是个难以理解的低级错误。

这几次关键的失误，让投资者对莫斯科的形势产生了极其恶劣的印象，关于卢布贬值和俄罗斯债务违约的谣言四起，俄罗斯股票和债券暴跌，债券价格下跌使其收益率竟然达到 47%。

面对卢布持续贬值的情况，俄罗斯央行采取了两大应对措施：将利率从 30% 提高到 50%；利用外汇储备在公开市场买进价值 10 亿美元的卢布。

对俄罗斯经济打击更大的是原油价格跌到十年来从未有过的低谷，原油每桶的价格很快就要跌破两位数。俄罗斯能源利益的金主们鼓动莫斯科当局让卢布贬值。但是相反的是，俄罗斯央行行长谢尔盖·杜比宁（Sergei Dubinin）在 5 月 20 日向媒体宣布：“如果你听到有人说卢布贬值，朝那个说贬值的人脸上吐一口唾沫。”杜比宁进一步提高了贷款利率，利率翻了三倍后高达 150%。

祸不单行的是，煤矿工人实在受不了拖欠工资开始罢工，而且封锁了跨西伯利亚铁路；俄罗斯工人被拖欠的工资共计 125 亿美元，广大民众深陷贫穷，更多的是因为拖欠工资，而不是失业。

在不到一年的时间里，俄罗斯的景象从欣欣向荣一下子变成了全国性的危机，叶利钦在电视晚间新闻上敦促全国商界领导要对俄罗斯保持信心，继续在俄投资。

但是，在一个中央银行的贷款利率高达 150% 的环境里，商业是很难繁荣的。俄罗斯政府发行的债券利率也是极高的，但是即便有这么高的回报率，这些债券还是卖不出去，因为人们担心债券到期时俄罗斯政府无力偿还。

·债务延期·

1998 年 7 月 16 日，为了解决不断恶化的危机，俄罗斯、IMF、世界银行和日本联合声明，再次注资 171 亿美元现金给俄罗斯，外加 55 亿美元海外贷款。俄罗斯联邦的贷款总额共计 226 亿美元。IMF 此次的贷款是有条件的，其中就包括大力减少财政赤字。

如此庞大的贷款规模给俄罗斯的金融市场打了一针强心剂，股票当天就上涨了 17%，创下新纪录。不过贷款带来的兴奋很快消退，随之而来的是股票市场又创造了一个新纪录——单日最大跌幅（7 月 27 日），股票大跌 7%。

俄罗斯局势的紧张和不确定性终于在 1998 年 8 月 17 日得到缓解，俄罗斯对外宣称卢布贬值，暂缓偿还共计 450 亿美元的债务，同时延期 90 天偿还非政府外债。

人们对这一消息的反应非常负面，股市加速下跌。抛售股票的情况非常严重，而且证券交易所多次暂停股票交易才得以恢复股市秩序。正如第二天《华尔街日报》报道的那样："面对财政困境中的两大经济恶魔，俄罗斯选择两个一起解决"（见图 22–1）。

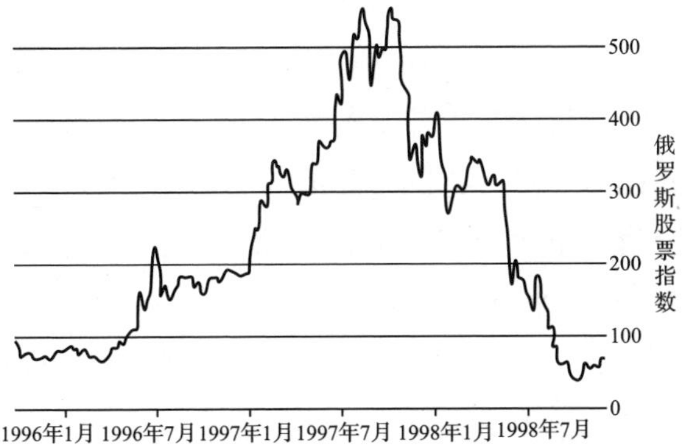

图 22–1　1996—1997 年俄罗斯股票市场上涨获得的收益很快化为泡影

但令普通老百姓更加气愤的是，IMF 提供给俄罗斯的这笔新贷款大部分都被社会上流精英用卢布债券换取了美元。俄罗斯的富人们通过 IMF 提供的贷款找到了卢布换美元的逃生通道，有关系的人就有能力避开危机，而绝大部分普通老百姓却在生存线上挣扎。

当年 9 月，美国总统克林顿计划在莫斯科出席会议，于是克林顿派遣一名高级财政官员先行赶到莫斯科协助解决危机，以避免领导人峰会时场面尴尬。俄罗斯新任总理基里延科及其内阁在 8 月 23 日宣布辞职，任期仅 5 个月。

·不幸的人·

随着卢布贬值的压力不断加大，俄罗斯央行在 9 月 2 日宣布卢布不再与美元挂钩，允许其在自由市场自由浮动。几周之内，卢布对美元的汇率一下子降到了 21：1，在之前几个月已经贬值的基础上又跌了三分之二。

1997 年已经得到控制的通货膨胀问题，在卢布大幅贬值后又卷土重来。商店店主每天（有时候一天贴好几次）都要贴出涨价的告示；9 月的第一周，在卢布宣布自由浮动后，零售价格上涨 36%。

俄罗斯各银行严格限制储户提现。即便储户有美元账户，银行也只允许其提现卢布，而且每天提现的数额非常有限。随着卢布暴跌，储户也只能眼睁睁地看着他们取不出来的存款一天天贬值。

这些人还算幸运，还有几百万储户的存款银行在这次危机中倒闭，所有的积蓄都打了水漂。当时有位老人为保险起见，把自己的钱存入三个不同的银行，最后却发现这三家银行都倒闭了，他所有的积蓄也都化为乌有。

俄罗斯生活在贫困线以下（按照俄罗斯标准已经是很低的水平了）的人口数量一下子上升到 40%。那些生活在农村的人至少还能靠种地维持生存。而生活在城市的人，尤其是老年人，只能靠别人的接济勉强度日。

公共健康问题也因财政困境而变得越来越严重。酗酒在金融危机之前就是俄罗斯老大难的问题，现在更成了泛滥的传染病。俄罗斯每年由饮酒引起的死亡人数是 35 000 例，而美国是 300 例，但是美国人口是俄罗斯的 2 倍多。吸毒同样也变得更严重，根据俄罗斯内政部发布的报告，有 300 万俄罗斯人吸毒成瘾（约占总人口的 2%）。

物价飞涨，而进口产品因为卢布的贬值而涨幅更大。1998 年俄罗斯整体通货膨胀率为 84%，而进口商品的价格上涨了四倍。即便市民买得起日常必需品，也未必有地方买得到，基本的生活必需品，如食用油、糖、清洁剂等都被抢购一空，商店的货架常常处于半空状态。

动荡持续几周不断恶化，最终让抗议者走上了街头。1998 年 10 月 7 日，100 000 万名民众在莫斯科街头游行示威，当天在其他城市也有相似但较小规模的示威活动。10 月 20 日，叶利钦颁布总统令，禁止在晚上 10 点到早晨 7 点之间进行大规模抗议活动，而且任何抗议活动都不得超过 5 天。

普通市民，尤其是那些在苏联时期生活了几十年的老年人，已经习惯了这种排长队、物资短缺和现金不足的生活。有些人甚至以原始的以货易货的方式交易，因为卢布作为商品和服务交换中介的价值已经大大受损。

甚至拖欠工人工资的雇主也以更有创新的方式来支付薪水：在一个乡镇，教师的薪水被用墓地的墓石支付，科斯特罗马的纺织厂用 6000 双新袜子向当地派出所抵纳税款。

在这次危机中，因为药品和物资供应不足的问题越来越严重，导致公共卫生大受影响；药品不得不定量配给，病人最多可以在医院待 5 天。普遍来说，由于经济困难、人口老龄化和离婚率上升的多重影响，俄罗斯的人口在不断减少。

从 1992 年开始，俄罗斯的人口一直在下降，就在卢布贬值危机的第二年，俄罗斯死亡人口比出生人口多了 784 000 人。俄罗斯国土辽阔，人口却不到美国的一半，而且人口减少现象已形成一种趋势。

·美国长期资产管理公司·

俄罗斯发生的金融动荡还波及了国外市场。俄罗斯债券和股票的海外持有者同样遭受很大损失，因为这些金融工具要么变得一文不值，要么就是不断贬值。俄罗斯股票市场的上升期已经逆转，而且在不到一年的时间里，损失的比例不亚于美国股市在整个大萧条时期。

俄罗斯金融危机中一个备受瞩目的牺牲品是美国长期资产管理公司。该公司由所罗门兄弟公司的前副主席约翰·梅里韦瑟（John Meriwether）在1994年成立。梅里韦瑟聘用诺贝尔奖得主迈伦·舒尔斯（Myron Scholes）和罗伯特·默顿（Robert Merton），还有其他几位华尔街的杰出人士担任他的对冲基金董事会的董事。梅里韦瑟希望他的基金能有足够多的资产来运营，而且这种金融明星效应能有效吸引投资。该基金于启动当天就管理运营了十多亿美元。

长期资产管理公司采取高杠杆交易策略，充分利用相似度很高的金融工具之间的细微差别。该公司大部分交易是针对美国、日本和欧洲的债券，而且通过复杂的数学分析策略给投资者带来了丰厚的回报，公司成立头几年的收益率一度高达40%，也正是因为这么高的收益和新增的投资，长期资产管理公司的资产不断增加，到俄罗斯危机爆发前已经发展到近50亿美元。

该公司在1998年上半年预期俄罗斯和发达国家（如美国）债券之间的价差会缩小，于是做头寸投机。假如俄罗斯的金融危机得到缓解，市场对俄罗斯债务风险的判断就会降低，利率随之下降，俄罗斯与发达国家之间债券的价差也会缩小，那么长期资产管理公司当年的盈利将是极其可观的。

然而市场态势却朝着相反的方向发展。1998年5月，该公司损失了6.42%，到6月又损失了10.14%。俄罗斯金融危机全面爆发的时候，其损失不断扩大，到8月底共蒸发了18.5亿美元。仅8月21日一天，长期资产管理公司的头寸就亏损5亿多美元。

投资者在惊慌中纷纷从该公司撤资。9月的前三周，赎回和损失加在一起，基金资产从23亿美元锐减至4亿美元。此时很多高杠杆的金融衍生品头寸还在账面上，公司股票和仓位比例为1∶250，这意味着市场即便有微小不利于其仓位的变化就会将其清盘，造成一连串的债务违约。

只剩下 4 亿美元管理资产，它已不再是一个重量级的对冲基金了，但是因为它本身的仓位，倒闭就意味着系统风险，于是美国财政部带头伸出援手，注入 37.5 亿美元，帮助它相对平和地结清仓位。这些钱来自像高盛、摩根这样的大投资银行，除了贝尔斯登公司（Bear Stearns）之外，华尔街的重量级机构都参与其中。

长期资产管理公司的投资者共损失 46 亿美元，涉及互惠信贷、新兴市场债务、套利、垃圾债券、特定交易等。此次救助之所以成功，是因为这些仓位买入时价格很低，所以卖出时稍有盈利，该公司这才得以在 2000 年顺利地结业。

·俄罗斯的复兴·

让俄罗斯摆脱 1998 年金融危机的，既不是机敏的国内领导层，也不是国际救助，而是 1999 年和 2000 年能源价格意外地快速回弹，让俄罗斯的出口收入大幅增加。在这两年间，俄罗斯都保持着稳健的贸易顺差，从而可以重新补给所剩无几的外汇储备。

卢布贬值也有利于国内产业，因为进口产品的价格比国产同类产品的价格高出很多，其效果就如同俄罗斯设立了贸易壁垒，却无须承受贸易壁垒所带来的地缘政治后果。随着金融领域不断得到修复，国内收支平衡也逐步改善，拖欠的工资也付给了工人，工人们拿到的钱还是会回流到地方经济中。总而言之，紧张的金融流通得到缓解，货币周转速度提高后，经济也得以恢复正常。

20 世纪 90 年代对转型中的俄罗斯来说是非常艰难的。从 1993 年到 1998 年，失业率不断上升，从 1993 年的 5.5% 上升到 1998 年的 11.5%；但是，也就是在这些年里，通货膨胀得到控制，从 1993 年消费者价格指数上涨 844%，下降到 1998 年的不到 10%。

尽管俄罗斯已经在一定程度上从金融危机中恢复，但对其声誉的影响却是持续的。金融市场还是不稳定，股票市场重新开始上涨，而且比 1997

年上涨的势头还惊人，但是股市上涨的收益又在 2008 年全球金融危机中化为乌有。

21 世纪初期，俄罗斯经济的有利和不利因素与（1991 年）刚刚独立的时候没有多大区别，但是 1998 年金融危机推动的改革，至少是在巩固俄罗斯全球经济地位上迈出了积极的一步。

Panic, Prosperity, and Progress
Five Centuries of History and the Markets

23 互联网泡沫

发起于 20 世纪 90 年代后期，并在 2000 年初达到顶峰的互联网泡沫，从许多方面看都是十分独特的：首先，与过去几个世纪的诸多泡沫不同，受互联网泡沫影响者更多，不是以百计，而是以百万计；同时它不再局限于某一片地理区域或者某个行业；相反，它所代表的是一项人类历史上的重大技术进步。由这项技术进步所带来的各种美好前景，有很多在后来都得以实现。可惜的是，最初的诸多尝试都充满误区。

从泡沫里走出了几家全世界最大型、最成功的企业。可在这一过程当中，数亿美元的财富化为乌有，上百万民众不得不惨然面对憧憬与现实之间的巨大落差，很多人更是遭受了惨重的经济损失。

从 2000 年到 2002 年，短短两年时间，科技公司的股票总市值蒸发了 5 兆美元。其中，即使仅看排名前十位的失败的私有网络初创企业，就已经给投资人造成 27 亿美元的损失。下面是当时几家较为著名的号称“网络炸弹”的新创网络公司：

- Pets.com：损失 3 亿美元，它们的袜子玩偶成了网络泡沫破裂的象征。
- eToys.com：损失 2.47 亿美元。
- Kozmo.com：这是一家以自行车为交通工具的上门速递公司，损失 2.8 亿美元。

- Go.com：这是迪士尼公司为抢占互联网地盘所做的巨无霸投资，损失 7.9 亿美元。
- WebVan：简单的上门送菜服务，损失 8 亿美元，属于最引人注目的失败案例之一。

互联网的出现以及由它所带动的相关商业活动，在泡沫破灭之后的几年里，成为文化和商业的重要组成部分。不过围绕商业互联网最初的狂热，尤其是公开市场上众多散户投资者加入对这些企业的投资行列，是前所未有的（见图 23–1）。

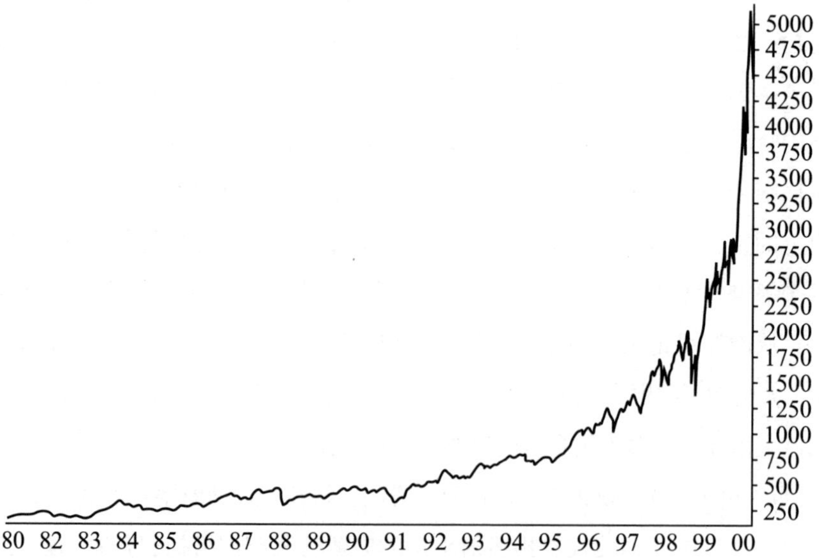

图 23–1　20 世纪 90 年代互联网泡沫期间纳斯达克指数惊人的上升曲线

☆ 活生生的历史 ☆

除非是写自传，否则一名历史书作者一般是不会把自己也写进书里的。不过在这一章里我要破个例，因为互联网繁荣（及之后的崩盘）跟我个人的经历联系实在太紧密了。

我个人的生活跟互联网有三方面的联系：第一，我有多年的上网经历；

第二，我自己在硅谷中心创办了公司；第三，我自己的公司所从事的正是金融信息行业。

相对来说，我上网已经有些年头了。在 1981 年我就拥有了第一台路由器，并在 1982 年出版了第一本著作《世界的联系》(*The World Connection*)，这是一本关于网络社区的书。它的出版时间比商业网页浏览器的广泛使用早了足足 12 年。因此对我来说，互联网的出现只不过是获取网上内容的新花样。这件事我可是已经干了整整 12 年了。

我的公司全称叫先知金融系统（Prophet Financial Systems），成立于 1992 年 7 月 1 日。当时除了美国国防部以外，还没有多少人知道互联网这回事。公司位于加州高科技创业公司的集中地帕罗奥多（Palo Alto）。在被收购之前，它一共存在了 13 年。公司成立有赖于安迪·贝克托申（Andy Bechtolsheim）的天使投资基金。安迪是著名的企业家，他的卓越眼光使他成为谷歌的最早一批投资人之一。

最后，因为我所创业的行业是有关散户投资者金融信息的，这使得我和我的同事们对股票市场的发展、市场的心理和疯狂有了近距离的了解。基于这三方面的原因，我本人对 20 世纪 90 年代以来、以科技为主导的股票市场有着尤为深刻的体验。因此，在本章的描述中，我会穿插部分“活生生的历史”，来分享我个人公司的情况并同外部的发展相对照。

·火上浇油·

美国经济在 1991—1992 年经历了一次衰退。这次衰退时间并不长，影响也不算剧烈，不过还是足以让美国人民下决心更换总统。乔治·布什竞选连任失败，年轻的克林顿执掌白宫。令大家都没有料到的是，克林顿在任的这八年，是美国经济全面复苏和繁荣的八年，也是美国历史上投资狂热最普遍、彻底的八年。

互联网最早出现的时候相当不起眼，其实自从 1969 年 10 月两台机器实现对接之后，计算机网络就已经存在了。在随后的 20 世纪七八十年代，越来越多的来自军事、学术、研究领域的站点被连接入网。20 世纪 90 年代初期，美国联邦政府决定将现有网络转为公共管理和商用。网络的应用由此变得更广泛、更多样化（见图 23–2）。

图 23–2　克林顿上台之前的 12 年，纳斯达克总体上涨，不过还是维持正常的上下波动走势。大势虽然向上，但增长是一步步形成的，而且需要几年时间才能看清楚走势

20 世纪 90 年代早期技术和经济的进步，为后来互联网公司的兴旺发展提供了肥沃的土壤。主要有以下几个原因。

- **冷战结束**。经过几十年劳民伤财的冷战，美国终于笑到了最后，成为全世界名副其实的超级大国。在对苏联的“胜利”之余，美国还成功打赢了一场真正的战争——第一次海湾战争。美军在这场战争中的胜利是压倒性的。同时美国的地理位置优越，处于两大洋之间。就算将来其他地区发生军事战争动荡，也不会直接影响美国本土。

- **上网投资。**直到 20 世纪 80 年代早期，股票买卖对大多数美国人来讲都是陌生的。1982—1987 年的牛市，激发了大众参与股票投资的热情，于是出现了一些像嘉信理财（Charles Schwab）一类的折扣经纪公司。低廉的服务价格开始让股票投资变得更大众化。

  不过，这一趋势日益普遍还是在 1990 年年初。越来越多的网上经纪公司纷纷开张，它们彼此间抢客的佣金大战也使得每笔交易的收费从几百美元下降到差不多 9.95 美元。用电脑买卖股票既方便又便宜，这一下子催生出一大批新生代投资者。

  媒体对 20 世纪 90 年代投资交易的流行也起到了非常重要的作用。消费者新闻和商业频道（Consumer News and Business Channel, CNBC）最初成立时的定位是普通消费者电视台。眼看着个人零售投资的日渐流行，CNBC 决定重新定位，不再是消费者代言人，而是转向了活跃投资买卖的世界。
- **可信故事。**以网络为基础的商业活动在 20 世纪 90 年代的后半期迅速活跃。这些新创企业成立的基本模式大都类似，其真实性和可信性就是：计算机网络是一个全新的商业领域，所有这些创业企业都是在“圈地”。这一过程中的最首要的目标是尽快成长、壮大，即便短期内有损失也在所不惜。

投资人可以期待的是，一旦企业取得行业主导地位，就会有持续、巨额的利润，那今天的损失也就不算什么了。几百万人被这种挣快钱的诱人前景所吸引，一时间，那些对热潮表示无动于衷的人都被当成傻子。沃伦·巴菲特就是其中一个。他选择远离互联网狂热。因此他的伯克希尔·哈撒韦公司（Berkshire Hathaway）远远落后于科技股票指数的表现。于是有人指责他是落后于时代的可怜虫。

·基础已经打好·

值得一提的是，其实早在20世纪90年代，世界各地的股票市场当中，有不下十几种其他行业的股票表现优异。市场的繁荣绝对不仅仅局限于美国的高科技股票。只不过所有最夸张的价格升值、媒体关注和文化影响都发生在互联网这个行业和美国。

绝大多数金融泡沫的形成过程都不可避免地走过以下五大步骤。

- **颠覆和动摇**。在这个阶段重大新生事物横空出世，彻底打乱了既有的商业规矩。人类历史上这样的事物屡见不鲜，小到轧棉机，大到火车机车。它们的共同之处就在于给人们的生活、工作、出行带来了巨大变化。
- **这些变化起初并不引人注目**。比如半导体的发明，可谓是20世纪最重要的发明之一。它刚刚出现时，《纽约时报》只不过在中间某页简单地提到两句。在最初阶段的最早参与者（投资人、老板、发明家）通常是得益最多的。因为这些新产品和服务还不为大众所知，因此投入门槛不高。
- **成长**。在这一阶段，有些阅读深入、观察敏锐的有心公众也开始意识到事件的发生。这些人用营销术语来讲就是“尝鲜者”，那些在20世纪90年代当美国在线、雅虎、网景等互联网公司最初上市时即购买了股票的人就属此类。
- **繁荣**。这就是泡沫阶段。此时的参与者们常常会自说自话，“这太容易了”，投资要赚钱的基本认知被抛诸脑后。几乎全社会的人都加入到这个新发现的市场，他们既是消费者，又是投机者。此时的股票经纪人们有意无意都会陷入“博傻”的思维模式：买的股票价格再高，仍然相信会有人（更大的傻瓜）花更高的价钱接盘。
- **回归现实**。整个泡沫过程最悲惨的阶段（除了那些做空市场的人)，这是市场价值回归，也往往是各种骗局暴露的阶段。泡沫破裂后，巴菲特说过一句著名的话："只有退潮的时候才知道谁在裸泳。"

如果一定要为第一阶段"颠覆和动摇"的开始给出个时间，我认为大概是 1993 年 1 月 23 日。就在这一天，21 岁的马克·洛威尔·安德森（Marc Lowell Andreessen）推出了他对外公开的第一代 Mosaic 浏览器。公众其实是在不久之前才刚刚接触互联网，而当时的网页浏览软件使用起来极为不便，并且错漏百出。

安德森最初的产品，在今天看来虽然很原始和简陋，但它却是第一个让业余电脑爱好者们可以用来轻松、自由地浏览网页的工具，尽管当时全世界可供浏览的网页并不多。

在全球信息网（World Wide Web，WWW）之前其实也有很多其他的网上社群，比如电子布告板，已经出现几十年了，而且计算机之间早已能够交换文件、主持聊天、提供电邮服务，并且用作文件归档。不过运用图像技术来浏览网络内容的做法绝对是前无古人的。安德森的 Mosaic 浏览器的新奇魅力很快在全世界范围内的计算机用户当中传开了。

☆ 活生生的历史 ☆

举世闻名的硅谷，最早在 20 世纪 70 年代因半导体和存储器而出名。到了 80 年代，硅谷的强项已经转为个人电脑和电子游戏。加利福尼亚的圣塔克拉拉河谷遍布几千家大大小小新的、成功的科技企业。在那个时候，一家新创企业通常要具备两项要素：第一，实实在在地存在并从事生产；第二，有一笔初创运营资金。

那些提供服务和软件的公司不需要太多初创资金，我自己的公司就是这样一家公司。我之前在一家仅有 9 名员工靠向零售股票和商品交易人出售金融历史数据和每日数据更新的公司工作。我给自己的公司取名叫"先知"。我和我的合伙人的想法是要创造出更好的产品来跟我的前雇主竞争。

于是我们通过本地的一位投资人获得了一小笔种子资金，租了间办公室，买了几台电脑，就正式开张了。

那是1992年的夏天。尽管当时个人电脑行业已经相当成熟，但电脑和电脑之间的通信交流几乎还是一片空白。美国在线是当时提供在线服务最具创新性、最有意思的公司。我于20世纪80年代在苹果公司工作时跟美国在线的创始人打过交道。

作为苹果公司的实习生，我加入了一个战略计划小组。我们的任务是花时间研究和书写有关全球渠道系统（World Wide Channel Systems，WWCS）的内容。这是苹果公司自己的电脑网络，用来连接客户、供应商和分销商。现在回过头来看，我们那厚厚一叠有关电子网络对商业的重要性的文件是相当有前瞻性的。可惜当时的公司高层更关心眼前的诸如产品价格之类的问题。我们的辛苦成果被彻底忽视了。

不过在参与WWCS项目的过程中，我被分配和弗吉尼亚的一家叫量子计算机服务的小公司一起工作。这家公司的创办人叫史蒂夫·凯斯（Steve Case）。因为我自己已经有十年的在线系统背景，我被这家新公司以及他们的工作深深吸引住了。量子公司和苹果公司有协议，为它们的两个计算机平台提供最新的软件。它们视苹果为自己的重要战略伙伴。

量子公司所开发的软件（后来更名为美国在线）比我之前见过的任何产品都棒，既高端又好用。它们后来成为全国发展最快的在线服务公司，我一点也不奇怪。美国在线1992年上市，刚好与我创立先知公司同一年。它们的股票在20世纪90年代一路上升。

而我们的先知公司做的并不是什么特别尖端的业务：我们只不过将许多年的数千条金融历史数据存储于一个大型数据库，然后以路由器为基础向个人订户提供有偿使用权。我们那一大堆路由器，每天大部分时间都处于闲置状态。但是收市之后，遍布各地的交易员就开始一个一个通过电话线跟我们的服务器连线，然后下载当天的更新价格。此时，你会看到路由器的指示灯也一个一个闪亮起来。看到闪亮的路由器，就知道客人们正在使用我们的服务，那是我们一天当中最愉快的时刻。

没有什么比自己创业更令人兴奋的事了。仿佛铺展在眼前的是一张白纸，可以任由你尽情书写。看到的是无穷无尽的可能性，感受到的是彻底的自由。这一切对于一名曾经的打工族来说尤其令人身心舒畅。

兴奋之余，工作量也是巨大的。先知公司最开始只有两名员工：一个是曾经在我前公司做过程序员的工程师，另一个就是我来负责其他所有的事务。我作为“其他所有事务”的负责人，除了不写程序什么都干。我负责处理法律文件、做广告和营销计划、开发获取数据源，还负责租办公室。

从技术角度讲，我们的生意并不复杂。我们获取了大量的有关股票、期货和其他金融工具价格的历史数据，把它们整理并保存在数据库里。我们设立一套实时的数据传输系统，这样每天晚上都可以更新最新的金融数据。然后我们编写了一套程序（我们给它取了个老土的名字叫“通路”)，使得个人可以下载他们所需的数据。

从这些生意中产生的收入足以让我们负担一个不错的办公空间和工资。我们觉得照这样发展下去，公司的前景还是有保证的。于是我们在 1993 年 8 月搬进了一座写字楼，信心满满地准备翻开新的一页。

几周之后，我们逐渐适应了新环境，继续拓展公司业务。1993 年 8 月 13 日，星期五。我辛苦工作一天之后回到家。这个星期五又是 13 号，空气中弥漫着不祥之气。那天夜晚，有人打碎我们办公室的玻璃，掠走了里面所有有价值的东西。我们的电脑、显示屏通通都不见了。最糟糕的是，我们的备份硬盘也被偷走了。

当然，因为办公室没有报警装置，我对这一切一无所知。星期六一大早，电话响了。看到来电显示是办公室的电话号码时我还有点纳闷。现场的警察查看了办公室电话，发现一个按键旁边标有“家”的字样，于是他按下这个速拨键找到了我。听完他们在电话里的解释，我连忙赶往现场。到了那里，眼前是一片狼藉。毫不夸张地说，我们的整个生意都被人偷走了。

我们不确定是谁干的，也不清楚为什么。难道是哪个瘾君子狗急跳墙抢劫卖钱？还是我们的前雇主抓住机会排挤一个成长中的竞争对手？不管是谁干的，他居然连我们的备份磁带都拿走了，这一点非常可疑。

可是在那个可怕的星期六，我们只能无助地接受自己苦心经营的业务被恶意摧毁这一现实。电脑丢了可以重买，程序代码和客户资料却不是能轻易复制的，而且连同我们的名声也一并被毁了，一切又回到了起点。

·愤怒的公牛·

早期商业互联网最基础的两项业务就是服务供应商和浏览器。互联网服务供应商就是那些为个人上网提供服务的公司。

在早期网上通信中，一名用户需要通过路由器拨号进入一个专属的信息服务，比如 CompuServe、The Source 或者某个电子布告板。用户所能接触的也仅限于该服务区当中的内容。互联网服务供应商的出现让情况大为改观。用户仍然需要通过路由器拨号，可是一旦连线，他能够进入到的就不仅仅是一台计算机，而是一大片相互联系的系统。

美国在线是家新公司，但它的服务模式其实更接近诸如 CompuServe 一类的旧模式，因为它为用户提供的服务内容和特征都局限于美国在线自己的“花园围墙”里。即便如此，公司业务还是取得了巨大成功。

美国在线于 1992 年上市。从 1992 年 3 月到 1996 年 3 月，它的股价以惊人的速度上升。仅仅四年时间，公司市值就从最初的 7000 万美元猛增到 65 亿美元。公司的原始投资者们都大赚了一笔，而普通的投资大众也获益颇丰。

其他较大型的互联网服务供应商也纷纷上市，PSINet 和 UUNet 是其中两家。在不久的未来，有很多互联网公司的股票上市第一天价格就翻倍，而这两家公司可谓是这方面的鼻祖，上市第一天股价就翻倍了。另外还有一家 Net-com，股票也从招股价的 13 美元翻了一倍，这仅仅花了两个月的时间。

这些股票的表现之所以让人目瞪口呆，是因为它们的生意其实都不算大。比如 Netcom 上市时仅有 41 500 名用户（美国在线则有几百万），而且每名用户的月费也仅是区区 20 美元。

这些公司在上市时的估价意味着每一名现有的用户价值至少几千美元。这远比其他有更多重复客户收入的公司（比如有线电视）要多。市场这么做十分清楚，就是寄希望于未来的高速增长。

☆ 活生生的历史 ☆

计算机路由器通常跟人的情感搭不上边。不过我自己亲身经历过的最悲惨的事之一，就是眼看着高高的一堆路由器堆在那里，一盏灯也不亮——因为一个用户也没有。

在公司被盗之后的那个周末，我们的客户谁也不清楚先知公司到底出了什么问题。要知道那时候连电子邮件都没有，所以我们无法在短时间内通知客户，客户只会怀疑我们可能机器出故障了。想到好不容易建立起来的良好声誉即将毁于一旦，我真是痛苦难熬。

我们买了保险，所以电脑和其他硬件之类的都不是问题。可是这一切的技术在我看来却还不如纸来得管用。之所以这么说，是因为我们还保留着之前每一笔销售的购货单。客户的数据库丢了，但凭着这一张张的购货单，我们还能找回客户的信息。对我来讲，当务之急是尽快通知客户有关情况以及我们的下一步打算。

那时候没有网页可以弹出警告，也没有电子邮箱，我们唯一的方式就是写信。我给每个客户都寄了一封信，信里很直接地告知他们发生的一切，同时提出，虽然我们的数据服务会有个把月不能上线，但我们会每周给他们免费寄去更新金融数据的磁盘。

有些客户决定离开。但更多的人表示理解和支持，也希望我们能从困境中走出来，所以我们决定继续留下。跟客户及时、诚实地沟通实在无比重要。我们又上了宝贵的一课。

我的合伙人不得不重新编写程序。我则要花时间尽量挽留客户，同时想办法如何让受损的生意重回正轨。我忽然有了个主意。在讲这个主意之前先要解释一点背景资料。

在 1990 年，我作为新雇员被苹果公司委派负责协调与弗吉尼亚的一间名叫量子通信的新公司的业务关系。量子通信公司的负责人叫史蒂夫·凯斯。它们提供一种高质量的包含很多客户服务内容的拨号上网服务。苹果公司派我这么个新手负责跟量子公司谈合作，也说明苹果公司不太把对方当回事。

我认为量子公司的产品非常棒，跟它们的团队合作也十分愉快。在我们共事期间，量子改名为美国在线。随着计算机路由器用户的增多，它们的服务也越来越受欢迎。读者们大概对 AOL 的历史已经相当清楚，这里就不赘述了。

现在我开始自己创业，我意识到 AOL 也许会需要我们的数据，于是我给史蒂夫·凯斯写了封电邮。当中提到我们过去的共事经历，希望他还记得我。他当天就回复了，并说他们正巧在开发一个叫作 AOL 金融的服务。他会让一位叫比尔·尤斯塔（Bill Youstra）的同事跟我联系。

现在回头想想我能那么快就收到史蒂夫·凯斯的答复真的很神奇。不过当时的美国在线还不像它们在 90 年代后期那么大名鼎鼎，而且我刚好也认识史蒂夫本人。比尔·尤斯塔跟我联系上，我们约好时间面谈。他当时考虑了好几家数据供应商，包括标准普尔这样的大公司。我对自己获选的概率完全没底。

尤斯塔出来见了我们的四人小组。我向他诚恳地说明我们的业务情况和发展目标。比尔和我真是一见如故。在离开之前，他说了一句话令我印象深刻："我真的很喜欢你们的企业文化。"即便今天回想起来，我也不明白，我们那小小几个人的团队能有什么"文化"，不过我们居然有可能拥有自己的第一个商业客户，这简直是天大的喜讯。

几周之后，我收到美国在线的通知，说他们打算跟我们签署数据使用协议，支付费用的多少取决于它自己客户图表的使用量。通知里还提醒我们说他们的图表完成上线差不多还要一年时间。可对我们来讲，这已经是个重大胜利。我们不仅拥有了第一个商业客户，而且这个客户还是相当不凡的。最美妙的一点就是，它们越成功，我们就越有利润可赚。我实在太激动了。

可是远水不解近渴，零收入的日子开始让我们难受了。我们没什么大的支出，但是必要的支出总是免不了的。办公室租金、电话费、保险，最重要的是员工工资。任何一名小老板都清楚工资是最大的支出费用。虽然我们没有几名员工，但要知道公司也是零收入、零资助的。我们把工资削减到不能再少，仅够维持最基本的生活。我长这么大还从来没试过拿这么点钱。

我们的服务最终又上线了。虽然流失了差不多一半的客户，但至少恢复了部分收入。可是业务发展还是不尽如人意，客户的增长十分缓慢。要知道这项业务受众很专业，而且当时的世界计算机还没有大范围联网。我们开发业务的方式也很传统，无非是参加贸易会，然后跟人面谈或者打电话。公司的生意步履维艰。

又过了差不多一年，我的合伙人终于受不了了。当初创业的新鲜和热情如今已被盗窃、恢复、拆东墙补西墙的惨淡经营的艰辛所代替。他也直截了当地告诉我这样坚持下去是白费工夫。总之尽是些让人垂头丧气的话。我只能自己单干了。

现在我可以自己做决定：我是该像我的合伙人一样放弃，然后找份工作、把创业的辛苦一股脑儿抛开，还是继续坚持呢？重新做一名打工仔，重回烦琐无趣的会议、出差、年终考评的生活对我来说毫无吸引力。而我对图表和交易的热爱依然不减。于是我决定坚持。

我们办公室的租约到期了，于是我又做了一个决定。我打算把这份苦苦挣扎的生意搬回家。反正现在剩下的就只有我和另外一位技术支持，那干吗还要浪费钱租办公室？做技术支持的同事也同意在家办公，这对她来说是个好消息，因为不用面对上下班拥挤的交通。当然对我也一样。我们和客户的沟通都是通过电话，所以完全没有影响。既然资金有限且宝贵，当然没必要交给房东。

可以在自己家里重振旗鼓的前景再度让我干劲儿十足。这种感觉自从两年前决定创业以来已经很久没有体验到了。我觉得这又是一个新的开始。

即使没有工程师帮忙，我自己也可以掌握一些基本的编程知识。先知公司会继续存在下去，我要从自己家里把它一步步引上健康轨道。

·网景公司·

至于网页浏览器生产商，目前以网景公司占据绝对主导地位。网景公司的创始人是吉姆·克拉克（Jim Clark，他也与人合作创立了硅谷图形公司）。吉姆请到了互联网天才马克·安德森作为首席开发员。安德森开发的浏览器（也是替代他自己最初创建的 Mosaic 浏览器）叫 Navigator。在 1995 年，Navigator 的市场占有率高达 60%。

如果要选一天作为互联网股票狂热的起点，非 1995 年 8 月 9 日，也就是网景公司上市的这天莫属。股票的起始价位是 28 美元，可是买盘实在太强劲，以至于开市后的前两个小时一笔交易也没有达成。股票最终以 71 美元开盘。吉姆·克拉克在公司的最初投资市值一下子达到 30 多亿美元。

网景公司的上市规模以及媒体的报道程度远高于之前数月的其他公司上市。公司在如此短时间内完成从股份合并到公开上市，让从金融服务业到高科技行业的老手们震惊不已。

最令大众目瞪口呆的就是，网景公司如此高的估值是在一分钱利润都没有的情况下做到的。在过去，一家公司想上市，首先必须通过数年稳定上升的利润来证明自己。如今在互联网创新企业的新世界中，似乎不再需要什么实实在在的利润，只要有赚钱的前景就足够了。投资者只要看到这些前景就会欣然出手。

网景股票上市时的表现已经够精彩了，谁知更精彩的还在后面。在整个 1995 年，股价持续上升，到 12 月已经是每股 170 美元。这家既小又没赚钱的新创公司总市值达到 65 亿美元，而吉姆·克拉克自己花费区区几百万美元的原始股份总值则达到 15 亿美元。凭着他对马克·安德森的豪赌（马克本人只得到相对很小一部分股票），吉姆一跃成为全世界最富有的人之一。

网景股票的惊人表现并没有逃过微软公司的眼睛。微软公司没有参与到这一互联网最初的革命有点出人意料，不过它们很快宣布会对互联网认真对待起来。比尔·盖茨只需对外宣布这一条消息，就足以让网景的股价暴跌 30 美元。

在随后的几个月里，微软公司不遗余力地在自己的 Windows 操作系统里加载自家的 Internet Explorer 浏览器（此举最终给公司惹来大麻烦，这是后话）。到 1996 年 6 月，微软公司这一所谓的浏览器大战成功地将网景公司的股价从最高点打压下一半。

与此同时，有关股票交易的电子布告板也越来越受欢迎，专门讨论股票，尤其是科技股的网站一夜之间纷纷涌现，这其中最出名的包括硅谷投资者（Silicon Investor）和愤怒的公牛（Raging Bull）。

在接下来的五年里，随着众多短线炒家对市场的日益关注，这些电子聚会场所变成炒作、流言和欢愉的中心。一整套基于风险资本、新创企业、股票交易、高科技人才和知识产权的生态系统蓬勃发展，而这一切的绝大多数集中于以圣塔克拉拉河谷为中心 15 英里为半径的范围里。

不知出于什么原因，有一支叫 Iomega 的股票在电子布告板上俘获了一大批狂热追随者。该公司既不是互联网服务供应商，也不建网站。它售卖的是一种很廉价的计算机备份设备，叫压缩磁盘。在 1995 年 5 月至 1996 年 5 月之间，该公司以 IOMG 为代码的股票价格从 5 美元上涨了 10 倍。

在互联网泡沫远没有破裂之前，Iomega 的股票率先上演了一幕“破裂”。它的股价在达到最高位之后的一个月内暴跌一半。在接下来的几年，其股价一路走低。先前在狂热驱使、股票讨论版带动下产生的几百倍的盈利灰飞烟灭。

☆ 活生生的历史 ☆

先知公司成立之初，我们拥有计算机公司最不可或缺的两名成员：一个跑业务的，就是我；另一个攻技术，就是我的合伙人。如今合伙人离开了，公司除我之外只剩下一名客服人员，公司所有技术方面的任务全部落在我的肩上。

不过，只要还有愿意付钱的客户，我就不会缺动力。我不仅想让公司存活下去，我也不愿意让这些客户失望。不管怎么说，在我们遭受打击、最消沉无助的时候，他们依然不离不弃。如果他们都没有放弃先知公司，我凭什么要放弃？只是千头万绪该从何开始呢？

人常说“需要乃发明之母”，其实不仅如此，需要还是教育之母。我自学了有关数据库、路由器协议和数据格式的知识。此时此刻只有一个人维系着整个系统，那个人就是我。我还自学了 REXX 编程语言和 DB2 数据库系统。在 1995 年剩下的日子里，我居然越来越相信公司的业务可以维持下去。

在家办公虽然没有漂亮的办公室，但每个月也省了房租费用，我也不必额外付出水电费、保险、家具，或其他零零碎碎的业务开支。除了自己和工资不高的客服，公司基本没什么支出。我的小公司居然很快开始赚钱了。

除此之外，对我个人来讲，在家里专注工作确实是一件令人身心愉悦的事情。当我对一个项目有兴趣的时候，没有什么比工作更美妙的事情了。我将产品改进得越好，客户反馈就越积极。如果你自己创业从小生意做起，你和客户的距离会保持得很近，每天跟实际的用户接触，得到的都是他们真实的反馈和想法。

尽管互联网在 1994 年就已经进入公众视野，但我还不是很清楚它到底是怎样运作的。虽然我有很长的在线经历，但我这些从 1982 年就开始的有关路由器和布告板的经历并不足以使我理解互联网，或者网络在未来的重要性。因此在很长一段时间里我对所发生的一切茫然无知。

不过这一切在 1995 年 8 月因为网景公司的上市而彻底改变了。我自学了 HTML 和基础网页服务器及浏览器，加上我本身已经有了编程和数据库经验，我的第一个网页也新鲜出炉了。

正如你所料想的，这个网页十分简单，无非是先知公司数据产品的在线目录而已。不过能够上线我就已经非常高兴了。我所料想不到的是，用路由器下载数据的方式不消几年就会被我刚刚实验的技术完全取代。

我一方面花大量时间编写产品程序和应对客户，另一方面也在不停思索新点子。我有个当专利律师的朋友，他提出为我的许多新点子撰写专利申请，用之交换公司的小部分所有权。我同意了。不过这些用户界面的专利后来对公司生意变成毁誉参半的双刃剑。

随着编程水平的不断提高，我甚至写出了自己的第一个图表程序。程序其实非常简单，它是将每天的股票数据做成图形并做简单分析。不过这对我有双重意义：一是我的编程水平已经足以创造一件可供销售的产品；二是相较于之前的简单数据，先知公司得以涉足图表内容的新业务。

此时差不多是 1998 年了。我有一个业务联系人，他名下有一家名为 Investools 的公司。我跟他取得联系并询问他是否有兴趣将我的网上股票图表加到他的网页中。他同意了，同时除了每个月支付一小笔费用外，他还给了我们公司以指定价格购买他们公司股票的股权。我把股权协议和图表使用协议放进同一个文件夹，满心欢喜自己开发的小图表也能出现在其他公司的网页上。

过了几个月，Investools 联系上我并表示他们其实想收购我的公司。Investools 的规模自然比先知要大，他们有二十多名员工，而我们只有两个人。同时他们还有风险投资支持，产品也被广泛使用。听说自己的小生意居然可以挣钱，我当然很兴奋。毕竟我已经很长时间没什么收入了。

于是我找到自己的天使投资人安迪·贝克托申（Andy Bechtolsheim），告诉他这一好消息：他的投资就快有了回报，而且这一切发生得比他预料的更早。安迪的回答让我大吃一惊，他不仅不同意卖出公司，反而愿意投入更多的资金使它成为（用他自己的话说）“真正的公司”。

这应验了那句格言：不需要钱的人才能挣钱。经过几天的思考，我兴奋地告诉安迪我很乐意听从他的意见，把先知公司从我家里的一个小小二人作坊升级成真正的新创企业。

·雅虎和非理性繁荣·

下一波能够夺取公众眼球的互联网业务是搜索引擎。不论是投资者还是网络用户，大家对于网络世界都相当陌生。显而易见，大家都需要通过一个简单易用的途径在互联网上查找自己想要的内容。搜索引擎应运而生。

搜索引擎最先上市的是一家加拿大公司，这家叫 Open Text 的公司的起点是滑铁卢大学的一个实验项目。旧金山的蒙哥马利证券在 1996 年 1 月为他们策划了 6100 万美元的公开募股。市场的反应很积极。这样一来，旧金山海湾一带的新创搜索引擎公司也纷纷着手制定自己的上市时间表。Lycos、Excite 和雅虎都计划在 4 月上市。

Lycos 在 4 月 2 日第一个启动。两天后 Excite 也紧跟而上。只需快速浏览一下 Excite 在公开募股时提供的资料，你就会发现投资人是如此焦急地要砸钱给一家如此小型的企业。Excite 在整个 1995 年（即最近的一年）仅收入 43.4 万美元（而且显然没有盈利），可是它公募的市值估值却高达 1.75 亿美元。

不过，最出名、最广泛受欢迎的搜索引擎自然是雅虎公司。雅虎的上市日期定在 1996 年 4 月 12 日。招股价设定在 13 美元，可一开市就跳到 25 美元，交易第一天最高蹿到 43 美元，最后报收在 33 美元。收市价比招股价整整提高了 150%，这在当时是纳斯达克历史上第二高的个股首日升幅，雅虎公司的总市值也达到 8.5 亿美元。公司的年轻创始人大卫·费罗和杨致远一天之间成为亿万富翁（见图 23–3）。

图 23–3　雅虎的上市公募非常成功，在整个 20 世纪 90 年代，它的股价持续上升了十几倍

在这里有必要对众多互联网公司股价的暴涨做个简要解释。通常情况下，投资银行在股票上市定价时会考虑公众的购买意愿和价位。投资银行以招股价买进股票，然后再将其卖给诸如个体交易者一类的其他人。

投资银行不会愿意将股票价格定得太高。如果一只股票上市第一天价格就下跌，对公司的名声都会有严重的损害。定价过低也是错误的，因为上市公司无法从即刻的价格上升中获益。

打个比方，如果一家公司以 1 亿美元的总价将股票出售给包销银行，而该银行在上市第一天以 3 亿美元的价格卖出股票，投资银行即获得 2 亿美元的盈利。用口语化的方式讲，公司在上市时“把钱留在了桌上”。虽然围绕成功上市的众多宣传在短期内可能对公司有所帮助，但还是远远无法跟投资银行赚进腰包的巨额利润相比。

网络狂热还将持续 3 年。而在 1996 年 12 月 5 日，艾伦·格林斯潘在一篇演讲中指出，这种“非理性繁荣”气氛有可能影响资产价格并将其推至偏离严谨经济理性的高位。

简单一句“非理性繁荣”，居然就让全世界的股票市场立刻出现抛售狂潮。格林斯潘很有可能从中吸取了教训，从此闭口不谈自己对资产估值的看法，在余下的互联网泡沫期间，他也基本上对此话题保持沉默。经济繁荣期间的资产贬值显然不是维持选民支持率的好方法。

·回响全球的破碎之声·

亚马逊公司是仅有的几家成立于 20 世纪 90 年代并在新世纪保持高增长、高股价的公司之一。亚马逊公司由杰夫·贝佐斯在 1994 年一手创立。贝佐斯之前被他的雇主安排调研互联网上有利的生意机会，他分析的结论是书籍是网上销售的最佳产品，但是他的意见没有被采纳。

贝佐斯对自己的判断深信不疑，于是他辞掉高薪厚职，跑遍全美，自己创业。他和太太首先飞到得克萨斯，然后从那里驱车去计划成立公司总部的西雅图。商界的传闻说，一路上都是太太开车，而他自己则坐在副驾思考商业计划。在西雅图安顿好以后，他和最初的几个员工就在一个车库里搭好架势开工了。

这时发生了一个偶然事件帮助了他们的成功。美国高等法院判决，如果一家公司没有实体存在于消费者所在的州，则消费者从该公司购买产品可以免交消费税。卖书（很快还有其他商品）没有消费税，这一条为亚马逊公司带来了相较于本地零售商立竿见影的优势。这是亚马逊公司在早期优于那些实体书店的诸多长项之一。

贝佐斯一开始给他的网站取名叫 Cadabra（源于电影《狮子王》里的一句咒语 abracadabra），他在 1995 年将其改名为亚马逊，因为他希望留给消费者深刻的印象。和苹果计算机的创始人一样，他喜欢自己的公司名字以第一个英文字母 A 开头。亚马逊公司在 1995 年 7 月卖出了它的第一本书。而开张仅仅两个月，它就已经把书销往美国所有的州和十几个国家。

当它的网站刚刚上线才几个月的时候，亚马逊公司就宣布了将在 1995 年 10 月上市的意图。在一份早期的新闻稿里，亚马逊公司精确地阐明它们的服务能为购买图书者带来以下好处：

> 在专家们还在质疑网购的好处的时候，亚马逊已在给消费者提供非互联网无法达到的购物体验。要建成一间跟亚马逊同等规模的实体书店是不可能的，因为没有哪个城市有足够的空间装下这么大的门面；如果亚马逊公司打印一份它所有书名的目录，它的大小相当于 7 本纽约市的电话簿。

贝佐斯毫不隐瞒公司有可能在几年之内都不赚钱的事实。他坚持认为专注于“尽快做大”是达到并保持网上统治地位的最佳方法。同时他打算在亚马逊网站销售的也不仅仅是书籍。随着时间的推移，消费者在亚马逊网站可以买到的商品种类越来越丰富，而这些商品都没有消费税，很多时候还免运费。

亚马逊公司于 1997 年 5 月 15 日上市。它的招股价是 18 美元，开市后即上升到 27 美元，第一天的收市价是 23.5 美元，比招股价上涨了 33%。这个成绩虽然很不错，却没有像那些首日“暴涨”的股票一般登上报纸头条。跟其他差不多所有在 20 世纪 90 年代后期上市的公司不同，亚马逊股票赚钱的好日子反而是在泡沫破裂之后。而此时，亚马逊股票稳步上升，当然也免不了像美国所有上市的互联网公司一样经历下跌的考验。

几个月后，貌似无往不利的牛市遭遇了第一次重大挫折。1997 年 10 月 27 日开市前，亚洲货币危机正在影响着全世界的金融市场。香港恒生指数下跌 6%，日本、伦敦、德国市场也都下跌 2%。道琼斯开市就走低，到下午 2 点 36 分，道琼斯指数下降 350 点，触发交易所强制停止交易的熔断机制。

按照 1987 年市场崩盘后制定的规则，股票交易停止 30 分钟，于 3 点 06 分再度开放，此时股价的下跌开始加速。强制停市的本意是让投资者有时间平静下来认清形势，不承想它却制造了一种恐慌、绝望的气氛。市场一旦重启，大家就争先恐后地纷纷出货。到东岸时间 3 点 35 分，道琼斯指数已经下跌了 550 点。根据同样的一组“熔断保障”规则，股市当天提前闭市。

美国股市的暴跌又加剧了亚洲股市的动荡。10 月 28 日，恒生指数再跌 14%，下跌程度是前一天的两倍多。所有亚洲和欧洲的市场都表现低迷。等到美国市场在 28 日开市时，走势还是下跌的。

不过好在买盘足够强劲，当天就迅速遏制了下降的势头。到当日收市，道琼斯指数回升 337 点。这也是交易所历史上首次在一天内有超过十亿股的股票易手。

10 月 27 日股市的表现提醒大家市场面对抛售依然脆弱，而 10 月 28 日发生的一切又加深了投资者的信心，牛市还是坚挺的，就算货币危机和国际股票市场的波动也可以在一个交易日内一扫而空。如今回头看看，这实际上是牛市的一次重要震荡。不过，在漫长的熊市到来之前，市场还将持续两年的好日子。

☆ 活生生的历史 ☆

差不多同一时期，有天傍晚，我正在一个朋友家里做客。我当时随意地翻阅着《华尔街日报》，无意中看到一条消息：得克萨斯州的 Telescan 公司从 Menlo Park 公司手中收购了 Investools。我坐在那儿，依稀记得我之前跟他们有关为网页提供图表的协议当中包括一部分股权。

我连忙赶回家，从文件柜里抽出合约，快速计算出那部分股权居然价值 150 万美元。当初在合作协议里加上股权的主意实在是太英明了！我真希望这是我自己想出来的主意。

从捉襟见肘到一下子有了一百多万，这对于我的新创公司的意义是不言而喻的。我终于可以把先知公司办成一家像模像样的公司了：有真正的办公室、真正的每天按时上下班的员工，这将是个了不起的变化。

毫无疑问，一家新公司的未来成功，很大程度上取决于它的员工。这一点对于高科技创新企业尤其重要。这里不是简单的数字加减，一名伟大的工程师可能相当于 6 ~ 10 名甚至 20 名好的工程师。满屋子的作曲家也出不了一个莫扎特。同样地，满屋子的程序员也比不上一个天才编程的神来之笔，而这往往决定了一家公司的成败。

先知公司如今最缺的就是有才能的工程师。可是在 1999 年想找到一位好的软件工程师可不是件容易的事。随着互联网狂热的兴起，真正有本事的人大都被请走了，而那些剩下的要么奇贵，要么水平不高。

我们想尽办法四处寻找。非常凑巧的是，我们联系上了一家位于波士顿的咨询公司。他们那里有些来自俄罗斯的工程师，并且非常愿意把他们安排到西海岸工作。

我们拿着一叠软件工程师的简历，它们看起来都差不多。好在我也算久经沙场，只需要快速扫几眼就大概知道哪个是真正的好材料。这中间有一个叫阿里克谢·多波洛夫斯基（Alex Dobrovolskiy）的人吸引了我的注意。我注意到他在乌克兰的时候曾经参加过全国数学竞赛并获得第二名，很显然他相当聪明。

我们要求跟阿里克谢电话交谈。他的英语能力很有限，所以我们的谈话进行得相当困难。不过即使在电话里我们也可以感觉到他很聪明也很友好。于是我们决定碰碰运气，花钱请他做我们的工程师。

和很多移民到美国的俄罗斯工程师一样，阿里克谢在此孤身一人、举目无亲。他来美国是因为这里可以挣到更多的钱，同时希望能把家人也接过来。随着我对阿里克谢的了解加深，我知道他的太太叫尤金尼亚，他还有个 12 岁的儿子。

阿里克谢很快就向我们证明，他不仅仅是聪明，简直是出类拔萃。他刚加入的时候，先知公司的产品非常有限。要知道那些图表程序还是我这个“二把刀”写的。这简直就像是让一个心比天高的八岁小孩造房子，要住进去是需要勇气的。

我们语言不通，所以就算过了好几个月，交流依然很困难。好在阿里克谢的书面表达没有问题，所以有好几次我会走到他的桌边解释些什么，然后干脆在他的电脑上打开 Notepad 文字编辑软件打出我想说的。我打字的速度比他理解的速度还要快，所以我们就进行这样沉默的交流，然后我站在一边看着他再打字回答我。

当然，公司除了阿里克谢之外还有其他人，包括我在内，先知公司共有 10 名员工。像很多由渴望成功的年轻人组成的小公司一样，我们工作非常努力，也乐在其中。每个工作日从早晨 8 点开始，经常到晚上 10 点才下班。我们一起吃饭，一起决定新员工的录用，一起动脑筋解决难题——这和我多年来孤军奋战的情形大不一样。我们建立了一个很不错的网页，扩展了产品种类，甚至采用迎客小狗的方式给办公室增添了一点家的气氛（这个点子后来谷歌也采用了）。

外部世界也开始注意到我们，让我们小有名气的是《福布斯》杂志，它居然将我们收录进了一项“最佳网页”调查。紧接着我们又被收录进《巴伦周刊》（*Barron's*）的年度交易员最佳网页评选。要知道这时正值互联网繁荣的最高峰。虽然我们看似进步神速，但其他的竞争对手往往有 2000 万美元的风险投资。相比之下，我们区区的 150 万美元简直不值一提。

虽然这 150 万不能和其他公司的高额风投资金相比，但是它改变了先知公司，也改变了我的花钱方式。过去我花钱时几乎是锱铢必较，我会为了省钱尽量压价或者买二手货，只肯花钱在公司必需的项目上。简单来说，我花钱是相当谨慎的。

眼看着我们的银行账户日益充盈，曾经的谨慎也可以忽略了。我每个月花 15 000 美元聘请公关公司，也会很随意地找人进行完全不带来新收益的实验性编程项目。我连想也不想，就花大价钱购买昂贵的电脑设备。这些经历也终于解答了一个长期以来困扰着我的有关硅谷的问题：一家手握 2000 万美元风险投资的公司是怎么把这些钱挥霍一空的？事实就是，不论这个数字有多少，它永远都是不够的。这个世界充满了各种各样的供应商，它们总会欣然帮你消耗掉钱袋里那些（你自认为）多出的部分。我极大地提高了公司的资金消耗水平。很快我就会明白：钱就要花光了。然后我就不得不重新回到当初很无趣却绝对必需的谨慎花钱方式。

· 从疯狂到癫狂 ·

自 1998 年起，围绕着互联网股票的热潮开始升级为期两年的互联网狂潮，几乎到处都是网上股票账户、新股上市以及令人喘不过气来的媒体对互联网公司的报道。三者齐心合力创造了一个幻想国度，在那里没有理由不相信每个人都可以通过股票市场发财致富。

而那些主要网络公司也给它们的股东带来让人瞠目结舌的回报：美国在线在 1998 年上涨 593%，雅虎也有近 584% 的涨幅，亚马逊更是以 970% 的涨幅傲视群雄。

那些在 20 世纪 90 年代以前跟高科技完全不搭界的传统公司也发现，只要跟“.com”稍稍沾上一点边儿，就可以给公司的形象和股价带来好处。比如有家叫 K-Tel 国际的公司，它们在过去几十年里都是在电视上出售音乐产品。任何一个在 20 世纪 70 年代看过美国电视的人都会记得 K-Tel 反复播放的广告。可是到了 1998 年，让人通过免费电话号码订购胶片唱片的生意听起来像是老古董了。

于是 K-Tel 公司宣布它们将在互联网上卖音乐产品。这份新闻稿（只是一个未来的设想，没有任何实际行动）就让该公司的股票价格在两周内涨了四倍。看到股价飞涨，公司又发布了一条公告：它们将进行分股，以方便更多人投资。这次公司又在没有任何财务表现的情况下，就凭着一条分股的通知，股价竟然又上涨了 12 美元。

虽然到 1998 年，互联网和互联网公司上市已经好几年了，可公众对此还是知之甚少，分不清什么公告是真的，什么公告只不过是空洞的烟幕弹，大家把所有的消息都当成好消息。

还有一个典型的例子就是亚马逊合作项目。这是亚马逊公司推出的一项协作销售计划，任何人只要在自己的网页上推广亚马逊的产品就可以从产品销售收入中拿一小部分回扣。比如，某古董车的网站，如果有人在网页上展示一本在亚马逊出售的有关那些车的书，售价 40 美元，那么这个人就可以从每本书的销售额中提取大约 1 美元。

其实从家庭主妇到大型上市公司，任何人都可以参与这个项目。但公司只需宣称它们在跟亚马逊“合作”，就足以让公司的股价飞涨。

上市公司会发布新闻稿宣布它们和亚马逊新的“合作关系”，这么说当然没错，但实际情形只不过是公司里某个人花几分钟时间签署了亚马逊协作销售计划，这对于公司利润的影响是微不足道的。

亚马逊也吸引了大量的正面媒体报道。它们才一宣布卖 CD 的打算，股价就蹿升到每股 100 美元以上，很快又达到 140 美元。差不多在同一时间，另一家和媒体有关的叫 Broadcast.com 的网站也在 1998 年 7 月 17 日上市了。该公司当时大约每年有 690 万美元的收入，却完全谈不上盈利。最后算下来它每年的亏损相当于总收入，换句话说，就是他们每收入 1 美元，就得吐出 2 美元。尽管如此，公司上市的招股价定为 18 美元，第一天收盘就涨到 63 美元，一天之间有 250% 的收益。

股市在上一年的 10 月刚刚经历了一次重挫，没想到十个月后又碰上一次大震荡。1998 年 8 月 31 日，货币危机再度爆发，这次的源头是俄罗斯。危机给股市造成巨大震荡，道琼斯指数下跌 513 点，纳斯达克跌了 140.43 点，创下有史以来最大的单日跌幅。

那些被追捧到天上的互联网公司受到的影响相对更大。比如 Excite 和亚马逊公司的股价各自在一天里分别下跌 20%。股市的震荡并没有像过去一样在一天内反弹，而是持续了几个星期。类似 GeoCities 这样的新公司，股价比最高点时几乎下跌了四分之三。原本好戏连台的 IPO 差不多销声匿迹了。

· 大家都在“赌博” ·

个人零售股票交易的流行是分阶段形成的。在 20 世纪 80 年代，嘉信理财和富达基金这样的折扣经纪公司带来了第一波交易者；而像 E*Trade 和 Datek 这样的在线经纪公司在 20 世纪 90 年代初期则吸引了更多的人入场；到 20 世纪 90 年代中期，一种截然不同的交易方式——高频买卖或一日短炒横空出世。

相较于其他股票交易者，短炒者的数目不算多。不过他们高频率的买卖活动远远弥补了人数的不足。仅嘉信理财一家就有 600 万在线用户，而道明宏达理财也有 200 万，另外平均每个月还有数十万名新客户在线上经纪公司开户。正常用户大概每年做几手交易，而一个短炒家却可能在一天里买卖几百甚至上千次。

这些活动的受益者往往不是交易者本人，而是那些赚取佣金的公司。短炒公司会给大家提供办公空间、桌椅和电脑软件用来入市交易，而作为回报，每一笔交易公司都会收取佣金。绝大多数交易者都赔了钱，反倒是那些短炒公司从这些不停买卖中赚得丰厚佣金。这其实就是一种合法的赌博方式，让大家不必飞去拉斯维加斯就可以体验到逐利的刺激。同样道理，短炒市其实就是新型赌场，而交易者就好比游客，跃跃欲试地打算一展身手。

短炒市在美国的城市及乡镇多处出现，有 60 多家公司都在做这项生意，他们给自己取名叫“动力证券”或者“全科技投资”这样充满象征性的名字。有人估计全美国的短炒者大约有 6000 人，而他们的交易量却相当于纳斯达克总交易量的 15%（对于一些被高度追捧的“.com”公司，这些人占了绝大多数）。

就如同在拉斯维加斯和大西洋城进行的赌博一样，短炒有它黑暗的一面，因为它很容易让人上瘾。有些短炒者把资金大半都放在这种高度投机、高风险的操作上，而大多数人想尽办法也只不过保证钱不被赔光。那些用行话说把自己的账户“吹爆”的人，或者重新老老实实找份工作，或者想办法再筹些钱来继续碰运气。

有一位叫马克·巴顿（Mark Barton）的股票交易员，44 岁的他住在佐治亚州的亚特兰大，他和第二任太太（第一任太太已故）以及两个孩子一起生活。巴顿不小心中了短炒的毒，甚至决定辞去工作全身心投入股票交易。

他在 8 个星期就亏了 10.5 万美元。在 1999 年 7 月 27 日，他的股票经纪公司给他发了追加保证金的通知，也就是说，他必须存入新支票并把账户余额变成正数，否则就会被取消交易资格。

那天晚上，他用一把斧子杀死了妻子。第二天，他交给动力证券的 5000 美元支票跳票了。于是他回家又杀死了女儿和儿子。好像重现小说《冷血》（*In Cold Blood*）里的场景，他把孩子们的尸体放在他们各自的床上，旁边摆满他们的玩具，然后写了封自杀信。

7 月 29 日，星期四。他开车到动力证券，走上交易楼层后对大家说：“今天这个买卖的日子很烂，而且只会变得更烂。”说完就开枪杀人。他当场射杀四人，并且使多人受伤。然后他又到另一家叫“全科技投资”的经纪公司，先射杀了经理，再跑到交易楼层又杀了四人。几小时后，他驾车停在了一处加油站，躲在自己的货车后面不让警察发现，并对着自己头开枪自尽。

下面是他留在家里的自杀信的部分内容：

> 蕾·安在主卧室衣柜的地毯下面。我星期二晚上杀死她的。我星期三晚上又杀了马修和米切尔。这些死亡情形或许跟我第一任妻子黛博拉·斯匹威的死有些相似。不过，我否认黛博拉和她母亲的死与我有关。我现在也没必要撒谎了。他们走得不痛苦，

所有的人不到五分钟就断气了。我在他们熟睡时用斧头砸他们的头，然后把他们头朝下浸在浴缸里。这样他们就不会痛醒，也确定不会活过来。

我非常抱歉，真希望这一切不曾发生。我的痛苦是无法用语言来描述的。可是我为什么要这么做呢？从 10 月起我就感觉快要死了。我常常半夜从梦中惊醒，只有醒着的时候才不那么害怕。现在它终于把我逼到这一步，我恨我的生活和周围的一切。我的生命完全没有希望。我杀了自己的孩子，用 5 分钟的痛苦来交换他们一辈子的幸福。我逼迫自己这么做是为了避免让他们遭受更大的折磨。没有母亲，没有父亲，没有亲戚。父亲的恐惧传递给儿子。我父亲把它传给我，我又传给我的儿子。我儿子已经开始恐惧了。我不能把他一个人留下。我必须带他走。

我杀害蕾·安是因为她是令我崩溃的主要原因之一……我知道下辈子耶和华会好好照顾他们的。细节已经不重要。没有借口，没有理由，我相信也没人能理解。就算他们能理解我也不稀罕。我写这些只想说为什么。请明白我打心底里爱着蕾·安、马修和米切尔。如果耶和华允许，我愿意下辈子再见到他们给我机会弥补过失。我不想活了。只想再苟延残喘些日子，好尽可能多地杀掉那些将我的世界打得粉碎的贪婪的吸血鬼。

巴顿屠杀事件震动了全美，一部分是因为事件本身血腥恐怖，还有一部分原因是它和新近流行的高风险网上交易有关。这一悲剧提醒大家，并不是每个人都能从互联网的狂热中发财，如此冒险的买卖行为很可能带来惨痛后果。

·世纪之末·

股市到 1998 年秋稳定下来了，投资者的信心也恢复了，造成如此积极的投资气氛的重要原因之一是新媒体。当然，CNBC 在整个 20 世纪 90 年代都一贯担当起牛市啦啦队的角色。不过在推广积极和冒险的资本主义和投资行为方面，纸媒的作用同样重要。

在最畅销书单上包括了诸如《道琼斯 36 000 点》（*Dow 36 000*，这本书的书名就泄露了它的预测）和《怒吼的 21 世纪》（*The Roaring 2000s*，书里预测道琼斯指数在 2009 年会冲到 41 000 点，跟事实有 80% 的落差），当然还有更激进的，有位叫查尔斯·卡德莱克（Charles Kadlec）的作者出了本叫《道琼斯 10 万点：事实还是虚构》（*Dow 100 000 ：Fact or Fiction*）的大作。

还有新杂志也满足了人们对即时了解商业潮流和突破的需求。这些杂志包括《商业 2.0》（*Business 2.0* ）、《产业标准》（*The Industry Standard*）、《红头招股书》（*Red Herring*）、《优势一面》（*Upside*）等 。随着对投资和网络科技狂热的持续，这些杂志也因广告越来越多而变得越来越厚。它们的重量和股市平均水平一定具有极高的正相关性。它们的页数在后面的几年中也会变得越来越少，少到一阵风就能把整本杂志吹走的程度。

而与此同时，除了“千年虫”（Y2K）问题，公众觉得自己没有什么好担心的。所谓千年虫问题，就是说现代社会对计算机的依赖程度日益加深，因为有些计算机程序没有很好地预先解决 1999 年之后的日期处理问题，时钟一旦跳进下一个世纪，银行、机场、公用事业等其他依赖软件的重要部门可能出现混乱。

历史证明，在 2000—2001 年间，世界上的确出现了很多问题，有些还相当严重，可千年虫问题却根本没有发生，更谈不上造成任何问题。这实在有些讽刺。

投资者信心在 1998 年 11 月 13 日变得更加坚定。这一天，由康奈尔大学两个学生创立的小网站 TheGlobe.com 上市了。跟很多网络公司一样，该公司的营业收入很少，而亏损却是巨大的。可是公众对新互联网公司的股票依旧如饥似渴。

TheGlobe.com 的招股价是 9 美元，可上市第一笔交易就卖出了 87 美元。当天的最高价达到 97 美元，最后报收 63.5 美元，整整上涨了 606%，也创下了股票上市当天涨幅的新纪录。这家小公司的市值达 8.4 亿美元，两个 20 多岁的创业小伙儿登时变身亿万富翁。

几周之后，这位创始人和他的模特女友出现在一档电视节目上。他对着电视镜头大叫："有女人了！有钱了！从现在起我要过厚颜无耻、纸醉金迷的生活！"这番宣言准确概括了 1999 年早期的时代精神。年轻人无不艳羡一夜暴富的捷径（见图 23–4）。

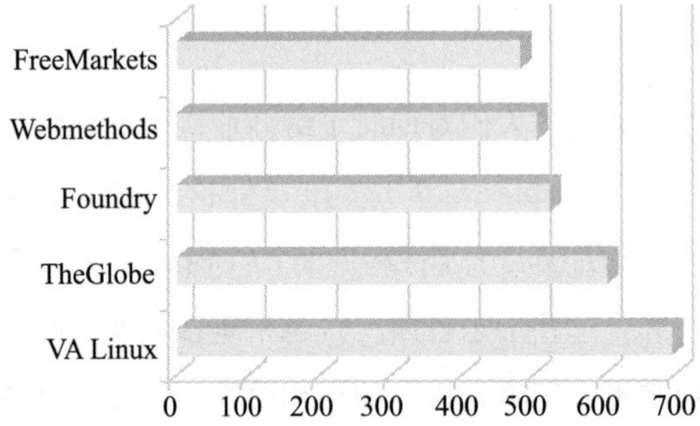

图 23–4 TheGlobe 是上市首日股价暴涨的互联网公司前五名之一

不过 TheGlobe 的两位创始人很快会发现，纸面上的 1 个亿跟银行账户里的 1 个亿是有分别的。虽然投资银行家们可以卖出股票，但公司内部人士一般会有 12 ~ 18 个月的限售期。TheGlobe 是个赔本生意，它在 1998 年的前 9 个月总收入 270 万美元，总亏损却达 1150 万美元。每挣 1 美元钱就亏 4.25 美元的生意，即使拿互联网行业的标准来看，也不是好生意。这些数字表现最终都会反映到虚高的股价上面。

差不多同时，另一家规模更大的公司也上市了，而它的生意还是能赚点钱的。这家公司就是 eBay。它们在 1998 年 9 月 24 日上市时的招股价为 18 美元，一开市就冲到 53.5 美元，最后收于 48 美元，首日涨幅达 163%。

许多互联网公司的业务其实没有什么新奇之处，而 eBay 则不一样。它所创造的机会是互联网独有的，其潜力也是巨大的。它们的生意不需要生产或者仓储，只不过把自己化为一个大市场供买卖双方活动，再从每一笔交易中抽取很低的费用。即便是在 20 世纪 90 年代，它们依靠如此的经营模式也挣到了钱（1999 年上半年，公司的总收入为 1490 万美元，当中的利润为 21.5 万美元）。

·神一样的分析员·

eBay 成功上市后，一位投资银行股票分析员预测股价会在一年内升到 100 美元。这个预测 10 天后就实现了。之后另一位分析员又预测股价会涨到 150 美元。就凭这个预测，股价当天就蹿升到 130 美元。

互联网公司上市的频率如此之高，让投资者也有点找不着北，也会犯些草率甚至可笑的错误。曾经在两周内有不止六家互联网公司上市，分别是 AboveNet、InfoSpace、audiohighway.com、Internet America、uBid 和 Xoom。其中，Xoom 上市时的公司股票代码是 XMXM，可在上市当天，另一家跟它完全不相干的代码为 ZOOM 的公司股票却出现大手买卖和股价异动。几乎可以肯定是有人把两家公司的股票代码弄混了。

要想在网站上变出什么新花样越来越难，因为差不多所有可以想到的专业领域、市场和兴趣项目都已经有了大把网页存在。一个针对女性用户的最大网站叫 iVillage.com，上面有诸如星象、两性关系一类的“频道”（网页上如此自封）。公司已经把 6500 万美元投资花光了，而其 1998 年的收入仅为 1500 万美元，当年就亏损 4370 万美元。

在 iVillage 上市前一个星期，公司的财务总监宣布辞职并发表声明。声明中说公司的有关财务做法使得她难以心平气和地继续工作。正常情况下，公司的财务总监请辞，即使没有任何关于内部财务做法的非议之辞，也肯定会即时叫停上市计划。

可这一次，持续上涨的股市让大家也变得宽容了，上市计划照常进行。高盛买入的招股价为 24 美元，但第一笔成交价就升至 80 美元。到收盘时，这个赔钱的公司市值竟然达到 160 亿美元，首日股价上涨 233%。

美林证券的亨利·布罗杰特（Henry Blodget）因为曾经给亚马逊股票

设定了一个高得难以置信的目标价而名声在外（这个目标价神奇地在几周内就达到了）。他和玛丽·米克尔（Mary Meeker）都是业界的媒体名人。1999 年初，他被管理层问到现今互联网股票的超高回报是不是泡沫。他在一份内部报告中这样写道：

> 互联网股票整体上的表现也许存在泡沫，不过它和其他泡沫至少存在一点重大区别：持有这些股票具有基本原则性的基本理由——这些股票背后的公司或是在急速增长，或是对现有的多个经济部门产生颠覆性影响。

在他的答复中，布罗杰特故意闭口不谈这些公司亏损的事实，反而避重就轻地拿增长说事。在他的个人采访中，布罗杰特话里话外透露出“这次不一样”的意思。历史已经清楚地证明，这个说辞对投资者来说是极端危险的。

像这样吹捧市场无比美妙的分析员当然不止布罗杰特一人。市场的看跌派早就被口水的羞辱赶出公众视野，而媒体自然也没兴趣给他们发声的机会。1999 年 3 月 29 日，道琼斯指数有史以来第一次突破 10 000 点大关。著名交易人拉尔夫·阿坎波拉（Ralph Acampora）在 1999 年 3 月的《华盛顿邮报》上撰文写道：“10 000 点大关不是天花板，而是地板。往后的岁月，我们只有低头才看得见它。”

没人知道阿坎波拉在写下这段话的时候有没有意识到，他的言论跟历史上一位经济学家欧文·费雪如出一辙。后者在 1929 年 9 月股市冲顶的时候说：“股价似乎达到了一处永恒的高地。”历史当然不会忘记这些听起来悦耳的胡扯。

·堆积如山的金钱·

马克·库班（Mark Cuban）创立的 Broadcast.com 在 1998 年夏天的市值为 3 亿美元，这是公司营业收入的 50 倍。这个估值已经够惊人了，可是在 1999 年 4 月 1 日，雅虎公司宣布将出价 61 亿美元收购该网站。

由于宣布的日期刚好在愚人节，有些人以为这不过是个玩笑。但这却是真的！ Broadcast.com 最近的营收为 2230 万美元，亏损 1640 万美元。雅虎居然出价公司收入的 275 倍来收购网站（马克 · 库班很清楚雅虎股票必跌，因此他后来很明智地出售了手里的雅虎股权）。

在美洲大陆的另一边，凭着 CNBC 名声大振的吉姆 · 克莱默（Jim Cramer）也做起了一个订阅用户制的网站 TheStreet.com。虽然此时的美国看起来在全民炒股，可是没几个投资人愿意每个月花钱使用 TheStreet.com 的服务。其实，就算是最成功的股票投资网站也才不过几万付费用户而已。

即便如此，凭着吉姆 · 克莱默的名气和网站专注股票投资的噱头，再加上沸腾的互联网热潮，又一例成功的上市案例也新鲜出炉了。TheStreet.com 在 1999 年 5 月 10 日上市，招股价 19 美元，首日最高价 73 美元，收市时为 60 美元，单日涨幅 216%。这家网站每年区区几百万美元的营收，却获得 15 亿美元的市值，也令吉姆一时之间成为“人生赢家”。

随着创业公司越来越多，那些资助它们的企业也多了起来。在 1996 年年底，互联网热潮方兴未艾之际，大约有 458 家公司管理着 520 亿美元的资产。仅仅 3 年后，此类公司数量就达到 779 家，足足增长了 70%，一共管理着 1640 亿美元的资产，增长了 215%。

有太多的资本在追逐相对固定数量的项目，一种类似通货膨胀的现象出现了。面对如此变化多端的投资环境，投资质量自然下降，而投入到这些项目的资金也势必增加。

风险投资（VC）公司在 1996 年一共在 2123 个不同的项目上投入了 112 亿美元。而 1999 年，VC 在 3957 个项目上投入了 594 亿美元。这表明每个项目的平均规模扩大了三倍。单单一家名叫 PlanetRX 的药品销售公司，就给它的新创项目融资了 5930 万美元。看起来，像苹果计算机那样靠着卖出一辆旧货车和惠普计算器换来的 1300 美元起家的时代一去不复返了。

· WebVan 的巅峰 ·

这当中投资最大的也是一项最接地气的项目——网上超市。民以食为天，采购食品自然是全国人民经常要做的事。路易斯·伯尔德斯（Louise Borders）有一家以他名字命名的书店，他认为互联网上最大的商机是让人们能够足不出门就买到副食品。他给新公司取名叫 WebVan，并收到 2.75 亿美元的初始投资。投资人花了这么多钱，却只得到公司 6.5% 的股权，也就是说这家新创公司的估值已达 40 亿美元。

WebVan 和 eBay 有所不同：后者是“纯粹”的互联网公司，所做的只是充当买卖双方中间的桥梁。而 WebVan 设计的经营模式却需要大笔的投入来建立系统和购买产品。公司计划储存个人能想到的可以在超市买到的所有产品（相当一部分是易腐烂产品），而且网络要遍布全国。

这个想法的野心很大。不过要说到建立网上系统帮客人买副食杂货的想法其实并不新鲜，比如有家叫 Peapod 的公司已经花了 10 年时间做类似的业务。但是它们服务过的用户不过 10 万人（当中回头客不多，因为很多人不过是觉得新奇想试一次）。即便有这样不成功的同行先例，WebVan 还是按照计划在全国兴建仓库储存货品准备销售。

第一间仓库建在旧金山的湾区，紧挨着高科技和网络热潮的中心。它坐落在奥克兰市，规模相当大，每天可以处理 8000 笔订单。尽管 WebVan 做了大量宣传推广，无奈消费者的反应寥寥。即使有很多人对这项服务很好奇，完全出于好奇心也要来试一试，但奥克兰的订单量每天最多也从没超过几百单。

WebVan 没有理会这些，又和加工巨头柏克德公司（Bechtel）签订了一项耗资 5 亿美元的工程合同。这项合同计划在全美兴建 26 座仓库，每一座的仓储量和发货效率都和奥克兰的那间一样。

仅仅在它们发出第一批订货后的两个月，WebVan 代码为 WBVN 的股票就上市了。公司在 1999 年上半年的总营收是 39.5 万美元［要知道美国全食超市（Whole Foods）一家店的年收入就有 2500 万美元］，亏损 3500 万美元。同时对未来业务的预测也不乐观，1999 年一年的总亏损估计就达 7803 万美元，2000 年预亏 1.543 亿美元，2001 年预亏 3.02 亿美元。即使在一堆赔钱的互联网公司里，WebVan 烧钱的程度也是鹤立鸡群的。

可是，公众再次无视这些黯淡的业绩预测，热情迎接了新上市的股票。1999 年 11 月 2 日，WebVan 上市的招股价为 15 美元，开市价为 26 美元，收市时公司市值达到 80 亿美元。早期的投资者在很短时间内就将投资翻倍。WebVan 也俨然以美国便民超市消费的新模式而自居。

另一个规模较小但同样炒作“便民”概念的例子是 Kozmo.com，它们的融资额是 1 亿美元。它们没打算把超市搬到消费者家里，而是计划把所有能用自行车把东西运到用户家里。如果有人想找人帮忙买包烟并顺带买一份《纽约时报》，他就可以登录 Kozmo，如果他们开聚会还差半打啤酒，他们也可以登录 Kozmo；如果他突然想嚼口香糖了，Kozmo 同样可以效劳。

当然，互联网的出现并不能为这项服务带来效率的提升。即便在 20 世纪 50 年代，只要 Kozmo 雇用了一队自行车送货员外加一台电话就一样可以开业。唯一的区别就在于客人是打电话还是通过网页下单。Kozmo 客人的平均下单金额为 12 美元。从这点钱里再怎么挤出利润，也难以应付服务当中高昂的人工成本。

· 可爱的媒体 ·

媒体继续为互联网热潮推波助澜，这也部分地解释了为什么投资大众依然对这些业绩低下的公司趋之若鹜。《连线》（*Wired*）杂志对这些所谓的“新经济”尤其热衷。《怒吼的零》是它 1999 年 7 月专题文章的标题，其副标题为“好消息是，你很快就成为百万富翁了。坏消息就是，其他人也一样”。文章先是给那些 20 世纪 90 年代后期显著增长的受益者们带来一丝忧虑，但又迅速代之以超级乐观的言论：

> 我们在脑海里一遍又一遍地预演过下跌的情形。大家都有几

个聪明的朋友，他们在我们耳边唠叨着郁金香狂热和群体疯狂的可怕，每个人都能描述出一些恐怖的细节。崩溃的惨烈景象一点也不难想象。

可是，万一我们面对的是长达 10 年甚至更久的好日子呢？万一构成数码泡沫的是世上最强的纤维怎么办？万一道琼斯不是跌到 3000 点，而是四年内冲上 30 000 点呢？万一我们碰巧是站在一个长期超级繁荣的起点呢？

想象一下，会有 20 年的充分就业、股市连创新高、不断提高的生活水平，诸如手机、哺乳动物克隆、互联网这些颇具颠覆性的发明会持续出现二十年，还有二十年不间断的《雷神之锤》游戏、指数基金、招聘标志……这些繁荣不仅仅属于那些公司高层。曾经的水管工、护理学员、社工同样可以受益。市场每天都会波动，可是到了 2010 年，道琼斯指数会呼啸着冲破 50 000 点大关。

这些故事背后的逻辑在当时听起来是有道理的。无论如何，商业繁荣和股票强势已经整整持续了 10 年之久。没几个人能够给出合理的理由证明为什么现今的繁荣会突然转向。依照既有的发展趋势来延伸预测未来再正常不过，哪怕这些预测还不至于疯狂到认为到 2020 年人均收入会有 15 万美元、道琼斯会突破 5 万点（并继续向 10 万点进发）、普通人都可以享受私人厨师的待遇。

《连线》杂志还对当时很出名的趋势大师乔治·戈尔德（George Gilder）进行了专题采访。在采访中，戈尔德预测“未来五年互联网用量会上升一千倍”，因此推算在下个五年“用量会增加一百万倍”。很显然，戈尔德的逻辑是一千乘以一千等于一百万，故而全世界在下一个 10 年的互联网用户会增加一百万倍。殊不知如此的增长也意味着地球人口将达到 150 万亿。

随着 1999 年终的临近，最富投机色彩的上市（至少从首日获利比率来讲）即将展开。Linux 操作系统被视为微软最有力的竞争者。虽然整个操作系统是免费的，人们还是将其看作很有吸引力的商业机会。一家叫 VA

Linux 的公司将 Linux 系统和几个现成的电脑硬件组合在一起，在 1999 年 12 月 9 日包装上市了。

在显示板打出股票的开市价之前，那些媒体记者已经被买家竞相的报价惊呆了，都不太确定该怎么说出口。招股价是 30 美元，可第一笔买卖要等到 299 美元才成交。股价最高达到 320 美元，是招股价的 10 倍。最后收市 239.25 美元，即首日涨幅 698%。即使到我落笔的今天，也是史上最“劲爆”的上市记录。

公司的创始人当然乐开了花。他们想不到的是，这竟然成为该股票的最高价。到 2002 年，它的价格还不够买一包口香糖的（同样令人难过的是，到那时候也没有 Kozmo 来帮忙送货了）。

股市绝对是发了狂，全世界都在关注“世纪之末”的到来（尽管有些无聊人士指出，严格地讲，这个世纪要到一年后才真正结束）。《时代》周刊也颇为应景地将杰夫·贝佐斯选为 1999 年的时代封面人物。

如果当个事后诸葛亮，现在看看，这该是从股市撤退多么明显的提示！至少《时代》周刊的“封面魔咒”都被人说滥了。可是市场实在太癫狂了，纳斯达克还要等到 10 周之后才到顶。

1999 年 12 月 31 日，穆罕默德·阿里（Muhammad Ali）敲响了纽约证券交易所的开市钟，20 世纪 90 年代最后一个交易日拉开序幕。当日收市后，纳斯达克全年的收益率是 85.6%，也是美国股票指数有史以来，最高的年收益率。

如果看个别板块的表现则更惊人，尤其是道琼斯互联网指数年上涨 167%。《财富》杂志在封面上对很多美国人的态度做了总结。上面是一幅漫画，画中一个人边变鬼脸边说：“为什么除了我之外大家都发财了？”虽然看起来到处都是钱，可是没几个人觉得自己挣得够多。

·盛极而衰·

股市火爆的部分原因也得益于美国经济的健康发展。联邦政府十多年来少有地出现预算盈余。而在宣布艾伦·格林斯潘连任时，克林顿总统也不小心暴露了原来他和广大群众一样被互联网热潮卷进去的事实。他当时说："我在考虑要不要把 Alan .com 拿来上市，这样我们在 2015 年前就可以还清欠债了（需要提到的是美国国债在 2015 年还付不清，因为比尔·克林顿的估计误差了 24.5 万亿美元）。"

新年的最初几天交易有点疲软。不过当全世界发现千年虫的威胁不过是虚无的科幻时，股票买家的动作立刻活跃起来。在 2000 年 1 月 10 日，史蒂夫·凯斯宣布了一个商业历史上最惊人的决定之一：美国在线将出价 1650 亿美元收购全球最大的媒体公司——时代华纳。

一家给家庭用户提供拨号上网服务的公司居然可以收购全球最大的传媒公司，仅这一点就清晰地展示了市场对"新"和"旧"媒体公司不同的估价标准。奇怪的是，两家公司的老总在他们新闻发布会上的"制服"着装却有点错乱，凯斯一本正经地穿了一身昂贵的高级西装，而杰拉德·列文（Gerald Levin）却是休闲裤和开领衫的打扮。

虽然全球的股市已经牛气冲天好几年，可是在 2000 年 1 月 14 日却出现了分歧。这一天，道琼斯工业平均指数曾经冲到 11 908.5 点，报收 11 722.98 点。尽管纳斯达克还会继续上涨一阵，对于道琼斯指数来讲，这却是多年未曾达到的最高位。

美联储已经开始加息（并且在 1999 年末到 2000 年初之间连加 6 次），可在 1 月 14 日之前股市还是一个劲儿上涨。有些品质不佳的互联网公司股票已经出现大量卖盘，比如 eToy（从最高位 70 美元跌到 20 美元）、iVillage（从 130 美元跌到 20 美元）和 ValueAmerica（从 75 美元跌到 5 美元）。不过整体来讲，纳斯达克的估值依然很高（包括雅虎，其市盈率高达 2174）。

手里不差钱的互联网新创公司都已准备好在超级碗赛间广告时间大做媒体推广。因为需求实在太火热，第 34 届超级碗电视制作人开出了破纪录的每 30 秒广告 200 万美元的高价。至少有 17 家不同的互联网公司买下了广告时间，当中不乏如今已经被公众彻底遗忘的公司，比如 computer.com、epidemic.com、onmoney.com、lifeminders.com、kforce.com 和 ourbeginning.

com。

E*Trade 也是这 17 家公司之一。它在广告里对正在发生的变态疯狂毫不掩饰。整整 30 秒的广告里，观众只看到两个在车库里的男人和一只拍手拍得毫无节奏的猴子，外加一点背景音乐。广告本身跟 E*Trade 的服务或者可以提供给用户的好处完全无关，就只是毫无音乐感的两个男人和一只猴子。广告的标题是“我们只想要 200 万”。这个标题大概也可以适用于当天做广告的任何一家互联网公司。

公司上市的计划日程还是排得满满的。仅 2000 年 2 月 11 日一天就有 10 家公司上市，当中有一家赔钱的网站 pets.com。很显然，把 40 磅一袋的狗粮往全国各地运输所需的费用是他们做生意时可以完全忽略不计的。该公司在 1999 年的收益只有区区 600 万美元，由此产生的亏损却达 6200 万美元。

上市当天市场对股票的反应微妙地体现出投资人对互联网公司看似无节制的兴趣正在减弱：股票的招股价定为 11 美元。虽然当天曾经一度上涨到 14 美元，但最后收市又回落到 11 美元。要知道仅仅两个月前，VA Linux 的股票上市首日就实现了差不多 700% 的升幅。如今股价的零变化对 pets.com 不啻当头一棒。虽然纳斯达克指数还在上升，但这只股票两天后就又下跌到 7.5 美元。

再有几天纳斯达克就要站上最高位了，这时股市又发生了一件让人瞠目结舌的事。鉴于 1999 年末到 2000 年初的疯狂大环境，这也注定将成为一座难以逾越的里程碑。事件所涉及的股票是一家上市公司 3Com 的分拆业务。3Com 拥有掌上电脑技术，大众对该技术产品的热烈推崇促使他们决定将其分拆成立独立的公司。3Com 决定出卖公司 5% 的股权，保留对新公司 Palm 95% 的所有权。

在 2000 年 3 月 2 日，代码为 PALM 的股票上市了。投资银行最初的目标价位是 12 美元，但眼看需求炽热，投资银行在上市当天就将价格提高三倍，以 36 美元的招股价上市。结果一开市股价就跳到 60 美元并一路上扬，收市报 95 美元。如此一来，Palm 电脑公司的估值达到惊人的 543 亿美元。

这件事的出奇之处就在于，分拆后新成立的 Palm 公司估值已是母公司 3Com 的两倍，可后者依然掌握前者 95% 的所有权。这也等于说 3Com 这家成立已久、盈利稳定的大企业，其价值居然为负的 220 亿美元。

2000 年 3 月 13 日，纳斯达克站上 5132.52 点的历史高位，收盘报 5048.62 点。即使在十年之后，这依然是纳斯达克的历史最高位。市场的平均市盈率超过 100（正常的股市市盈率水平应该在 14 左右），科技巨头如朗讯（Lucent）、北电（Nortel）、升阳电脑（Sun Microsystems）纷纷成为当时世界上最大的公司。

CNN Money 网站在当天的总结评论中以一副见怪不怪的口吻评论道：

> 纳斯达克综合指数在本周五创下年内第 16 个新高，股市连涨三天。热钱对诸如戴尔电脑、微软、高通这一类成熟的科技龙头公司倍加追捧。但道琼斯工业平均指数却在连涨两天之后下跌了。投资者纷纷抛弃默克、强生这些医药股，以及摩根、花旗集团这些金融股。人们认为是利率上调造成了这些抛售。蓝筹股和科技股之间的分野颇具象征意义——纳斯达克冲破 5000 点大关，而道琼斯则跌落至 10 000 点以下。

文章紧接着又说："分析员认为这一趋势将持续。"不过事实是，顶点已经过了。仅用四个月时间就从 3000 点升到 5000 点，年化增长 200% 的纳斯达克即将迎来金融历史上最残酷的大熊市。

☆ 活生生的历史 ☆

21 世纪之初是先知公司的大好时光。我们为交易员们创造出上佳产品，我们获得很多荣誉奖项，互联网泡沫的崩溃也让我们更有机会请到出色的员工。

公司的运营成本，从房租到人工，都大幅下降。而同时，公司的收益却稳步上扬。每个月都有新的注册用户加入，每个月都能卖出新的图表产品。

简而言之，在泡沫破灭的一片混乱和破产的局势下，先知公司的业务反而蒸蒸日上。我们的竞争对手拿到上千万的资金却倒闭了，而靠着高质量产品的我们却赢得了越来越多的客户。客户之所以喜欢我们这家小公司，也是因为我们充满热情、全心投入，并对自己的产品发自内心地热爱。

由于我们从事的业务属于金融资讯范畴，保证系统 24 小时不间断地运行至关重要，通宵编程和设备处理都是家常便饭。先知公司在 2002 年时有超过 20 名员工，那时我们大都很年轻，没有家室牵挂，因此可以全身心地投入到工作中去。

过去，我们只是在每天的工作结束前做些数据工作。如今，我们的产品涉及实时数据和即时图表，保证稳定服务的压力自然巨大。好在先知公司拥有一批十分优秀的人才。

先知公司员工最让我吃惊的一点，用不好听的话说，就是他们居然都赖着不走。我对公司当然有很深的感情，因为我是创始人，并且和公司一起走过一段艰难岁月。可我的员工们其实完全可以跳槽到其他公司，挣更多的钱。先知公司支付的薪水并不高，我们当中也没人相信公司有一天会被高价收购而让每个人大赚一笔。除了办公室厨房里供应的饮料和零食之外，员工们没有其他额外福利。

我认为把大家凝聚在一起以至于谁也不愿意离开的原因就是大家都真心享受在一起工作的体验。每个人从自己的工作中都可以看到对整体的直接贡献。公司的业务足够大，大到可以被客户注意到，公司的业务又足够小，小到每个员工都能感受到由自己亲手创造的改变。

当然，我们大家公认的产品领袖就是阿里克谢·多波洛夫斯基。先知公司几乎所有的网络应用产品都是阿里克谢开发的。他最主要的发明就是互动图表，这一全方位的互动图表应用程序让很多人了解到先知公司的存在。

这项创造性发明成就了先知公司，我们终于有了一家交易行愿意花钱购买使用许可的产品，一共有二十多家交易行购买了我们的产品许可，这使得我们获得了稳定、连续的收益来源。

互动图表的用户从每月几千个增长到几百万甚至几千万个，我们也面临着不断提高产品和支持系统竞争力的压力。同时，跟任何产品一样，互动图表也会出现过时的危险。阿里克谢希望开发出新的产品替代它。

2002 年，他着手研发一个名为坎金斯基（Kandinsky）的新产品（这也最终成为先知图表今天在全世界被广泛使用的产品）。虽然互动图表很不错，我们都深信阿里克谢有能力在此基础上创造出更好的产品。他继续花很长时间在公司，他的太太和孩子已经拿到绿卡来美国团聚，他的生活也比以前更加完整了。

2002 年 11 月 8 日傍晚 8 点 16 分，和平时一样，阿里克谢最后一个离开公司。他给自己写了封电邮，以提醒自己星期一上班时马上要检查的几个网站。电邮的标题是标准的阿里克谢式的毫无意义的一堆单词。即便这封邮件是寄给自己的，他居然还在上面落了款。我可以想象他此时合上电脑、锁上办公室大门，然后穿过街道去开车回家的情景。

第二天早晨，我和家人一起在一家叫福临门的中餐馆吃早餐。我的手机响了。打电话的是阿里克谢的太太尤金尼亚。她的英语听起来比她丈夫的更加蹩脚。

“您好，对不起打扰您。”

“别客气，有什么事吗？”

“阿里克谢被车撞了。我觉得应该让您知道。他现在在斯坦福医院。”

她并没有哭，也一点没有歇斯底里，反倒好像真的很抱歉在礼拜六一早给她打电话。二话不说，我们马上赶往医院，完全不清楚到底发生了什么，情况有多严重。

我们在医院见到尤金尼亚。她还是十分平静，甚至可以说是冷静。我太太要求看看阿里克谢。她一直很喜欢他，即便是在他遍体鳞伤的情况下。我提不起勇气进去看他。他已经失去知觉了，生命只是靠着机器在维持。

根据警察的说法，一辆车在阿里克谢过马路时将他撞翻并逃逸。他被撞出至少 40 英尺（约 12 米），现在的情况基本上和死了没什么两样。医生在尤金尼亚的请求下关掉了机器。阿里克谢走了。

这么出色的一个人，一个让我们迄今为止所有成功变成可能的人，就这样走了。他太太和孩子才刚刚来到这片新大陆和他团聚。那个杀害他的人可能只有他一半的聪明和五分之一的人品。在这个世界的某个角落，有个人开车将他撞死，却没有胆量面对自己一手造成的后果。

周一早晨，我们将这个噩耗一个一个地私下单独通知员工们。大家的反应不出所料：震惊、悲痛，还有对未来的担心。凭良心讲，我们都太依赖阿里克谢了，他就是我们的大脑。

从社区涌来的慰问让我格外感动。不论陌生人还是好友都汇钱到阿里克谢的纪念基金中以支持他的家人。当然，大家对作恶者没有被绳之以法而备感愤怒。不过先知公司还要继续。阿里克谢创造的技术和他帮助建立起来的公司，是他留给我们最好的遗产。

· 烧糊了 ·

证券交易世界有句老话，市场到顶的时候没人敲响警钟。大众媒体不但不能切实报警拐点，往往还起到反作用。的确，大众媒体提醒大家市场已经走向极端的情形很少见。不过，2000 年 3 月 20 日，《巴伦周刊》居然做到了。

这一期的封面故事标题叫《烧糊了》，文中写道：“……未来的 12 个月，一批高高在上的互联网公司就将现金枯竭。”这篇文章并非无中生有，而是系统地对上市互联网公司一家一家地做研判，根据它们各自的现金状况和消耗速度来分析到什么时候现金会用尽。

文章指出，它们分析的 371 家互联网公司总计价值 1.3 万亿美元，也就是整个股票市场总值的十分之一。在 12 个月内，这些公司至少有一半会现金枯竭。这篇分析其实还是留了情面的，因为它并没有计入市场上充斥的较小型的公司。一向看多的《巴伦周刊》居然发表了这么一篇文章，令市场深受震动。文章是星期六发表的，而星期一一开市，纳斯达克就大跌 188 点，跌幅达 4%。

一周后的 3 月 28 日，就连股市的大牛人士阿比・约瑟夫・科恩（Abby Jo- seph Cohen）也宣布，现在是时候适当减仓股票了。她将自己投资组合里的股票占比从 70% 减到 65%。要是她建议将股票占比减到 0，就可以让很多追随者逃过一劫。不过像科恩这样的人居然会减持股票投资比例，这本身就已经是牛市到头的先兆了。科恩恐怕是金融市场历史上最伟大的美言者，在她口里，2000 年 3 月的市场也是“不再被低估的”（见图 23–5）。

图 23–5　Akamai 是较晚上市的公司，结果上市后股价一路下跌

最早受影响的是那些新近成立的公司。像雅虎这样的老牌公司虽然股价也被高估，但它们已经存在一段时间，并拥有足够大的用户群可以抵御眼前的风暴。而那些市场新手，比如 Boo.com，1998 年才刚刚成立，公司网站到 1999 年 11 月才刚刚启动 4 个月，它们的日子就变得非常惨淡。

Boo 获得的投资金额高达 1.85 亿美元。它吸引投资人的卖点就是建立一个专卖奢侈品牌服装的成功网站。它的员工待遇很好，还有优厚的福利、股权，每天供应新鲜水果等。跟许多 20 世纪 90 年代后期资金充裕的新创公司一样，它们还没开始赚钱，就已经表现得像一家成功的企业一样了。

网站最后终于建起来了，可是它的水平很一般，甚至不能在 Mac 电脑上运行（要知道 Mac 电脑正是 Boo 的目标客户，那些追求时尚人士的最爱）。公司在一片质疑中运行了几个月，仅仅收益 100 多万美元，再也没有投资人愿意放钱到这个无底洞。5 月 17 日，公司宣告破产，关门大吉。

《巴伦周刊》的文章发表后两个星期，微软公司又给纳斯达克带来又一波震动。美国最高法院一直在考虑微软公司是否构成垄断，尤其是它将浏览器和操作系统捆绑销售的行为。网景公司在政府严查微软公司商业行为的动作中起到推波助澜的作用，因为微软公司在主导操作系统、微型电脑商业软件的市场后，又将手掌伸向浏览器领域。

法院在 4 月 3 日作出判决。依照政府的法律意见，微软公司确实构成垄断。4 月 4 日再开市时，纳斯达克坐起了过山车，股指一路从 4382 点跌到 3649 点，然后又回到 4223 点。这是纳斯达克有史以来最动荡的一天。当一周的交易结束时，纳斯达克指数从一个月前的水平下降了整整三分之一，而互联网板块综合指数则下跌了一半。仅仅 4 月 3 日那一周，2 万亿美元的价值就从市场上蒸发掉了。

股市有一个老生常谈的话题，就是股票跌下去比涨起来要快得多。纳斯达克的迅速下挫再次印证了这一点。一个月下降三分之一已经够惊人了，有些个股跌得居然比这还厉害。下面几个例子就是从 2000 年 3 月 10 日到 4 月 14 日暴跌的个股：

- Akamai 下跌 78.1%；
- Ariba 下跌 79.6%；
- Commerce One 下跌 74.4%；
- Internet Capital Group 下跌 72.2%；
- TheGlobe.com 下跌 62.5%。

和 1997 和 1998 年相对温和的下跌有所不同，这一次的震荡来势汹汹，且没有很快完结的意思。《巴伦周刊》几乎准确报出了股市的顶点。人们在被股市差不多十年不停上涨所宠爱之后，即将面对的是 30 个月的漫长熊市。

·《新创网络公司》电影上映·

几乎在互联网泡沫到顶的同一时间，一部关于一家新创网络公司的纪录片上映了。这部影片出色地反映了当时的时代风潮，不过制作者们在拍摄之时并没有意识到这一切。影片的主角是一家叫 GovWorks.com 的公司，其本身就处在商业互联网融资和投资狂热的漩涡中心。1998 年底，两位中学好友卡雷·塔兹曼（Kaleil Tuzman）和汤姆·赫尔曼（Tom Herman）决定联手创业。

他们本来给公司取名叫“公共数据系统”（Public Data System）。不过经过一番打坐和静思（是真的），卡雷决定改名为 GovWorks.com。建立这个网站的意图是为公众提供一个网络渠道来和政府互动，比如申请钓鱼许可、交停车罚款，或者跟获选官员对话。

公司成立于纽约的“硅巷”，卡雷辞去在高盛公司的高薪职位，加入了汤姆已经召集好的八人团队。卡雷的第一项任务，也是贯穿全片的任务，就是融资。对这一初创公司最初的反应并不佳，特别是当著名的克莱纳·帕金斯（Kleiner Perkins）风险投资公司搬出诸多理由一口回绝了他们时。其中的原因之一就是公司位于东岸，远离硅谷。

众多的网络公司消失得无影无踪，除了给投资人带来巨大损失的数字之外什么也没留下。因此电影《新创网络公司》为后人提供了独特的视角来了解高科技企业的沉浮往事。这家公司的上升和下坠都堪称急速，部分原因是他们成立之时正是网络泡沫时代接近尾声的时候。

GovWorks 最终得到它们的第一笔投资 1700 万美元，并开始将重点转移到商业计划上。当然，故事的异乎寻常之处就在于，主人公们连一个像样的商业计划都没有就可以吸引到这样一大笔钱。不过在当时的社会气氛下，就算没有网站、收益和利润，公司的创始人们已经预知自己肯定会发财。一位雇员在镜头里对卡雷说：“我们六个月后就上市，你将会成为亿万

富翁。”（见图 23–6）

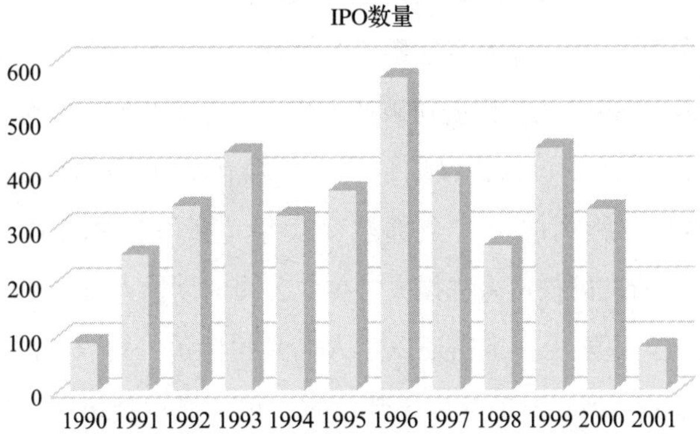

图 23–6　上市公司的数量其实是在市场到顶之前的 1996 年达到顶峰。到 2001 年，已经没有几家公司打算上市了

对差不多所有新成立的网络公司来说，资金的绝大部分都花在员工费用上。GovWorks 的快速扩张也开始大量消耗融来的资金。公司在 1999 年 10 月有 70 名员工，到 2000 年 1 月增加到 120 名。在 20 世纪末的市场环境下，如此迅速地增加人手存在两大问题：第一，市场有高速增长的需求，可人才的供应却相当有限。这也意味着招聘人才的费用昂贵。而真正好的人才基本上已经都有工作了；第二，每个月聘请十几名新员工（尤其是公司管理者们还都是招聘方面的新手）无可避免地造成员工素质良莠不齐。时间实在太有限了，让人很难保证每一个招聘决定都是正确合适的。

尽管 GovWorks 的网站才刚刚启动，公司想盈利恐怕还得好几年，卡雷却受邀前往白宫。在一个商业高层的集会上，克林顿总统亲自介绍卡雷给大家认识，并一起讨论他们的新公司。有包括总统在内的一众商业大佬做听众是对公司最好的宣传。GovWorks 的发展轨迹此刻达到了最高峰，而接下来它们就要面对商业经营的残酷现实。

在影片中可以看到，公司很快就卷入了很多新企业常见的诸多现实问题：网站运行故障百出、政府迟迟没有签字成为付费用户、公司的办公室被盗…… 在处理这一系列令人头疼的难题过程中，两位创始人的关系也出现裂痕。

2000 年 5 月 28 日，汤姆·赫尔曼上班后在电脑键盘上发现一封信，里面是由他的好朋友兼合伙人亲笔签名的解雇通知。影片当中汤姆在和父母讨论这一变故时说：“我宁愿公司破产也不希望失去我们的友谊。”

公司从这一刻开始急速收缩，员工人数在 2000 年 11 月仅剩 60 个。到第二年 1 月，所剩的资产全部被变卖给“第一数据公司”（First Data Corporation），所有的投资人都损失惨重。公司的创始人没有变成亿万富翁，而是空手而归。事实上，卡雷还以个人名义担保了公司收到的超过 100 万美元的投资。在 2001 年 3 月宣告破产时，记录显示公司总计收到的 7000 万美元投资仅剩下 800 万美元，另外还有 4000 万美元的欠款。和很多初创网络公司一样，GovWorks 的日子走到了尽头。

·恐惧和恐怖·

2000 年初的超级碗比赛转播挤满了互联网电视广告。到下一年第 15 届超级碗比赛时，只有三家网络公司打了广告，数量还不及一年前的五分之一。那年春天，一家叫 iWon.com 的网络公司做了一个电视特别节目，并给幸运的参赛者奖励 1000 万美元，这也可以视作互联网泡沫最后的挣扎。

纳斯达克到顶之后的一年，网络公司关门的数量越来越多。2001 年 7 月，eToy 在花尽了投资人 2.74 亿美元资金后也倒闭了。eToy 估值最高时曾经有 1 亿美元，但宣告破产后，它唯一剩下可以变卖的资产就是一仓库的减价玩具。

亚马逊已经把它的业务范围扩展到差不多所有的产品类别。如此强劲的竞争之下，像 eToy 这样面向小众的网上零售商生意无以为继就不难理解了。这就好比在沃尔玛旁边开一家专卖肥皂香波的商店，注定失败。

纳斯达克高位下探一年后，指数站稳在 2052.78 点，这也代表股市市值蒸发了 3.5 万亿美元。雅虎作为世界上最著名的互联网公司之一，此时的股价仅是其最高位时的十分之一。互联网板块的指数则是在一年间下跌

84.2%。

另一家曾经高高在上的 theglobe.com，每股价格才 16 美分。纳斯达克将其从上场证券中除名，降格到“粉红单”市场，和一群交易稀落的公司在一起， 这些公司很多已经到了破产边缘。8 月 3 日，theglobe.com 彻底关闭网站。在随后的很多年里，该公司都是以借壳的形式存在。最近的一份年度财务报告显示它只有 6000 美元的资产和大约 320 万美元的债务。

不久后，互联网新创企业中注资最多的 WebVan 也宣告倒闭。在花掉 120 亿美元之后，WebVan 才发现原来消费者对网上超市没有什么真正的需求。公司的创始人路易斯 · 伯尔德斯高估了大家上网买菜的需求（或者说低估了大家有多享受亲自买菜的乐趣）。伯尔德斯在此之前成功创立的伯尔德斯书店也在十年后的 2011 年 2 月 16 日宣布破产。

“传统公司”的熊市从 2000 年 1 月开始，到 3 月轮到“新兴公司”，月复一月，股价“跌跌”不休，好像经济和股市的低迷带给全美的负面影响还不够深重，2001 年 9 月 11 日，又有一场更大的灾难毫无征兆地降临了。

从 1999 年开始就有一种说法，认为美国是资本家的乌托邦，地理上不受外部世界的困扰，可以无止境地繁荣发展下去。可发生在美国本土的恐怖袭击让这一切统统变成笑话。全国上下的情绪在短短两年间从阳光灿烂转向愁云惨淡（见图 23–7）。

图 23–7　纳斯达克指数花了很多年才到达 5000 点以上的高位。可仅仅两年后，差不多把从 20 世纪 90 年代积累起来的所有获利都回吐干净了

期盼那些小型的、不起眼的网络公司还可能继续生存下去的最后一线希望也很快破灭了。下面就是几个被无情消灭的公司的例子。

- GeoCities，在 1999 年 1 月被雅虎公司以 35.7 亿美元收购，在 2009 年 10 月 26 日倒闭。
- Norris 通信，在 1999 年 1 月改名为 e.Digital（EDIG），推动股价从 6 美分升到 2000 年 1 月 24 日的 24.5 美元，但随后又急速下跌到几分钱。
- FreeInternet.com 曾经是美国第五大互联网服务供应商。在 2000 年 10 月宣布破产，放弃上市计划。它们在 1999 年的收益不足 100 万美元，亏损则高达 1900 万美元。
- Startups.com 在它们的网站上自称“终极网络新创公司”，而笔者落笔之时，它们要的只不过是有人愿意买下 Startups. com 的域名。
- Broadcast.com 在 1998 年被雅虎公司以 59 亿美元收购，随后就关门了（创始人马克·库班保住了自己亿万富翁的地位，而他之所以能如此是因为他在雅虎股票到顶时对其做空）。
- The Learning Company 在 1999 年被美泰尔（Mattel）公司以 35 亿美元收购。2000 年再被出售时仅值 2730 万美元，损失超过 99%。
- InfoSpace 在计入拆股影响之后，每股最高曾经达到 1305 美元。2001 年 4 月股价跌至 22 美元。

恐怖袭击一年多后的 2002 年 10 月 9 日，纳斯达克终于到达最底部的 1114.11 点。这比它在 2000 年春的最高点损失了将近 80%，上百万的散户投资者赔得血本无归。他们当中的相当一部分人再也不去投资股票。在后面的日子，股指逐渐恢复。可即使在 12 年之后，当道琼斯 30 指数和标普 500 指数都创下新高时，纳斯达克也还是远远没有回到当年的高位。

·收拾残局·

虽然纳斯达克泡沫破灭让很多人损失惨重，但还是有不少网络公司坚持了下来，有些甚至进一步发展成为全球最有价值的公司。网络热潮的沉浮淘汰了一大批人，但也造就了像谷歌、eBay、亚马逊这样的巨头。它们从来都不用担心因没有生意而关门的危险（见图 23–8）。

图 23–8　亚马逊的股价虽然也曾将 20 世纪 90 年代的获利差不多回吐干净，但泡沫破灭后股价又继续上升得更高。即使那些在 1999 年最高位买入的人，只要在跌市里长期持有，后来也可以获利不菲

当然，从 2002 年 10 月到后来的好日子还需要走很长的一段路，很多公司都半路夭折了。到 2003 年 10 月，大家普遍的看法是美国在线和时代华纳的合并成为历史上最糟糕的合并。这一商业的结合表现如此不堪，以至于时代华纳后来将美国在线从公司名字里彻底清除出去。为此公司还注销了 990 亿美元，这也是历史上最大的资产减记。

本章之初曾引用沃伦·巴菲特的格言："只有退潮的时候，你才能发现谁在裸泳。"这句格言准确地反映了2001—2002年的熊市。公司丑闻频频出现在报纸头条，就连像世通、安然、Adelphia这样的大公司也被揭露出大范围的欺诈和不法财务行为。

《时代》周刊在1999年12月将杰夫·贝佐斯作为"年度风云人物"的封面故事契合了市场的顶点。该杂志在2002年12月将"年度风云人物"定为"揭发者"，一不小心发出了市场底部的信号。在这一期封面上是三位女士手挽手面对镜头，她们是世通公司的辛西娅·古柏（Cynthia Cooper）、FBI的柯琳·鲍利（Coleen Bowley）和安然的莎朗·瓦特金斯（Sherron Watkins）。对公司不法行为揭露者的推崇，标志着美国社会对待商界态度的一个重要的心理转折点。

投资银行和股票分析师们也不能幸免。银行被下令吐出上亿美元的利润，同时议会全面通过新法案[最引人注目的就是2002年的《沙宾法案》（*Sarbanes-Oxley Act*）]使得上市圈钱变得不再那么容易。公司再想上市的话，需要支付高昂费用并通过烦琐手续，这使得上市远远不像以前那么有吸引力。

分析师个人也要为他们在泡沫期间做出的那些诱人推荐（然后私底下又对这些股票嗤之以鼻）负责。比如亨利·布罗杰特就同意支付400万美元的罚金并被终身禁止从事证券业；玛丽·米克尔则幸运地没有受到任何责罚。

还有一个不太走运的分析师就是杰克·戈瑞曼（Jack Grubman）。他在1999年曾经是华尔街收入最高的分析师（一年挣了2500万美元）和拥有众多追随者的电信行业专家。有一个后来给他带来噩梦的推荐就是他在1999年将AT&T从"中性"上调至"买入"。他后来承认自己之所以这么做是因为另有隐情：以保证他的一对孪生女儿可以入读曼哈顿的一所贵族学前班。

☆ 活生生的历史 ☆

网络泡沫烟消云散之后的硅谷已经完全变了样：路上不堵车了，对股市的迷恋不见了，就连从事像在餐馆端盘子这一类"正常"工作的员工的质量也提高不少。这是因为大家都明白了，并不是因为你居住地的区号是605（代表硅谷）就能保证你一定会发财。

有点讽刺意味的是，我自己的高科技创新公司的情况在泡沫过后显著好转了。主要表现在以下几个方面。

- 人才又出现了。泡沫期间任何一个懂计算机的人都能轻易从那些不差钱的新创公司或者财大气粗的科技巨头那里拿到很高的薪水。如此一来，像我这样的小公司根本招不到好人才。在泡沫最盛之时，市场上剩下的净是些水平很差的人，但就连他们也敢漫天叫价。一旦经济回归正常，我才得以比较容易地请到有才能的员工，并支付合理的工资。
- 工资下调了。不论是顾问还是全职员工，大家对工资的预期都显著下调。我印象最深的是一位网络顾问，他在1999年开价每小时100美元。即便是我们按他的要求支付酬劳，他不久还是跑去思科公司了。2002年初，他一脸可怜相地回来请求我们再雇用他。我问他这次开价多少，他回答："一小时20美元、15美元，多少都行，我得吃饭呀！"
- 房租便宜了。我们租的办公室在一所破旧不堪的大房子里。这房子原本也不是用来做办公用途的。在美国其他任何地方，这房子每个月大概能收1000美元的租金。可是在泡沫期间，我们每月付给房东17 500美元外加水电费。一旦我们有了其他选择，房租也降下来了。我又跟房东砍了几次价，租金变成还不到当初的三分之一。之后不久我们又搬去一处更大、看上去更专业的办公场地，所付的租金只是过去的一小部分。

此时，规模不大变成了先知公司的优势，同时还有很多网上投资人对高品质网站的需求也促使我们不断成长。我们在2004年差点被收购，最后一刻没有完成。那年秋天，我又找到几个对先知公司有兴趣的买家。2005年1月26日，Investools以800万美元的价格收购了先知公司。

以硅谷的标准来看，这只是个毫不起眼的事件。可对于我个人来讲，这是我一生中最重要的一天。13 年的辛苦耕耘总算没有白费。我也实现了我一生努力的目标：那就是创造、发展、出售一家成功赚钱的科技公司。我之后又继续在先知公司工作了几年，再也不必为收益、员工工资、行政管理这些琐事头疼了。这也为我这一段超乎预料的漫长人生阶段画上了圆满句号。

·泡沫的遗产·

网络泡沫的破灭充满戏剧性，但总体来说，它所带来的改变是积极和正面的。从风险投资巨头到小散户，上百万的投资人在 2000—2002 年期间承受了几万亿美元的损失，一旦水落石出，有些变化却是长远持久的。

- 巨头出世并通过考验。在 20 世纪 90 年代的乱局中成功出现了一批拥有上万名员工、服务于上百万客户的大型公司，像 eBay、亚马逊、谷歌等公司。长期来看，不论何时买入，投资人都能从它们那里获得丰厚的回报。还有一些小型公司（比如 Priceline、Salesforce.com 等）的表现也很不错。
- 新创的预期改变。即使经历了 21 世纪初风险投资的惨重损失，角力的天平还是偏向于企业家一方。新创公司如今能够向投资人提出更苛刻的要求。这一点对于 2004—2006 年出现的新一波“网络 2.0”公司尤其重要。
- 上市的光环不再。这一点究竟是好是坏当然见仁见智，但可以肯定的一点是泡沫后的监管，尤其是《沙宾法案》的出台，令很多小公司对上市失去了兴趣。在这一新环境下，像 theglobe.com 这一类的小公司几乎肯定不会去上市。它们更可能走的路线是从谷歌或雅虎等那些大公司那里寻求高价收购。
- 硅谷的名气和吸引力日增。硅谷早在 1995 年就名声在外，而它的名气随着网络狂热更是传遍天下。世界上有十几个地方都企图效仿圣塔克拉拉河谷的成功模式，可谁也没有做到。旧金山市的湾区依然是全球高科技创新公司的中心。

- 未来科技的基础已经形成。泡沫期间存在“基建过剩”的趋势。不过最终这些工程都派上了用场，同时也为下一拨成功企业（如 Facebook、LinkedIn、Yelp、Open Table、Groupon 等）铺好了道路。20 世纪 90 年代后期的一些新点子其实非常好，往往只是时机不成熟。一旦计算能力、通信系统和浏览技术跟上之后，泡沫期间许多出色但不成功的构想就会卷土重来，大放异彩。

互联网泡沫是一场惊心动魄的事件，它的范围之广、影响之大可以说前所未有。毫无疑问，未来的科技领域还会出现类似的疯狂事件。同时我也敢对一件事打包票，那就是“这次不一样”。

24 大衰退

经历了互联网泡沫和随之而来的股票熊市，美国被一个潜在的、影响深远的萧条阴影所笼罩。经过一系列的利率下调，美联储主席艾伦·格林斯潘解决了互联网泡沫的问题，但又陷入了房地产泡沫的难题。由于贷款门槛和贷款利率都非常低，一个巨大的信贷泡沫因而滋生，推升了居民消费、房价和全球经济，不料最后演变成 20 世纪 30 年代以来最严重的金融危机。

·美国梦·

美国经济 2007 年 12 月到 2009 年 6 月的大衰退，其根源可以追溯到 80 年前的大萧条。当时的罗斯福政府认为住宅地产行业是最重要的。居民住房建设在美国地位特殊，因为这个行业的良好发展会惠及美国经济的其他方面（木材行业、相关贸易、家电），还有其他用来建造和装修房屋的原材料和相关服务。

1938 年，作为罗斯福新政的一部分，联邦国民抵押协会［Federal National Mortgage Association，FNMA，又称房利美（Fannie Mae）］成立。该协会成立的目的是向银行购买抵押贷款，然后把这些抵押贷款打包成有价证券，并在二级公开市场出售，这样可以让银行始终保有很高的现金储备用于借贷，而不是慢慢等着30年一点点地将资金回笼。

房利美是由政府投资的企业（GSE），也就是说是由联邦政府建立和支持的但是又独立的企业（并且在1968年公开上市）。政府在1970年又成立另一家叫联邦住宅贷款抵押公司（也称“房地美”）姊妹企业，目的是在次级贷款市场购买抵押，打包成有价证券，然后把这些有价证券以按揭证券的形式出售。

这样，美国政府在全国范围内利用数千万数额较小的按揭贷款，积极推动并建成一个流动性强而且活跃的资金市场。这样做的目的是尽可能增加按揭市场的流动性，从而让按揭成本尽可能降低。

美国联邦政府一直有鼓励购房和持有房产的传统，其中最流行的是按揭贷款的税收政策。对大部分美国人来说，按揭贷款税率的减免节约了一大笔税费开支。

按揭贷款税率的减免让美国政府每年损失上百亿美元的收入，1986年取消用信用卡还款的减税优惠后，按揭贷款税率的减免显得尤为重要。因为信用卡的税收优惠取消后通过信用卡借款已然不划算，民众转而通过住房贷款获得所需资金。

1992年，美国政府要求房地美和房利美把部分购买的抵押贷款用于廉价住房，此举的目的是帮助那些负担能力差的民众贷款买房。政府授权住房和城市发展部（Department of Housing and Urban Development, HUD）协调制定与廉价房相关的按揭贷款购买比例。

1992年该指示下达的时候，这一比例是30%，但是后面这一比例有所增加。到1995年，HUD把这一比例上调到40%，1996年是42%，2000年是50%，2005年是52%。到2008年，房地美和房利美购买的抵押贷款58%都用于廉价住房，两大机构最终共持有价值5万亿美元的低收入和少数族裔的贷款承诺。

正如1999年9月30日《纽约时报》报道的：

> 房利美作为美国最大的住房抵押保险公司，正面临越来越大

> 的压力，因为克林顿政府要扩大中低收入者的按揭贷款规模，而股东要保持利润的快速增长。除此之外，银行、互助储蓄机构和按揭贷款公司一直向房利美施加压力，希望它能向次级贷款人提供更多的贷款。

除了按揭贷款利率的税务减免，税法还有一项对房产所有者有利——资本收益零税收。这一项优惠最初是在 1978 年 7 月卡特政府时期写入税法的，允许 55 年或更老的房屋出售时最多可减免 100 000 美元收益的利得税。这一资本收益税减免的上限在 1981 年上调到 125 000 美元，然后在 1997 年又大幅上调到 250 000 美元（针对单身人士）和 500 000 美元（针对已婚人士）。

在接下来的三十年，利率整体下降。经过互联网泡沫，美联储进一步加快了降息步伐，将利率降到 1%。利率每下降四分之一的百分点，能还得起抵押贷款的人就会增加一些。

但是，承载着“美国梦”的大房子虽然有良好的投资名声，实际上却是一个垂死的资本增长工具。从长期来看，美国住宅地产的增值基本跟不上通货膨胀的速度。20 世纪 90 年代大部分时候，“热钱”流入互联网股票，美国住宅的价格几乎没有变化。从 1990 年初到 1997 年初，房价上涨 8.3%，这一数字还没有扣除这 7 年的通货膨胀因素。

房价在 1997 年后大幅上涨。背后的原因有很多，比如上面所说的税收优惠，但是最主要的因素，其实是十年里越来越多的“低息贷款”涌入美国房地产市场。

· 逐利资本泛滥 ·

尽管经历了 2001—2002 年的经济低迷，但是整个世界，尤其是产油国，还是相当富裕的，所以需要把这些财富投资出去。不断下降的利率意味着 70 万亿美元的固定收益投资得到的回报越来越少。这部分资金寻找的是安全的投资方式，而不是投机，其操作者也在不断寻找高安全度和较高回报的投资方式。

这种投资方案终于被那些神通广大的美国投资银行的金融工程师们找到了。为了读懂这一解决方案，我们需要理解几个重要的元素，尤其是次级贷款、信用违约掉期（the credit default swap，CDS）和债务抵押债券（collateralized debt obligation，CDO）。

次级贷款市场针对的是信用评级相对较低的个人。因为贷款给这样的人风险较高，所以这些人的贷款利率一般比那些“初级”贷款市场更高。一个信用良好的人的贷款利率如果是 6%，那么信用较差的人同样的贷款则可能需要支付 10% 的利息。

这个次级贷款市场就是房利美和房地美受命服务的领域，而且所占比例不断扩大。由于低信用本身的特点，能满足次级贷款合格标准的人越来越少，于是不得不降低标准才能获准贷款。所以从 20 世纪 90 年代末到 21 世纪初，不论是自由市场，还是政府支持企业支持的抵押贷款市场，都在大幅度下调它们的贷款获准要求。

在标准下调前，次级贷款市场相对较小。1994 年，新发放的次级抵押贷款共 350 亿美元，占整个按揭贷款市场的 5%；1996 年这一比例上升到 9%，1999 年升到 13%，2006 年上升到 20%。在 12 年的时间里，次级贷款市场新增住房抵押贷款从 350 亿美元增加到 6000 亿美元。

随着次级贷款标准的下调，为了能让低收入家庭有能力偿还贷款，又出现了新的借贷产品。其中比较流行的是只偿还利息的贷款，这种贷款的每月按揭款不需要偿还本金。

另一种做法是“声明收入贷款”，贷款人可以随意声明个人的财务信息而不需要提供任何证明资料。这种贷款也被称为“骗子贷款”，因为基本可以肯定这些声明的收入都比实际收入多得多。

这种宽松的贷款形式多种多样，不过操作起来都可以概括为声明收入、证实资产。这种贷款的贷款人只需任意写一个他们想要的收入声明，然后只要证明他们有一份工作、银行账户有存款即可。

还有一种无收入和证实资产的贷款，这种贷款同样需要银行账户证明，但是没有工作要求。要求最宽松的贷款是无收入、无资产，不需要事实声明的证明，贷款人可以随意在申请表上填写收入和资产。

大概在新的贷款产品中最超乎想象的例子是“付息负摊销浮动利率次级贷款”。这种贷款产品，只对贷款人每月偿还的利息进行评估，但是他也可以不还，然后把这个月该还的利息算进总贷款额里（这就是负摊销）。如此一来，借出去的钱不但没有还，而且利滚利变得越来越多（见图 24–1）。

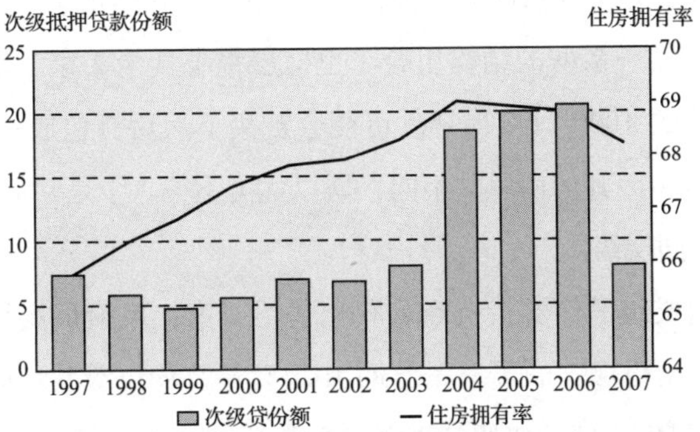

图 24–1　2004—2006 年次级贷款的数量和总值都在快速上升

如果这些新的贷款形式是金融创新的延伸，那么它们就是数万亿美元寻找安全、高收益资金的理想归宿。次级贷款市场只做到了“高收益”，而另一半很明显是不安全的。那些接受高利率，轻易批准贷款的人通常信用低、风险高，债务违约的风险比高信用的人要大得多。

这也是其他创新金融产品登场的时候了。首先是信用违约掉期，简称 CDS，这是金融保险政策的核心。CDS 有三个主体——买方、卖方和债务（也称为“相关债务”）。买方同意在一定期限内定期支付卖方一定金额。如果在此期间债务没有拖欠，卖方收到所有付款，则这次交易就完成。

但是，在履约期间债务违约，那么卖方就要支付给买方违约金，而且卖方需要接管债务。例如，一个由 2000 万美元的相关债务创造出的 CDS 可以要求买方 10 年内每年支付卖方 20 万美元（买方和卖方与相关债务既可能有关系，也可能没关系）。如果该相关债务在 CDS 的第 5 年遭遇债务违约，即便买方已经付款 100 万美元，他还是可以从卖方那里收取 2000 万美元（而且不需要再付款）。

CDS 的这种不对称性，对高端投机者相当有吸引力，因为冒 100 万美元的风险可能获得 2000 万美元的收益（正如前面的例子所言），确实值得一搏。CDS 市场虽然在 1994 年才出现，但是呈现出爆炸式增长态势。到 2007 年底，全国 CDS 的未偿合同贷款总量达 622 万亿美元，比全球经济总量还要大。

还有一种金融工具叫债务抵押债券（CDO），它是由单个债券或者资产组成的集合，以一系列的结构组合（也即层级）卖给买家。举例来说，在公开市场交易的 1000 只按揭贷款可能会被买下然后打包成一个 CDO。这 1000 笔按揭贷款因其信用风险不同，所以优劣不等，于是它们在 CDO 内被划分组合成不同层级。

这些不同层级的债券投资产品会出售给买家，风险最低的层级的利率也最低，会卖给更保守的买家。CDO 中风险最高的层级其相应的收益率也更高，但是一旦发生债务违约，买家有血本无归的风险。

· 评级失范 ·

在寻求安全、高收益的投资工具的资本和由 CDO 组成的次级贷款之间的关键桥梁是评级系统。评级机构（如穆迪、标准普尔、惠誉）就是给金融产品评级的权威机构，这些评级机构的公开目的是提供客观、中立、独立的金融产品分析，并且给出评级来表明相关产品风险。

一个高风险产品被评为 BBB 级，这意味着市场会要求更高的利率回报以弥补风险的加大，但是如果是美国的长期国库债券，因为是公认的零风险投资，那么这个债券的评级会是 AAA 级。虽然算得上是绝对安全，但还是要支付利息，而且利率是最低的。

通过集中打包被包装成更受欢迎的 CDO 的次级贷款本应获得很低的信用风险评级。无论如何，这些按揭贷款背后是那些信用历史不佳的低收入者。

但是，在评级产业运作过程中，付费给评级机构进行评级的就是创造这些金融产品的机构。这就相当于一国最大的肉类生产商花钱让农业部门为它们的肉的质量评级。自然而然地，如果评判对象是自己的“衣食父母”，那么利益冲突必然发生。

如此，即便由投资银行发放的上千万美元次级贷款抵押评级相对较低，但它们中的绝大部分还是被评为了 AAA 级，也就是最高评级。再回到前面“肉类生产商”的比喻，这就等于将那些部分腐烂的劣质肉类包装好后以菲力牛排的价格出售。

两者之间不同的是，就算挂着菲力牛排的标签，当到杂货店买肉的人看到包装里面的肉时，他们也是不会买的，但是 CDO 的购买者信任全球公认的评级机构给出的评级。在 2004 年到 2007 年 CDO 的总量是 14 000 亿美元，数目大得非常惊人，而且大部分都满足寻求固定收益资金的两大要求：安全和高于市场的回报。

CDO 在千禧年前数量并不多，也鲜为人知。但它以高收益的方式将按揭证券化的能力使得它很快大受欢迎。2004 年的第一季度投行发行了 200 亿美元的 CDO，随后这个数字逐渐增大。三年后，到 2007 年的第一季已达到 1800 亿美元。

CDO 刚开始流行的时候，大都是由高质量的债券工具组合而成。随着房地产繁荣的到来，次级贷款变得越来越普遍，到 2007 年 CDO 未偿贷款中次级按揭贷款占比超过三分之一。不可思议的是，虽然相关资产的整体质量在下降，但是 CDO 的 AAA 评级并没有下调。

2004 年到 2007 年，评级机构通过为这些产品评估赚得越来越多，这不仅是因为评估本身收费不菲，也在于 CDO 的总量不断增加（这些 CDO 都需要评级）。穆迪公司的结构融资部专门评估 CDO 这样的金融工具，其收益占穆迪 2006 年公司总收入的 44%。

保险巨头 AIG（美国国际集团）有一个专门负责金融衍生品业务的部门叫 AIG 金融产品，它们出售次级贷款 CDO 的信用违约掉期，并收取债务额 12% 的费用，这远远不能反映 CDO 的风险。

CDS 定价低是基于 CDO 的 AAA 级的评级。但是这么做就如同向一个经常违反交通规则的青少年司机收取和一个 40 岁很少违规的老司机同样的保险费率一样，基于风险的定价没有反映客观现实。

· 否认泡沫 ·

20 世纪 90 年代大部分时候，房地产投资一直相对低迷，从 1997 年到 2006 年房价开始上涨，涨幅为 124%。评估住房负担是看家庭收入和房市均价的比值。20 世纪八九十年代，这一比值约为 3（换句话说，一套房的均价等于一个家庭三年的收入），但是这一数字在 2006 年涨到了 4.6。在正常情况下，住房负担的增加会让几百万之前买得起房的人现在买不起房。

2003 年，艾伦·格林斯潘把利率降到了 1%，这是 45 年来的最低值。超低的利率是房地产繁荣的重要推动力，因为它不但促使投资者寻找收益更好的投资（因为固定投资收益很低），而且每月的按揭也少了。

住房需求也开始高涨，因为借贷标准放宽意味着更多潜在购房者会竞相购买在售房产。一个更大的资本池开始运作，而且这些资本可以为更多的人所使用。

举一个借贷标准宽松的例子：一个南部加利福尼亚的购房者是靠采草莓为生的移民工人，每年靠采草莓赚 17 000 美元，就可以贷款买一栋 754 000 美元的房子。

在美国，有房产的人和租房住的人口比重通常是二比一，这归功于美国政府的努力（同时有投行和按揭衍生品市场的辅佐）。66% 的人拥有房产，而且这一比重逐渐增高，越来越多的人可以买房。到 2004 年，美国拥有住房的人的比重上升到 69.2%，创下历史新高。

购房最热的是有“沙州”之称的加利福尼亚州、亚利桑那州、内华达州和佛罗里达州。“变身”这个词在民间流行起来，这个词用来形容购买一栋待修缮的房子在很快维修好后被高价卖出的过程。杂志和书本都在宣传美国民众如何通过参与这种住宅地产的变身活动来获利。

宣传的标题包括“你错过了房地产繁荣的良机吗 ”，还有“为什么房地产繁荣不会破灭——你如何从中获利”。2005 年 6 月 13 日，《时代》杂志捕捉到了时代潮流，当期封面是一个人抱着自己的房子的插图和“甜蜜之家”的标题，副标题是“为什么我们对房地产如此着迷”。

甚至那些对这种房地产繁荣毫无兴趣的人也卷入其中，比如上百万已有房产的人，因为利率低得诱人，继而把自己的住房抵押进行二次融资，抵押贷款经纪人的生意空前红火。

除了活跃的抵押贷款再融资市场，房屋净值信贷类金融活动也很流行。因为房屋净值贷款的利率是可以减税的（但是信用卡债务的利率不可以），于是住房贷款作为一种借贷方式受到了欢迎。有了房屋净值信贷后，房主可以贷款数万甚至数十万美元用来买车、船、家电，甚至购买二手房。仅 2005 年一年，美国的房主以住房为抵押共借贷 7300 万亿美元，而这些钱推动了以消费性支出为主的经济健康发展。

这一时期令人欣慰也经常被人提到的是，它是自大萧条以来唯一的时期，美国的房价每一年都在稳步增长，没有其他任何的投资选择有如此稳定的表现。在这种情况下，即便价格迅速上升，投资银行、住房建筑商和购房者都因美国房地产保持了几十年的稳定增长而感到心安，而且所有的指标都显示这种稳定的升值会持续下去。

有关这一阶段房地产升值很重要的一点就是，相对于 1997 年到 2005 年的暴涨，这一次的涨幅很平稳。尽管房价一直稳定增长，但是平均年增长率不超过 1%。除去通货膨胀的影响，从 1890 年到 2004 年，美国的房价每年只增长了 0.4%。

一些美国大都市的房价年均两位数的增长，从历史标准看并不正常，即使房价平稳上涨，也不代表到达一定程度后不会再跌到平均值。

那些流行的新闻媒体对此也少有警告。2005 年 6 月 21 日，《彭博商业周刊》刊登了房地美首席经济学家弗兰克·纳舍夫（Frank Nothaft）的观点：“我并不认为未来会出现全国性房价贬值，房地美的分析显示，在过去半个世纪，独立式住房还没有哪一年出现过全国平均房价下降的状况。”

同年 10 月 27 日，《华盛顿邮报》刊登了一篇文章，名为《伯南克：不存在房地产泡沫破灭》（*Bernanke: There's No Housing Bubble to Go Bust*）。该文章引用了过去两年房价上涨 25% 的数据，套用伯南克的话说就是“房价的增长是经济基本面强大的表现”，而且“即使出现住房市场适当降温，也不代表经济在下一年不会继续高速增长”。艾伦·格林斯潘坚决表态：美国房价没有泡沫，只不过个别地方市场有“气泡”。

即便房价达到最高点后开始明显下滑，伯南克还是断言房市没有危险。2007 年 3 月 28 日在国会作证时，美联储主席伯南克说道：

> 从去年春季开始的经济增长放缓，主要原因是房地产市场的大幅度调整……今年到目前为止，现房销售停滞，其他需求指标也有同样情况，如购房按揭贷款申请……另外，近期批准的次级可调整利率按揭贷款出现早期债务违约的情况增加，让市场严重怀疑这些金融衍生产品的保险标准是否适度，尤其是过去几年批准的产品……但是，次级贷款市场的问题对宏观经济和金融市场的影响应该是可控的。尤其是信用良好者的按揭贷款和面向所有贷款者的固定利率按揭贷款都继续表现良好，拖欠率低。

美国房地产经纪人协会也在努力打消人们对房地产泡沫的顾虑，在 2005 年发行了《反泡沫报告》，该报告写道：“……基于对住房基本需求和可预测的经济因素分析，很明显没有全国性房地产泡沫的风险。”几个月后，乔治·布什总统就人们对房市的担忧提出了自己的看法，他表示：“如果房子真的是太贵，那么人们就不会买了。”

这种假设是建立在所有参与者都具有理性投资思维基础之上，而且因为交易是按一定价格达成的，因此这些交易也要理性定价，因为买卖双方已经达成一致。

在所有这些声称没有房地产泡沫的断言中，另一些专家却要警告大家房地产市场正在发生什么。国际货币基金组织的首席经济学家格赫拉姆·拉扬（Raghuram Ra- jan）在2005年怀俄明州杰克逊·霍尔的聚会（该聚会每年由堪萨斯城的联邦储蓄银行主办）上发表演说，他表示一直以来放松金融监管，只看眼前利益而无视所存在的风险，最终会导致一场灾难。这场演说遭到冷遇，时任哈佛校长拉里·萨默斯（Larry Summers）评价其演讲为“具有极大的误导性”。

·金融裂缝·

互联网泡沫破灭和“9·11”恐怖袭击已过去多年，美国经济运行良好，美联储于是开始推高史上最低的1%的利率。它们行事谨慎，通过17次尝试上调，把2004—2006年的联邦利率从1%逐步提升到5.25%。高利率意味着全国按揭贷款的人每月还贷更多，而其中绝大部分人都是浮动利率贷款。这种状况对那些次级抵押贷款者更不利，因为吸引他们贷款的起始利率很低，而一旦到期，新的还款利率就变得非常高。

数据显示，高利率的负面作用开始显现。2007年第一季度标普席勒房价指数首次出现全国房价同比下降的记录，这是过去16年从未出现过的。

拖欠还款和房屋强制拍卖的情况开始增加，到2007年3月变得更为严重，有25家次级贷款放款机构破产或宣布严重财务危机。虽然这些放款机构都不大，但是在放款方面出任何一点点问题都足以引发系统性风险。

如果人们对上述问题的严重性还有所怀疑，只需再等一个月就真相大白了，因为2007年4月2日，已经被司法部调查的美国最大的次贷机构新世纪金融公司宣布破产，欠债超过1亿美元。

虽然股票市场还是保持上涨态势，但是其他方面的问题开始发出信号。2007年7月，贝尔斯登旗下的两家对冲基金——贝尔斯登高级结构信用基金和贝尔斯登高级结构信用加强杠杆基金倒闭。投资者很快就发现所谓的高级基金一点也不“高级”。

该基金的部分资产通过金融衍生工具与次级贷款挂钩，而且贝尔斯登告知投资者因为“前所未有的下跌”，他们可能一分钱也收不回来。这一消息无疑令投资者震惊，因为评级机构对这两家倒闭的证券公司的评级是AAA，从理论上而言这两家公司应该在这场危机中屹立不倒才对。

次级贷款市场及其金融衍生品下跌的影响从基金到投资银行。2007 年10 月，美林证券公布了第三季度的财务报告。除了公布了常规的季度营业额和收益状况，管理层还公布了一个令人震撼的消息：CDO 损失 79 亿美元。那些银行设计出来的金融衍生产品开始引火上身，烧回银行老巢。

2007 年 8 月，美国住宅按揭公司（American Home Mortgate）宣布破产；要不是从数间银行获得 110 亿美元的贷款，行业里的巨无霸 Countrywide Financial 也已被逼到破产边缘。到了月底，另一家次级贷的大借主 Ameriquest 也关门大吉。

大投资银行的 CEO 开始逃离：斯坦利·奥尼尔（Stanley O'Neal）在2007 年 10 月辞去美林证券的职务；11 月，花旗银行主席和 CEO 因“CDO下跌导致第四季度盈利受到重创”而卸任；贝尔斯登也接着公布了一个坏消息，2007 年 11 月按揭贷款相关证券损失 12 亿美元，这是贝尔斯登成立83 年来首次亏损。

尽管美联储开始着手降低利率，几个月内从 6.25% 降到 4.75%，但是房价上涨趋势、按揭贷款市场和市场气氛都受到打击，已然呈现整体下滑势头。2007 年 10 月，凯斯·席勒房价指数公布了房价十连跌的消息。到年底，强制拍卖房产数量比 2006 年增加了 75%, 正在办理拍卖手续的房屋数量比上一年增加了一倍。

·财政大滑坡·

2008 年是金融危机和按揭贷款崩盘最严重的一年，仅美国本土就蒸发了上万亿美元的财富。2008 年伊始，股票市场就已经出现问题，但是 2007年大部分指标整体而言都在盈利。虽然从 2007 年 10 月 11 日最高的 14 101点有所下跌，但是道琼斯还盈利了 750 点。

1 月，道琼斯指数继续下滑，但是到二、三月才开始稳定。因为投资大众认为次级抵押贷款最严重的问题已经解决，而且危机后的恢复过程已经开始。

人们的关注点重新回归贝尔斯登，目前来看这是对冲基金失败 9 个月后唯一一家面临重大风险的金融机构。2008 年 3 月 14 日，纽约联邦储蓄银行给贝尔斯登注入 250 亿美元，给它们一个月时间稳定财务运营，重拾人们对银行流动性的信心。但是，美联储随后却临时撤回该资金，并将 300 亿美元给了摩根大通，并和摩根大通达成协议，以每股 2 美元的价格收购贝尔斯登。

以每股 2 美元的价格收购贝尔斯登的消息震惊了华尔街。同一只股票在 2007 年还以 172 美元在交易，而且就在贷款安排和对冲基金破产前的几周，贝尔斯登的股票还是每股 93 美元。贝尔斯登的股民对此协议非常愤怒，并诉诸法律手段，于是美联储和摩根大通把双方的协定价格提高到每股 10 美元。

尽管每股 10 美元的出价已经是之前的五倍了，但是这和一年前的股价高峰比起来还是跌了 94%，而且如此收场对一个有近 90 年历史、曾经辉煌一时的金融巨头来说着实惨淡。

股票市场对这一收购的反应还是积极的，在 1 月 22 日探底之后，道琼斯指数开始逐步回升。到 5 月中，股票市场的表现反映了人们对事件的态度：贝尔斯登被一个更大、更健全的银行收购，帮助华尔街清理了次贷的问题，股票市场将不再专注于按揭衍生品，可以重归增长和盈利的重心。

不幸的是，好景不长，道琼斯指数在夏季又渐渐疲软。2008 年 6 月 16 日，道琼斯指数创下新低。数万亿美元的金融衍生品市场仍然像脓疮一样拖垮了银行财务，房价持续低迷、强制拍卖的房产越来越多。整个夏天股票市场都不景气，真正的混乱最终在 9 月出现。

雷曼兄弟此时成了金融界的焦点。贝尔斯登破产后，雷曼兄弟成了华尔街大型投行中最脆弱的一环。有报道称，韩国发展银行有意收购雷曼，这不但让雷曼兄弟的股价得以坚挺，同时也让大众有信心认为一场更大范围的金融危机可以避免。

但是韩国发展银行表示这项收购很困难，因为无法吸收其他合作者参与。于是，2008 年 9 月 9 日，雷曼兄弟的股价大跌 45%。投资者预感到贝尔斯登的结局即将重演，道琼斯指数跟着雷曼兄弟的股价下跌 300 点。投资者对雷曼兄弟的信心持续崩溃，第二天股价又下跌了 7%，9 月 11 日股价又跌了超 40%。

9 月 13 日和 14 日这个周末，纽约联邦储备银行行长蒂莫西·盖特纳（Timothy Geithner，此人后来担任奥巴马政府的财政部长）主持了一个会议。会议的主题就是如何解决雷曼兄弟的问题。会议最后决定不会像处置贝尔斯登那样收购雷曼兄弟，也不会提供任何贷款。

2008 年 9 月 15 日，星期一，美国股市开市前几小时，雷曼兄弟宣布根据《破产法》第 11 章申请破产保护，结束了 158 年的历史。雷曼股票暴跌 90%，道琼斯指数下跌超过 500 点，创下交易史上单日最大指数下跌点数之一的纪录。

CDS 市场开始运转不灵，因为不受监管的市场不需要公开报告信息，谁也不知道谁持有仓位、这些仓位是什么、累积的风险有多大。雷曼兄弟破产留下 4000 亿美元的 CDS 到期债务（虽然通过相抵持仓已经减少了大部分），CDS 合同的名义未偿贷款总值近 70 万亿美元。沃伦·巴菲特的名言“金融衍生工具是有重大金融杀伤力的武器”似乎就要应验了。

AIG 对 CDS 风险异常敏感，因为它为 4410 亿美元 AAA 评级的证券提供担保。如今大家都知道这些证券其实跟 AAA 评级相去甚远。雷曼兄弟宣布破产的第二天，AIG 就遇到生死攸关的清偿危机。美国联邦政府迅速给 AIG 筹集了共 850 亿美元的一揽子信用贷款，这是美国历史上最大的一笔政府救助，不顾一切地挽救已经席卷华尔街的信心危机。

这种情况下，市场恐慌加剧，在货币市场，基金开始出现大规模撤资，一周之内撤资 1445 亿美元，比一周前增加了 20 倍。市场甚至一度跌破 1 美元，即货币市场基金运营商支付的钱比账户里的名义美元价值还要低。

美国和欧洲政府试图用更激进的手段强力扭转市场恶化的局面。9 月 8 日，英国监管部门宣布彻底禁止卖空金融股；美国证券交易委员会紧随其后，禁止卖空特别列明的 799 家金融公司的股票。

· 救市 ·

美国财政部长亨利·保尔森（Henry Paulson）和美联储主席本·伯南克在9月18日与国会领导人会晤，提出了7000亿美元的救市计划，称为“问题资产救助计划”（TARP）。该救助计划旨在从金融机构手中买下不良证券，为金融市场提供急需的流动性和稳定性。伯南克向国会代表团特别强调了TARP救助资金的紧急性质，甚至有点危言耸听地说：“如果我们不这么做，到星期一我们就可能没有经济这一说了。”

这一利好消息公布后，股市迅速上扬，道琼斯指数从9月18日的低谷，到19日就反弹了1000点。有些股票一度冲到从未有过的高位，似乎联邦政府通过严禁卖空和近1万亿美元的现金救助有效制止了市场跌势。

保尔森关于TARP的书面提议非常简短，国会就用这一提议作为救市计划，并围绕这一计划制定了内容翔实的法案用于投票。该法案原本预期可以在9月29日通过，但是反对票和赞同票的接近度超乎人们的想象。下午2点10分，最终结果揭晓，TARP没有通过，股票市场再次暴跌。道琼斯指数狂跌777.68点，当天成为史上单日下跌点数最大的一天。

因为不确定政府有什么可以让国会认可的办法出手救市，股票廉价出清还在继续。从10月1日到10月9日，标准普尔500指数损失250点，让原本已消耗殆尽的市值又蒸发近22%；由市民和企业集体持有的上万亿股股份损失惨重，投资者每天眼睁睁看着自己养老金账户的存款缩水。欧美中央银行在等待立法通过的同时，向金融系统注入了上万亿美元。

TARP再次向国会提交的时候得以通过，并由乔治·沃克·布什总统在2008年10月3日签署生效。讽刺的是，道琼斯指数却在这一天又下跌了，并且一直跌到了2009年3月6日的6469.95点，与两年前同期的最高值14 198.10点相比，惨跌55%。

TARP计划授权美国财政部收购最高可达7000亿美元的按揭贷款衍生

品或其他被认定能够稳定金融市场的资产。政府希望通过把这些不良资产从银行的账单上清除掉，同时向银行注入资金，这样金融企业就会愿意提供贷款来提振遭受破坏的经济，而不是把钱囤起来。部分现金支出如下：

- 2050 亿美元购买银行股份；
- 219 亿美元购买按揭贷款相关证券；
- 300 亿美元购买花旗银行和美国银行的股份；
- 797 亿美元贷款给美国汽车制造商；
- 678 亿美元购买 AIG 的优先股。

然而噩耗还是接连不断。凯斯席勒房价指数公布了房价史上最大跌幅，强制拍卖的情况持续增加。2008 年共执行强制拍卖 310 万例，2009 年提交的强制拍卖申请有 400 万例，2010 年的情况也并不比 2009 年乐观（见图 24–2）。

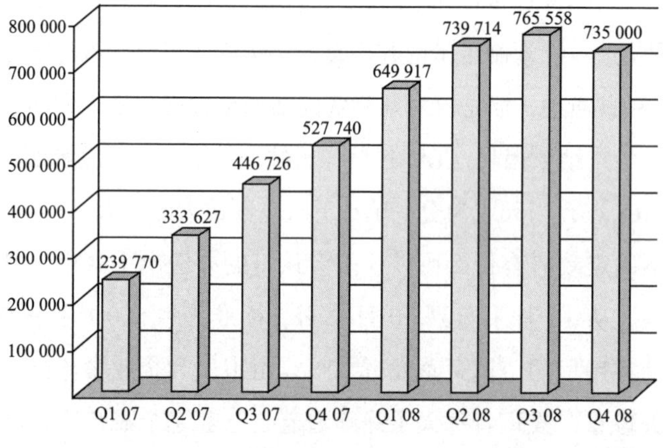

图 24–2 强制拍卖量每个季度都在增长，在 2008 年第三季度达到最高值

至 2008 年年底，经济已经恶化到了相当严峻的程度：排名前 30 名的按揭房贷机构有三分之一倒闭；5 家规模最大的投资银行要么破产要么被兼并，或者转型成商业机构；股价也从最高点折损了一半；失业率开始上升，25 年来首次出现两位数的失业率。

房产均价从未有过按年下降的保证言犹在耳，房产持有者如今发现房价已从两年前的最高点下降四分之一。而新近购房的房主们发现自己已“没顶”，他们的购房贷款比房子本身的价值还要高。早在 2008 年 3 月，10% 的房产所有者是负资产，但是到 2010 年 9 月，美国 23% 的住房价格比未偿房贷还要低。

与其他如西班牙这样的国家不同，美国的住房抵押贷款是无追索权的，这意味着购房者只要放弃房产（及其抵押贷款）就可以了，除了个人信用评级会有不良记录外，不会有其他严重后果。于是上百万新近购房者就直接交出房子的钥匙，把几十亿美元的损失甩给了银行。这次房价下降带来的损失比大萧条时期还略高，大萧条时期是大衰退之前美国历史上仅有的一次房价下跌。

·修复中的国家·

2008 年 11 月，巴拉克·奥巴马在总统选举中取得了压倒性的胜利，但是他上任后的前两个月股市依然持续低迷。然而，就像罗斯福 1933 年入主白宫后完全扭转了经济信心的颓势一样，奥巴马上台同样也带来了强心剂。

在首个任期的前两年，奥巴马无数次提到他领导的政府接手了大萧条以来最严重的金融危机，以此表明他不仅不应当为经济困境承担责任，而且美国经济在他这一届政府的领导下走出危机需要时间。

当然，危机带来的损失并不局限于美国本土。据称全球有 5000 万人因为这次危机而失业，几乎全部欧洲国家的失业率都达到两位数，其中有些国家年轻人的失业率超过 50%。

通过一系列的经济刺激计划，尤其是美联储实施的数万亿美元的“量化宽松”政策，资产价格开始上升。从 2007 年到 2009 年，美国家庭净资产总额从 67 万亿美元下降到 52 万亿美元，但是到 2012 年下半年，主要得益于股票和房地产价值的上涨，过去的损失得以完全恢复。

但是恢复经济付出的代价也是巨大的，美国的国债从 2007 年的 9 万亿美元增加到 2013 年的 17 万亿美元，更重要的是，国债和 GDP 的比值达到了前所未有的高度（除第二次世界大战期间一段很短的时间外）。2008 年金融危机爆发前，美国国债占 GDP 的 66%；到 2012 年年底，这一比例达到三位数，而且丝毫没有下降的趋势（见图 24–3）。

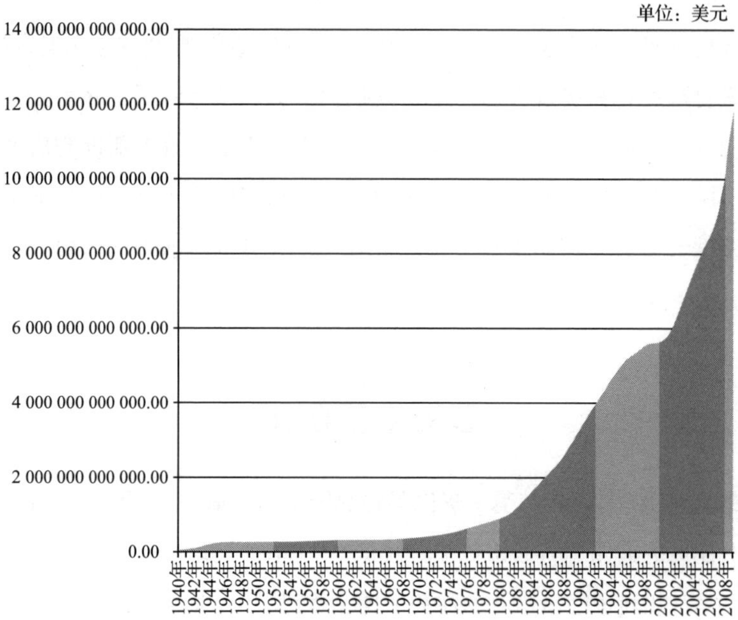

图 24–3　美国联邦债务在金融危机期间不断增加

每次危机结束后，公众都要找出罪魁祸首，这次也不例外。联邦政府安排了一个工作组专门处理此事。2011 年年初，美国金融危机调查委员会公布了它们的调查报告，部分内容引用如下。

> 此次危机是可以避免的，造成危机的原因包括：大范围的金融监管不力，包括美联储没有阻止不良按揭的蔓延；企业管理的严重失当，太多金融企业行事鲁莽、冒进；美国家庭和华尔街超额借贷和不理智的冒险，将金融体系推到危险边缘，最终引发危机；主要政策制定者没有防患于未然，对其监管的金融体系缺乏全面认识；各层面的责任感和职业道德的全面缺失。

如果有人在 2007 年上半年开始冬眠，5 年后他们醒过来时不会觉得世界有什么大的变化。几百家投资银行里那些本应因犯罪行为而获刑的人没有一个受到控告，最大的几家投资银行反而更加壮大，利率还是处于历史低位。遭受的大部分财务损失虽已经得到恢复，但这都归功于美国政府多方面的长期干预。

真正发生变化的是：第一，为把美国经济从金融危机的泥潭中救赎出来所增发的国债已经多到令人吃惊的数万亿美元，这是需要美国的纳税人偿还的；第二，房价回归正常，次级贷款市场差不多被清理干净，1997 年以前租房子的人现在又变成了租户。

直到此书写作的时候，我们都不知道美国政府长期不断的财政赤字还会带来什么样的后果。未来该如何摆脱这场金融危机的阴霾，尚在探索之中。

结 语

正在书写的历史

在了解了过去 5 个世纪的金融历史后，我们可以得出什么样的结论？我们可以从这些历史教训中概括出什么规律作为今后决策的借鉴？虽然这些问题不可能有确切的答案，但是我们还是会发现始终贯穿于前面 24 章中的一些共性。

· 紧密关联 ·

虽然各章简述的内容是发生在不同国家、不同文化背景下的不同事件，这让我们很难归纳成某个特定专题，但我们还是可以根据类似的主题将它们进行以下分类。

- 事后诸葛亮。就像老话说的，事后装聪明，当我们读到储贷危机和互联网泡沫的时候，不免会疑惑当时的民众和领导怎么会如此莽撞。允许各方购买由联邦担保的储蓄信贷协会，然后任由它们拿着这些钱随意投资，这种举动在今天看来简直愚不可及，但这就是不久之前才发生的事情。同样，现在拿任何根据股票基本面计算出来的股价图去对照 2000 年初的互联网股票，都会认为当年买这些股票的人简直就是得了失心疯，但是当时确实有成千上万人是这么做的。郁金香狂热、南海泡沫和日本房地产泡沫都是如此。直到泡沫破灭，人们才会冷静地坐下，托着腮帮子苦思冥想这件事怎么会发生，然后发誓再也不会做这么蠢的事了。

- 独立事件的相似之处。从这些篇章中，我们不难找出很多相似之处，即便这些事件可能相隔几个世纪。比如，郁金香狂热和互联网股票狂热曾多次被相提并论，甚至在互联网热期间也有过比较，因为它们之间在价格上涨、大众追捧程度和创新性上有很多相似之处。毫无疑问，未来还会有更多的“郁金香”出现，无论它们是围绕纳米技术、太空探索、生物技术，还是其他目前无法预测到的革新，时间会证明一切！
- 一个事件如何引发另一个不相关事件。或许这些章节中最不可思议的是某些事件如何引起连锁反应，尽管事件之间表面上毫不相干。例如，亚洲金融危机在1998年上半年就得到解决，俄罗斯金融与亚洲货币完全没有瓜葛，但是在1998年夏天，投资者从俄罗斯撤资的很大一部分原因就是对不久前的亚洲金融危机心有余悸。这两大经济体事实上没有任何关系，但是假如没有亚洲金融危机及其引发的恐慌，或许俄罗斯的金融危机也不会那么严重。相似的因果关联还有密西西比骗局和南海泡沫、能源危机和贵金属热等。这些事件虽然各自独立，但是投资公众在认知上会将它们联系起来。
- 赌注不平衡的道德危机。如果赌注是“倾斜”的，也就是说，当有机会大赚一笔，或者即便不赚实际上也不会赔本的时候，人就很难谨慎行事，也会失去理智的判断力。这一点的有力证明就是次级贷款衍生品导致大衰退和由美国联邦储蓄与贷款保险公司担保的储蓄信贷协会存款的惨淡收场。如果一方在风险和收益之间没有合理的平衡，那么我们就没有理由相信个人会做出理性的经济决策。

·是什么让一个金融事件具有历史意义·

我们称之为“历史”的东西，每天都在围绕着我们，并在各个国家不断发生。日常琐事和能载入史册的小概率事件的区别在于，这件事是否能产生深远的影响或者成为人类历史上的重大转折点。

·结语：正在书写的历史·

本书各章记录的案例，有正面的也有负面的。在当时的情况下，人们往往无法轻易判断这些事件的结果是好还是坏。那么有哪些一般情形可以帮助我们推测事件结果的走向呢？

带来正面结果的情况一般有以下这些特性。

- 一段长时间的静止状态。经济繁荣更容易在长时间的低迷之后出现。经济表现如果在一段时间内乏善可陈，往往就是在播下未来大发展的种子。美国 20 世纪 80 年代和 90 年代牛市的大好景象就是发生在 70 年代经济低迷之后，而一系列“亚洲奇迹”也是大部分由远远落后于全球工业强国的第三世界国家创造的。从经济低谷而不是高峰期发展起来的经济增长和繁荣往往是最健康的。
- 支持性和建设性的政治 / 立法环境。从长远来看，一个相对诚信可靠的政治和法律结构是经济稳定发展的关键。就像 20 世纪 90 年代的俄罗斯，本来有大好机会在繁荣的全球经济环境下蓬勃发展，但是被腐败、裙带关系和固化的内部依赖关系等问题大大拖累。相比之下，新加坡依法治国创造了良好的商业环境，在这样的环境中各方都能相互信赖，因为大家能信守承诺，如果没有履行承诺就要承担相应的后果。新加坡由此成就了一个惊人的资本主义成功范例。

- 抢占先机。在前面章节中提到的各个时期的资产增值中，那些赚钱最多的往往是走在趋势前面的人，他们在众人发觉并蜂拥而上之前就已经行动了：20 世纪 70 年代的黄金市场、1997 年的俄罗斯股票市场、20 世纪 90 年代的互联网股票泡沫、20 世纪 80 年代日本疯狂的房地产投资，所有这些案例中，虽然资产价值最终暴跌，但在此之前都是绝佳的投资机会。等到大家都关注到这些收益时，早起的鸟儿们已经赚得盆满钵满了，大势的转折也差不多要开始了。

另一方面，带来负面后果的情况也有以下特征。

- 关联的灾祸。有句老话叫“祸不单行”，如果出现一个新的麻烦跟你在地缘或者时间上有关系，那么这个麻烦对你产生不利影响的风险就会增加。大萧条、拉丁美洲的债务危机和亚洲金融危机就是麻烦会迅速蔓延的几个典型事例，而且这种传播速度会随着技术的推广和即时通信的发展变得越来越快。
- 参与的饱和。新思想、新潮流或者新机遇越引人注目，越有可能说明顶部快到了。“封面诅咒”就是一个很好的例子，当一个流行的概念已经众所周知，在几乎没有新买主的情况下，大众传媒常常不经意地让它“出名”。反过来也是，就像《商业周刊》的封面故事“股票之死”就是有名的例子，这篇文章发表之后股票前所未有地大涨了几十年。
- 依赖外部力量。无论是一个国家还是一家企业，如果要依赖外部力量的支持和施舍，失败的风险就会大大增加。在本书中提到的第三方包括国际货币基金组织、美联储、日本银行、伊朗革命委员会等。外部力量介入得越多，越容易陷入僵局，尤其是各方利益不一致的时候。

· 前路漫漫 ·

在本书的前言中我曾写道：

> 通过阅读这些故事，我希望你能有所收获，特别希望你了解到人类的行为在这漫长的几个世纪中是多么地一致，无论技术、政治和法律的变革如何惊人，人类面对机遇和恐惧的表现形式是如此惊人地相似。
>
> 毫无疑问，在你们的有生之年，这一类左右市场和情绪的重大事件还会书写新篇章。归根结底，我希望本书提供的知识和见解能够帮你更好地理解世界的复杂和多变。

在这本《世界金融简史》的尾声，我想首尾呼应一下。不管你是普通民众还是金融投资者，都能够成为历史的一部分，做一个积极而有智慧的观察者，让我们的生活更为多姿多彩。我真心希望本书字里行间铺陈的这段旅程，对各位对未来的理解和思考有所裨益。

译者后记

马克·吐温说过："历史不会重演，却自有其韵律。"唐太宗李世民也有名言："以古为镜，可知兴替。"历史的重要性不言而喻。我本人的历史教育基本集中在中学时期，可惜当年的历史学习就是对一系列历史事件的死记硬背。我记得高中时的历史老师很优秀，但无论她怎样引导学生去关注和体会课本文字背后的世态人情，我们满脑子想的仍是这段话可能出现在填空题还是选择题里……索然无趣的学习体验，大都是应付功课和考试，一切结束，自然也完全没有动力去进一步了解和钻研。

很荣幸有机会翻译这本回顾人类历史上重大金融危机事件的精彩著作。从五百多年前荷兰的郁金香狂热，到当代的亚洲金融危机、互联网泡沫、金融海啸，作者蒂姆·奈特先生对每一起事件都进行了细致的梳理和生动的描述。这些事件有的是我本人曾亲身经历的，相信很多读者朋友也都经历过那些跌宕起伏的金融事件；而更多的则是我第一次听说。在这些前人身上发生的故事，虽然时间、地点、载体五花八门，但故事的情节发展又是如此地相似。一次又一次，人们面前出现了貌似空前的发财机会，这个机会可能是真实的，但却被无限吹捧、放大，有些甚至可能根本就是彻头彻尾的欺诈。

当人们怀揣一夜暴富的梦想，如飞蛾扑火般蜂拥而至时，等待他们的，往往是泡沫崩溃下的一片狼藉。纵然教训惨痛，但人们还是一往无前，人性的贪婪、狡诈、癫狂、恐惧、绝望，相似的喜怒哀乐，不断轮回上演。

的确，历史不会简单地重复，但只要我们稍稍用心回望，今天所经历和体验的，大多能在过去某个时点找到历史的印记。

令人叹息的是，在危机面前，真正有能力做到“以古为镜，可知兴替”的人凤毛麟角。而忽略历史的借鉴意义，在伟大的时代面前，人们对当下世事情态的把握和预测，又极易变成管中窥豹，乃至盲人摸象。诚然，绝大多数普通人的命运都是被时代的洪流裹挟着载沉载浮，能做到独善其身者实属难得。一定要让大家都能跳出现实的局限，前事不忘，洞察未来，着实有些强人所难了。

本书的翻译过程，对我来说是痛并快乐的。这主要得益于作者自始至终清晰的思路和生动准确的表达。更为幸运的是，此次能与我的校友兼小师妹董玲燕共同合作完成。玲燕离开校门时间不长，但她的语言和文字功底十分扎实，尤其令人印象深刻的是，她做事的认真细致和对人谦恭有礼的态度。相信母校的老师们一定会为培养出如此出色的人才而欣慰。

危机深源于人类的本性，那么在有生之年经历危机的滋味，几乎成了芸芸众生无法摆脱的宿命。该来的总会来，与其徒劳躲避或惶惶不可终日，倒不如学习提高自身的判断力，好让自己对生活多一些掌控。希望这本书能够帮助读者们以史为鉴，在生活当中多去尝试从不同的角度看待问题。当然，如果你只是想在这些陈年往事的陪伴下度过一个周末的下午，我们的辛劳也是有意义的。

廖伟年

Panic, Prosperity, and Progress: Five Centuries of History and the Markets by Timothy Knight.

ISBN: 978-1-118-68432-0

北京阅想时代文化发展有限责任公司为中国人民大学出版社有限公司下属的商业新知事业部，致力于经管类优秀出版物（外版书为主）的策划及出版，主要涉及经济管理、金融、投资理财、心理学、成功励志、生活等出版领域，下设“阅想·商业”“阅想·财富”“阅想·新知”“阅想·心理”“阅想·生活”以及“阅想·人文”等多条产品线，致力于为国内商业人士提供涵盖先进、前沿的管理理念和思想的专业类图书和趋势类图书，同时也为满足商业人士的内心诉求，打造一系列提倡心理和生活健康的心理学图书和生活管理类图书。

《价值投资：从格雷厄姆到巴菲特（第 2 版）》

- 源自哥伦比亚大学最受欢迎价值投资课程，“华尔街大师的宗师”扛鼎之作，畅销二十余年，全新扩展升级版
- 媲美格雷厄姆《证券分析》，学习价值投资门徒必读书，巴菲特及众多知名基金经理和华尔街投资大牛联袂推荐。

《资产配置的艺术》

- 投资者必读的华尔街资产配置圣经、学习资产配置的入门经典。
- 内容全面、实用性强，涵盖了资产配置的核心知识和逻辑，并提供了独特的见解与方法。

《〈证券分析〉前传：格雷厄姆投资思想与证券分析方法》

- 价值投资思想的溯源之作，领略价值投资之父格雷厄姆的投资智慧之光，每一位追求财富长期增长、学习价值投资的必读书。
- 本书提供了深入的价值投资分析和历史视角，有助于他们深化对投资市场的理解，并优化自己的投资策略，能够为不同层次的读者提供有价值的投资知识和见解。

《传承：世代家族的财富管理观》

- 服务全球上百家家族企业的咨询领域权威专家倾力打造。
- 与超富裕家族打交道者、家族企业传承人必读佳作。
- 100 多个百年家族企业故事揭秘企业与家族跨代成功之路。
- 助力家族打破“富不过三代”的魔咒，实现持续繁荣与代代相传。

《繁荣的进程：全球工商业通史（上下卷）》

- 一部工商业大国波澜壮阔的沉浮史，让后人知何以兴，何以衰，何以继往开来。
- 回顾全球工商业数千年的发展历程，能让我们全面理解各国行业兴替和国家沉浮的深层原因。从战略高度对工商业发展进行前瞻性研究，能让研究成果具有更深远的社会意义，也能让我们更客观地看待中国工商业领域取得的辉煌成绩，更理智地思考未来的发展方向，保证的工商业长期健康发展。

《投资的心理护城河：影响投资决策的非技术性因素》

- 深刻剖析最常见的干扰投资决策的非技术性因素。
- 认清投资决策中易犯的心理学谬误，制定避免投资失败的最佳策略。
- 远离恐惧和贪婪，充分把握市场时机，为投资筑起强大的心理护城河。

《黄金投资新手入门》

- 金生利，利生金，一本书讲透黄金投资的基本常识。
- 手把手教你在投资风险充满不确定性的当下，利用黄金的避险特质让自己的资产保值增值。

《巴菲特教你选择成长股》

- 价值投资追随者经典入门之作，清晰阐释巴菲特选股策略，跟着巴菲特学会找到好生意、好企业、好价格，将股王经验转化为直接可用的投资准则。
- 巴菲特推崇长期，甚至终生持有股票，而摒弃超短线操作。在他看来，市场先生短期是情绪异常、捉摸不定的。本书结合案例分析，使投资者更容易理解巴菲特的长期投资策略，并能够一步一步地跟随巴菲特的道路，在市场中找到便宜货。